抗日战争时期中国人口伤亡和财产损失调研丛书

主　编　李忠杰
副主编　李　蓉　姚金果
　　　　霍海丹　蒋建农

抗日战争时期
八路军人员伤亡和财产损失
档案选编

1

中央党史研究室第一研究部
中国人民解放军档案馆　编

中共党史出版社

图书在版编目(CIP)数据

抗日战争时期八路军人员伤亡和财产损失档案选编:全5册/中央党史研究室第一研究部,中国人民解放军档案馆编 . —北京:中共党史出版社,2014.8

(抗日战争时期中国人口伤亡和财产损失调研丛书/李忠杰主编)

ISBN 978-7-5098-2191-6

Ⅰ.①抗… Ⅱ.①中… ②中… Ⅲ.①八路军-抗日战争-损失-史料 Ⅳ.①E297.3 ②K265.06

中国版本图书馆 CIP 数据核字(2014)第 140350 号

出版发行:**中共党史出版社**

责任编辑:黄　艳

复　　审:姚建萍

终　　审:汪晓军

责任校对:龚秀华

责任印制:谷智宇

责任监制:贺冬英

社　　址:北京市海淀区芙蓉里南街6号院1号楼

邮　　编:100080

网　　址:www.dscbs.com

经　　销:新华书店

印　　刷:北京君升印刷有限公司

开　　本:170mm×240mm　1/16

字　　数:2556 千字

印　　张:149

印　　数:1—3000 册

版　　次:2014 年 8 月第 1 版

印　　次:2014 年 8 月第 1 次印刷

ISBN 978-7-5098-2191-6

定　　价:286.00 元(全五册)

此书如有印制质量问题,请与中共党史出版社出版业务部联系

电话:010—82517197

《抗日战争时期中国人口伤亡和
财产损失调研丛书》

本课题在中共中央党史研究室室委会领导下进行。先后三位时任主任孙英、李景田、欧阳淞对本课题给予了重要指导。

主　编　李忠杰

副主编　李　蓉　　姚金果　　霍海丹　　蒋建农

参加审稿的领导和专家：

一、中共中央党史研究室领导和专家

　　曲青山　　孙　英　　龙新民　　陈　威　　石仲泉

　　谷安林　　张树军　　黄小同　　黄如军　　李向前

　　陈　夕　　任贵祥　　郑　谦　　王　淇　　黄修荣

　　刘益涛　　韩泰华

二、有关部门和单位的专家

　　李景田（第十二届全国人大常委、民族委员会主任
　　　　　　委员；中共中央党史研究室原主任；中共
　　　　　　中央党校原常务副校长）

　　何　理（中国人民解放军国防大学少将、教授、中
　　　　　　国抗日战争史学会会长）

　　支绍曾（中国人民解放军军事科学院少将、原军事
　　　　　　历史研究部副部长、研究员）

罗焕章（中国人民解放军军事科学院研究员）

刘庭华（中国人民解放军军事科学院原军事历史研究部研究室主任、研究员、博士生导师、首席军史专家）

阮家新（中国人民革命军事博物馆原副馆长、研究员）

步　平（中国社会科学院近代史研究所原所长、研究员）

汤重南（中国社会科学院世界历史研究所研究员、中国日本史学会名誉会长）

姜　涛（中国社会科学院近代史研究所研究员）

荣维木（《抗日战争研究》原主编）

郭德宏（中共中央党校党史教研部原主任、教授、博士生导师）

肖一平（中共中央党校党史教研部教授）

杨圣清（中共中央党校党史教研部教授）

李东朗（中共中央党校党史教研部教授、博士生导师）

徐　勇（北京大学历史系教授、博士生导师）

李良志（中国人民大学中共党史系教授）

王桧林（北京师范大学教授、博士生导师）

谢忠厚（河北省社会科学院原现代史研究所所长、历史研究所顾问、研究员）

中共中央党史研究室课题组成员

李忠杰　霍海丹　李　蓉　姚金果　李　颖
王志刚　王树林　杨　凯

《抗日战争时期中国人口伤亡和
财产损失调研丛书》

总　序

中共中央党史研究室副主任　李忠杰

发生在 20 世纪三四十年代的中国人民抗日战争，是中华民族抵抗日本帝国主义侵略的一场规模巨大的战争，是世界反法西斯战争的重要组成部分和东方主战场，是近代以来中国反对外敌入侵第一次取得完全胜利的民族解放战争。中国人民抗日战争的胜利，成为中华民族由衰败走向振兴的重大转折点，也对世界各国人民取得反法西斯战争的胜利、争取世界和平的伟大事业产生了巨大影响。

这场战争，作为世界反法西斯战争的一部分，从根本上来说，是反法西斯正义力量与法西斯侵略势力之间的一场大决战，是文明与野蛮的一场大搏斗。日本侵略者，站在法西斯阵营一边，不仅与中国人民为敌，而且与世界人民为敌，肆意践踏人类的公理和正义，企图以残暴杀戮的手段，将中华民族置于自己的铁蹄之下。日本侵略者先后占领了中国、东南亚、南亚、大洋洲许多国家的领土，杀害居民，掠夺物资，强征劳工，施放毒气，蹂躏妇女和儿童，毁坏和窃取文物，造成了大量人员和财产的损失，给中国人民和亚洲其他许多国家人民留下了巨大的创伤，给世界文明造成了空前的破坏。

中国是受战争摧残最为严重的国家。从 1931 年到 1945 年的 14 年间，日本侵略者先后占领了东北、华北、华中、华南等大片中国最重要的经济政治文化战略地区。在整个战争进程中，日军到处屠杀、焚烧、抢掠、奸淫，使中国人民的生命财产惨遭蹂躏；大量使用生化武器，进行残酷的细菌战和化学战；把大批中国平民和俘虏当作细菌和毒气的试验品；对无辜的中国平民施放毒气，或在河流、湖泊、水井中投毒；掠走大批中国劳工，强迫他们筑路、开矿、拓荒，从事大型军事工程，使其大批冻、饿、病、累而死；强征中国妇女作为"慰安妇"，严重残害妇女的身心健康；对抗日根据地实行"烧光、杀光、抢光"政策，企图摧毁抗战军民起码的生存条件；在许多地方还制造了一系列触目惊心的大惨案。直至今天，日本侵略所造成的后果还难以完全消除，日军遗留的毒气弹还不时地威胁着中国人民的生命安全。

日本侵略者的罪行，违背了起码的人类良知和国际公法，不仅是对人权和人道主义的践踏，而且是对人类文明的挑战。它决不是如某些日本右翼分子所说是解放亚洲和太平洋地区人民的行动，而是亚洲和太平洋地区历史上最黑暗的一幕，是人类文明史上的一场浩劫。第二次世界大战结束后，根据《波茨坦公告》的规定，远东国际军事法庭在东京对日本首要战犯进行了国际审判，确认侵略战争为国际法上的犯罪，策划、准备、发动或进行侵略战争者为甲级战犯。此外，盟军还在马尼拉、新加坡、仰光、西贡、伯力等地，对日本的乙、丙级战犯进行了审判。中国也先后对日本的有关战犯进行了审判。这些审判，与欧洲的纽伦堡审判一起，使发动侵略战争的罪犯受到了应有的惩处，代表了全世界一切爱好和平人民的共同愿望。这是正义的审判，历史的审判！这一审判的结果是不容挑战的！

策划和制造当年这场战争的，是一小撮日本军国主义和法西斯分子。而日本人民，从根本上来说，也是受害者。所以，日本人民也用不同方式对这场战争进行了抵制和反抗。不少参加侵华战争的士兵认识到战争的性质，幡然悔悟，积极参加了国际和日本国内的反战活动。战后，很多人勇敢面对历史事实，以见证人的身份揭露了日本军国主义的罪行。还有很多当年的士兵，真诚忏悔战争的罪行，以实际行动推动世界和平和中日友好，做了很多有益的工作。他们的良知和勇气，应该得到充分的肯定和赞赏。

相反，日本国内一些右翼势力，直到今天仍然否认侵略战争的性质和罪行，竭力推卸侵略战争的责任。对早已由当年远东国际军事法庭作出严正判决的南京大屠杀一案，始终企图翻案。历史不容改变，事实岂能抹杀！企图歪曲历史，掩盖罪行，这是中国人民绝对不能同意的！

中国人民在当年那场战争中的胜利，是正义战胜邪恶、光明战胜黑暗、进步战胜反动的伟大胜利！是正义的胜利、人民的胜利、和平的胜利！既是中华民族永远值得纪念的胜利，也是世界人民永远值得纪念的胜利！但是，在纪念胜利的同时，我们不要忘记，这一胜利是用极为惨重的代价换来的。在这一伟大胜利的背后，是中华民族遭受的巨大人员伤亡和财产损失！中华民族，既为这场战争的胜利作出了巨大的贡献，也在这场战争中付出了巨大的民族牺牲。

1995年，江泽民同志在首都各界纪念抗日战争暨世界反法西斯战争胜利50周年大会上，对当年日本侵略中国造成巨大人口伤亡和财产损失的基本数据作出了重要表述。2005年，胡锦涛同志在纪念中国人民抗日战争暨世界反法西斯战争胜利60周年大会的讲话中，再次郑重宣布，据不完全统计，在抗日战争期间，中国军民死伤3500多万人；按1937年的比值折算，中国直接经济损失1000多亿美元，间接经济损失5000多亿美元。中国领导人公开宣布的基本数据，从整体上揭示了中国人口伤亡和财产损失的规模，有力地揭露了日本军国主义侵略的罪行。

数据，是历史的抽象。数据的背后，是大量的事实、确凿的证据，是无数人们的惨痛记忆和血泪控诉。为了更直接、更具体、更全面、更系统、更立体地还原当年的历史，展示中国人民遭受的灾难和损失，揭露日本军国主义的罪行，驳斥日本右翼势力否认侵略罪行的种种言论，我们必须通过更多档案资料的展示、历史文书的挖掘、具体事实的考查、当事人的证词证言、各种各样的物证书证，等等，将侵略者的罪行昭告天下。因此，作为炎黄子孙，作为郑重的历史工作者，有必要、有责任、有义务、也有权利对战争期间中国的人口伤亡和财产损失进行更加系统、详尽、具体的调查研究，将当年中国人民的巨大牺牲和惨重损失永远地记载下来。

这项调查研究工作，本来在抗日战争结束之后，或者在新中国成立时，就应该进行。但由于种种历史原因，未能系统、全面地进行。由于年代久远，资料散失，在世的证人越来越少，现在进行这方面的调查和研究已经有很大困难。但是，无论早晚，这项工作总得有人来做。现在才做，已经晚了几十年。但如果现在再不做，将来就更晚，也更困难了。所以，无论再困难，做，都是必要的。做好这项调研，是对历史负责、对人民负责、对当年的牺牲殉难者负责、对我们的子孙后代负责。根本上，是对整个中华民族负责，也是对国际社会和人类文明负责。

因此，2004年，中央党史研究室决定开展《抗日战争时期中国人口伤亡和财产损失》的课题调研。从2005年开始，组织全国党史部门围绕这一重大课题，开展了系统深入的调研工作。其基本任务，是按照实事求是的原则，调查更加详实、有力、具体、准确的档案、材料、事实，更加清楚准确地掌握日本军国主义的侵略罪行，更加清楚准确地掌握日本侵略在各个不同领域、地区和方面对中国造成的破坏和损失。其中包括：各个省、自治区、直辖市在抗战中的人口伤亡和财产损失情况；历次重大战役战斗中国军队伤亡的情况；日本从中国掠走各种资源的情况；日本从中国掠走和破坏文物的情况；日军在中国制造的一系列重大惨案;中国劳工的损失情况;中国妇女遭受日军性侵犯的情况,包括"慰安妇"的情况;日军在中国使用细菌武器、化学武器及其造成伤害的情况;日本侵略在其他方面给中国造成破坏的情况;等等。

课题调研的整体布局,实行块块和条条的结合。每个省、自治区、直辖市党史研究室,主要负责把本区域内的情况调查清楚。也可根据实际情况,选择一些重点,进行专题性的调研,形成专题性的研究成果。一些重要专题,单靠某个省(自治区、直辖市)做不了,就采取条条的办法,组织专题性的调研。还有一些,则是条条与块块相结合。如毒气,日军在不同区域使用过,有关的省(自治区、直辖市)都调查。但作为一个专题,由相关的区域进行协调,配合开展调研工作,并形成专项的调研成果。如劳工、性侵犯等,就大致属于这种类型。

课题调研的方式方法,主要是查阅和搜集档案文献资料,包括不同历史时期的统计报表。同时查阅当时有关的报刊资料,查阅多年来涉及有关地方、有关课题的研究成果。对一些特殊的重大事件,特别是重大惨案等,也同时进行社会调查,对当事人、知情人、有关研究人员等进行走访,记录证词证言。对于特别重要的事件,有条件的,还进行必要的司法公证,如南京大屠杀、潘家峪惨案等,使这些调查都成为在法律上可以采信的证据。根据需要与可能,也到国外境外包括台湾地区查阅搜集档案资料。

中央党史研究室进行了大量组织和指导工作。在课题确定前,首先进行了必要的论证,得到了许多专家的支持。随后,制定了详细的工作方案,向各省、自治区、直辖市党史研究室发出正式通知和实施意见,明确了工作的指导思想、组织领导、调研项目、工作步骤、基本要求、注意事项等等。为了提高认识,振奋精神,交流经验,落实措施,专门召开了工作培训会议,就课题的总体规划、调研方法、需要把握的问题等,作了全面部署,特别是提出了把调研工作做成"基础工程、精品工程、警世工程、传世工程"的要求。多年来,一直分阶段、有步骤地把这项课题调研推向前进。有关领导和专家分别到各地参加会议,指导培训,提出要求,统一规格,解答疑难问题。在调研过程中,随时就有关问题进行具体指导。工作班子及时编发简报和简讯,交流情况和经验。

各级党委和政府高度重视。多数地方成立了由党史研究室领导负责的课题组。各地先后召开工作会议、电话会议等,培训人员,落实任务。许多地方形成了由党史研究室牵头,档案、民政、财政、司法、地方志、社科院以及高校等部门单位联合攻关的局面,保证了调研工作扎扎实实、有计划有步骤地向前推进。

《抗日战争时期中国人口伤亡和财产损失》课题调研先后经历了六个阶段。第一,酝酿启动。第二,全面调研。这是最重要的阶段。各地组织专门人员,查询档案,实地走访,搜集了大量资料。第三,起草报告。凡参加调研的县以上单位,都要在搜集整理、考证研究档案文献资料和进行实地调查的基础上,写出调研报告,全面、准确地反映调研成果。同时,将调研中搜集的档案文献资料进行分类整理,制作统计表、大事记和人员伤亡名录等。第四,分级验收。为保证调研成果的科学性、准确性、严肃性,各省、自治区、直辖市调研报告都要经过四级验收。首先由课题领导小组审查通过,然后聘请所在省份资深专家审读验收,合格后报送中央党史研究室课题组。中央党史研究室课题组审读各省、自治区、直辖市的调研报告及相关调研成果,认为合格后,再聘请有全国影响的专家审读,写出书面意见并亲笔署名。根据审读意见,各地都要反复认真进行修改,只有达到规定要求才能通过验收。第五,上报成果。完成调研工作的省、自治区、直辖市,都按统一要求,将调研中收集的档案文献资料等所有文件，精心整理，分类成册，向中央党史研究室提交调研成果。各市县也要逐级向省级报送。第六，反复审核。中央党史研究室召开审稿会，组织各省、自治区、直辖市按照标准自审，相互间互审，将各种材料进行比对，将有关数据核实，解决带有共性的问题，进一步统一标准、统一规范、统一格式。

这项课题调研，作为一项浩大的工程，到目前为止，进行了将近10年之久。前后共有60多万党史工作者、史学工作者和其他各类有关人员参加。将近10年来，各个地方都周密组织，采取有力措施推动工作开展，保证调研质量。如山东省，先在30个县（市、区）进行试点，然后在全省普遍推开，形成了纵向省市县乡村五级联动、步调一致，横向十几个部门优势互补、携手攻关的工作格局。课题调研期间，山东省参加工作的同志共查阅档案238742卷，复印档案资料406912页，查阅抗战期间及战后出版的书刊61301册（期），复制文献资料220177页。走访调查8万余个行政村、609万名70岁以上（即1937年全国性抗战爆发以前出生）老人中的507万余人，收集证言证词79万余份。拍摄照片资料7376幅、录像资料49678分钟，制作光盘2037张。全省1931个乡镇，每个乡镇都建立了包括证人证言证词、伤亡人员名录、财产损失清单、人员伤亡和财产损失数字统计、人员伤亡和财产损失大事记、重大惨案证据材料以及证人和知情人口述录音、录像、照片等内容的抗战时期人口伤亡和财产损失材料卷宗，共12892个。

这项课题调研，也得到了社会各界特别是档案图书部门、专家学者的普遍支持。许多档案馆、图书馆为这次调研提供各种方便。不少专家学者在教学科研任务繁重、经费困难的情况下，承担专题研究任务。有的外请专家利用学校假期全力以赴做课题，缺少交通工具，就以自行车代步或徒步，到档案馆和图书馆查阅文献资料。

为了扩大搜寻面，中央党史研究室还组织查档小组，分赴美国、俄罗斯、日本，搜集了许多抗战史料。很多地方的课题组都到台湾查档。在台北"国史馆"、中国国民党党史馆、"中央研究院"近代史研究所档案馆等，找到了数量巨大、整理比较细致的抗战档案。台北"国史馆"馆藏的国民党在大陆统治时期行政院赔偿委员会档案，涉及抗战时期中国人口伤亡和财产损失的有8924卷，内容十分翔实具体。既有中央机关、军队系统人口伤亡和财产损失情况，也有地方省、市、县、区和个人填报的资料，包括台湾地区和华侨的档案资料。新疆防空委员会也报送有财产损失材料，如修筑防空工事、疏散费等财产损失。重庆市报送有日机空袭慰恤重伤难胞姓名卡，上面有卡号、伤员姓名、性别、年龄、籍贯、受伤时间、受伤地点、犒金额、发犒金时期、所住医院名称、医院地址、入院时间等，受伤部位还配有图片加以说明。所有这些，为查明当时各方面的人口伤亡和财产损失，提供了重要证据。

这项重大课题调研的成果，均编成《抗日战争时期中国人口伤亡和财产损失调研丛书》公开出版，为国内外学者提供并为子孙后代留下一份关于抗战时期中国人口伤亡和财产损失的系统资料。经过验收、审核合格的调研报告和主要档案文献资料，都按统一体例，编辑成为丛书的A、B两个系列。A系列为各省、自治区、直辖市各一本调研成果，以及若干重要专题的调研成果，由中央党史研究室负责审核。B系列为各省、自治区、直辖市的其他大量调研成果，由各省、自治区、直辖市党史研究室负责审核。全部成果统一设计、统一规格、统一版式、统一编号，由中共党史出版社统一出版。全部出齐之后，将有300本左右。

为了集中反映日本侵略者在中国制造的各种重大惨案，我们专门编纂了一套《抗日战争时期全国重大惨案》，收录抗战时期死伤平民（或以平民为主）800人以上的重大惨案100多个，配以档案、文献、口述及照片等作为历史证据。日本一些右翼分子，常常攻击中国为什么不拿出伤亡人员名单。我们专门安排了一个省，即山东省，公布该省具体的伤亡人员名录（第一批先公布该省100个县＜市、区＞的死难人员名录），包括姓名、籍贯、年龄、性别、伤亡时间等多项要素。以此说明，中国的伤亡人员都是有根有据、铁证如山的。

历史的生命在于真实、客观、准确。《抗日战争时期中国人口伤亡和财产损失》这一课题调研的生命也在于真实、客观、准确。所以，在开展这一课题调研的过程中，我们始终把保证调研质量，保证所有材料、事实、成果的真实性、客观性和准确性放在第一位，并在五个重要环节上严格要求、严格把关。第一，严格要求。一开始就明确规定，课题调研工作坚持实事求是的原则和科学严谨的态度。整个调研工作必须尊重历史事实。档案怎么记录的，就怎么记载，不能随意改变。当事人、知情人怎么说的，就怎么记录，不能随意加工。所有的材料、事实都要经得起法律上和学术上的质证。在需要与可能的情况下，对当事人、知情人的证词证言要进行司法公证。各种数据，都要确有根据，不能随便编排、采信。不许追求任何高数字、高指标。第二，统一规范。对课题调研的项目、内容，都做了认真细致的研究，提出了统一要求和严格规范。对全部调研项目设计了统一的表格，对调研报告的内容和格式做了统一规定。每个数字的内涵外延，包括如何计算、如何换算等等，都有明确的规定。事前对调研人员进行了培训。调研过程中，对没有理解的问题、疑难的问题等，都由专家给予统一的解释、说明。第三，责任到人。对所有参与课题调研的人员，都实行责任制。查档的、笔录的、整理的、起草调研报告的、审读的……，每个环节的人员都要签名，以对这一环节自己的工作负责，对子孙后代负责。明确规定，今后凡遇到质疑，有关环节的调研人员都要能够站出来进行证明、解释和辩论。第四，客观撰写。在汇总情况、起草调研报告阶段，要求所有的数据统计都必须客观、真实、准确。一律用事实说话，材料要具体、实在。不允许像写文艺作品那样来写调研报告；不允许作任何想象、编造和煽情性的描写；不允许刻意追求语言的生动华美；不允许使用任何带有夸张性、主观推断性的文字；不允许用"不计其数"、"无恶不作"这类抽象的形容词来概括相关内容；经过调研，凡是能够说清的事实、数字都予采用，但仍然说不清的情况、数据，就客观地说明未查核清楚，在汇总和整理数据时充分考虑这些因素，绝对不得编造数字。第五，逐级验收。除了在调研过程中由特聘的专家随时给予指导外，对各地提交的调研报告和相关材料，都实行逐级验收制度。其中，对省级调研成果实行由地方到中央的四级验收，其他调研成果由有关省、自治区、直辖市党史研究室组织验收。每一验收环节都要有专家审读、签字。凡存在问题和不符合要求之处，都要退回重新核查和修改。

　　经过艰苦努力，到 2010 年底，我们在深入调研的基础上，初步编出了几十本成果，先行印制了少量样本作为内部工作用书，组织力量作进一步的研究、审读、复查、校核。从 2014 年初开始，我们又组织展开了新一轮较大规模的审核工作。第一，召开有关省、自治区、直辖市党史部门参加的审稿会，进一步提高认识，明确规范，听取相互评审以及从社会各方面听到的意见，对审核工作提出要求，进行部署。第二，开展自审、复核、修改，确保准确无误。同时在各省、自治区、直辖市党史部门之间交叉审读，相互间进行比较、核对、衔接。自审互审完成后，都要确认是否具备正式出版的质量水准，签署是否同意交付出版的意见。第三，由中央党史研究室组织专家，对所有拟第一批出版的成果（书稿）进行六个环节的审读、检查、修改、校对，不仅检查是否还有表述不够准确或不够清楚的地方，而且对各本书稿之间、每本书稿各个部分之间的内容、叙述、时间、数字等进行统筹检查，排除表述不一致的内容。第四，如实客观地说明我们工作尽最大努力后达到的程度。始终强调，凡是已经清楚的，就清楚表述。还没有搞清楚的，就如实说明还没有搞清楚。某些数据、结论与其他书籍资料不完全一致的，则说明我们是依据什么材料、从什么角度得出和叙述的，不强求一致。第五，组织各地党史部门继续参与审核。凡有疑问的，都与有关地方党史部门联系、查核。多数省、自治区、直辖市都派专人来京参与审核、修改、校对。审核完毕后，又组织各地党史部门对自己书稿的清样再次进行审核。然后再按出版流程交付印制。今年以来对这些成果再次进行如此繁密、细致的复核工作，都是为了进一步保证成果的质量，保证历史事实的真实性和准确性。

特别需要强调的是，开展这项调研，不是为了简单汇总、计算这样那样的数据，而是为了寻找、展示更多的档案、更多的材料、更多的人证物证、更多的历史事实，用具体的事实来反映当年中华民族遭受的巨大灾难，揭露日本侵略者反人类的罪行。时隔几十年，很多数据难以查清，很多数据可能不很吻合，而且数据的分类、统计、核算都极为复杂，远远不是简单做一做加法就能算出来的。所以，我们在数据上采取了十分谨慎的态度。能统计出来的就统计出来，难以统计的也不强求。统计的口径、结果相互有差别的，也注意说明。今后，我们将会对数据问题作进一步研究。因此，目前的研究还只是阶段性的，不能说已经包罗万象，更不是最终的结论。总体上，还是在为今后更加综合性的研究提供一个详尽、扎实的基础。

由于自始至终都高度重视和强调调研的质量，所以，对于这一项目的真实性、客观性、准确性，我们有充分的信心。当然，无论如何，历史已经过去了六七十年，很多当事人已经去世，很多档案资料已经散失。现在再对发生在六七十年前的灾难进行大规模的调查，其困难是可想而知的。所以，即使做了最大的努力，我们仍然充分预计在调研成果及有关材料中，还是会有不足和差错之处，出版之后，肯定会有不同意见。所以，我们真诚地欢迎所有看到这些调研成果的人们，对其中的内容、材料、数据等进行审查、讨论。如此，必将有更多的人们关心和参与对当年那场灾难的调查，必将会提供和发现更多的档案、更多的资料、更多的见证，必将对我们调研成果中的很多内容进行不断的推敲琢磨，从而使我们能够更加准确、系统地展示当年中国的人口伤亡和财产损失，使我们为子孙后代留下的资料更为完整、更为丰富。我们也欢迎日本和其他国家的人们对这些调研成果进行阅读、审查、讨论、质疑。如此，将会有更多的国家和人们关注中国当年所遭受的灾难，也将会有更多的存留于国外境外的档案资料出现在公众面前，也将会使对当年这段历史和灾难的记录、研究更加准确和科学。

《抗日战争时期中国人口伤亡和财产损失》课题调研，是一项学术性的工作。开展这项课题调研，是为了更加准确和详尽地记录这场战争和灾难的历史，更加充分和有力地揭露日本军国主义的侵略罪行、反击日本右翼势力否认侵略战争的言行，更加充分和有效地进行爱国主义教育，毋忘国耻、振兴中华，更加积极地促进两岸交流、推进祖国和平统一进程，同时，也是为了给全世界所有关注当年这场战争和灾难的国家、政府和人们一个更加负责任的交代，为子孙后代继续研究当年中国人民抗日战争和日本军国主义的侵略罪行留下一笔丰富翔实的历史遗产。因此，虽然是学术性调研，但具有重大的历史意义、现实意义、国际意义、政治意义。作为历史工作者，我们有责任、有义务，实事求是地把中华民族在那场战争中蒙受的巨大灾难和损失尽可能完整地记载下来。推动和开展这项课题调研，是良心所在，是责任所在！每每读到那些令人震颤的历史事实，每每想到那数千万死难者的冤魂亡灵，每每掂量我们今人特别是历史工作者的责任，我们都禁不住潸然泪下。将近10年来，所有调研人员本着对历史和民族负责的精神，殚精竭虑，无私奉献，千方百计寻找各种线索，逐字逐页翻阅档案资料。为了做好对当事人、知情人的调查取证工作，顶酷暑，冒严寒，深入村镇，一家一户进行走访。也许，随着时间的流逝，这样的调研工作，以后再也不可能如此全面深入大规模地进行了。所以，对于能够基本完成这一课题的调研，我们极为欣慰，对能够取得今天这样的成果，我们极为珍惜。将近10年来，调研工作遇到过重重困难，调研人员付出了巨大心血，但只要能够对国家、对民族、对人民有一个负责任的交代，我们所有的努力、辛劳甚至痛苦都是值得的！

现在，《抗日战争时期中国人口伤亡和财产损失调研丛书》A系列第一批成果就要正式出版了，随后我们还将根据工作进程陆续出版第二批、第三批……B系列丛书的编纂和出版工作也将同时推进。而且，这项课题调研工作远没有结束。截至目前课题调研取得的成果，都还是阶段性的、部分的、不完全的成果。很多专题性调研还要继续进行，对大量档案资料还要进行分析研究。所有这些，都还需要我们继续不懈地努力。我们将以对历史负责的精神，一如既往地将这项课题调研工作做好。

历史，是现实的基础，更是未来的起点。打开尘封的记忆，重温昔日的往事，我们可以得到很多的启示和教诲，增长很多的聪明和智慧。所以，研究历史，形式上是向后看，但根本目的是向前看。作为一种科学的研究，我们调查历史的真相，记录历史的灾难，不是为了延续旧时的仇恨，不是为了扩大中日之间的裂痕，不是为了煽动狭隘民族主义的情绪，而是为了以史为鉴，不让历史的悲剧重演；面向未来，书写更加友好合作的美好篇章。经历了太多的苦难和挫折之后，我们更加坚定地热爱和平，更加执着地追求正义，更加珍惜国家的主权与独立，也更加关注世界的文明发展和进步。我们真诚地希望，世界各国能够携手努力，平等协商，求同存异，友好相处，共同推进世界的发展，共享人类文明的成果；我们真诚地希望，中日两国人民能够更多地加强交流、理解和合作，共同开辟中日关系的新局面，使中日关系更加健康稳定地向前发展，使中日两国人民真正世世代代地友好下去；我们真诚地希望，中华民族能够始终以坚韧不拔的努力，坚定不移地走和平发展之路，在中国特色社会主义旗帜下全面建设小康社会，努力实现社会主义现代化，为推动建设一个和平发展、文明进步的世界作出自己的贡献！

2014 年 4 月 30 日

《抗日战争时期中国人口伤亡和财产损失》课题[①]调研工作规范和要求

　　2004 年，中共中央党史研究室决定开展《抗日战争时期中国人口伤亡和财产损失》课题调研。2005 年向全国各省、自治区、直辖市党史研究室发出开展此项工作的正式通知，进行相应部署，着重说明工作的指导思想、调查项目、实施步骤及规范和要求。以后又随着课题调研的深入开展，对规范和要求进行了补充和完善。

一、课题调研的基本任务

　　抗战损失课题调研的目的和任务是深化对抗日战争时期中国人口伤亡和财产损失的研究。1995 年，在首都各界纪念抗日战争暨世界反法西斯战争胜利 50 周年之际，江泽民同志曾经对 20 世纪三四十年代日本侵略中国造成巨大人口伤亡和财产损失的基本数据做出了重要表述。2005 年，在纪念中国人民抗日战争暨世界反法西斯战争胜利 60 周年大会的讲话中，胡锦涛同志再次郑重宣布，据不完全统计，在抗日战争期间，中国军民伤亡 3500 多万人；按 1937 年的比值折算，中国直接经济损失 1000 多亿美元、间接经济损失 5000 多亿美元。中共中央党史研究室组织开展的课题调研，旨在全面详尽调查有关抗日战争时期中国人口伤亡和财产损失的具体事实，为这组基本数据提供强有力的史实支撑，并不是简单地做数据统计。

---

　　① 本课题亦简称为抗战损失课题或抗损课题。因为抗日战争时期及抗战胜利后国民政府统计人口伤亡和财产损失多采用"抗战损失"等概括性提法，其中将人口伤亡也称作抗战损失之一种，与财产损失并提，故沿用这一表述。

课题调研的基本任务是：按照实事求是的原则，经过广泛、全面、深入细致的调查研究，包括查阅搜集档案资料、对统计数据进行分析等，获得更多的证据，以更加全面和准确地揭露日本帝国主义侵略中国的罪行及其对中国人民造成的伤害。

课题调研的主要内容包括：(1)各个省、自治区、直辖市在抗战中的人口伤亡和财产损失情况；(2)历次重大战役战斗中中国军队伤亡的情况；(3)日本从中国掠走各种资源的情况；(4)日本从中国掠走和破坏文物的情况；(5)日军在中国制造的一系列重大惨案；(6)中国劳工的损失情况；(7)中国妇女遭受日军性侵犯的情况，包括"慰安妇"的情况；(8)日军在中国使用细菌武器、化学武器及其造成伤害的情况；(9)日本侵略在其他方面给中国造成破坏的情况；等等。

二、课题调研的方式和方法

主要是组织有关人员查阅和搜集档案馆、图书馆和其他文博单位以及民间保存的有关中国抗战人口伤亡和财产损失的档案资料、报刊杂志、历年出版的专题资料集和发表的研究成果。对一些特殊、重大的事件如重大惨案，则走访当事人、知情人和有关研究人员，进行录音录像，整理和保存证人证言，有条件的还进行司法公证，努力使这些调查材料成为在法律上可以采信的证据。有些省份的课题组还到境外的有关机构查阅相关档案资料，作为对大陆保存的档案资料的丰富和补充。这次课题调研的整体布局，实行块块和条条相结合。每个省、自治区、直辖市党史研究室在负责开展地区性的广泛调研的同时，也从实际出发开展一些专题性调研。一些重要的、涉及多个地方的带有全局性的专题，则另组织专家进行调研。

三、对搜集档案资料的要求

1. 明确搜集档案资料的范围。搜集档案资料是本课题调研工作的基础，调研成果的质量也主要决定于档案资料是否翔实，是否尽可能完整和全面。所以，凡相关内容的档案资料，不论是直接反映人口伤亡和财产损失的，还是间接反映的（如关于人口状况、财产状况、生产能力、各类资源情况等资料），都尽量搜集，作为撰写调研报告的客观的历史依据。搜集的要件有：档案、报刊、史志、时人日记、专著专论、实地调查报告、图片、影像资料以及出版、发表的研究成果等。

2. 认真整理原始档案和资料。对于搜集到的档案资料，不论是来自原始的档案，还是来自报刊、史志、日记、图书、专题论文等，都认真整理，每份每件都注明保存的地点、单位，文件卷号、出版或发表处等，然后分类汇总，妥善保存。档案资料使用时一律保持原貌，必要时作注释说明，不允许对原件内容增改、涂抹。对搜集到的档案资料要在分门别类整理的基础上进行必要的考证、鉴别和研究。整理后的档案资料，不仅是有关课题承担者撰写课题调研报告的重要依据，其主要内容也作为附件收入有关的调研成果之中。

四、有关数据统计中的几个问题

1. 根据搜集、掌握资料的情况，抗日战争时期中国的人口伤亡分为直接伤亡和间接伤亡两大类。直接伤亡，一般是指日本侵略中国的战争直接导致的中国方面人员的死、伤、失踪等；间接伤亡，一般是指在日本侵略中国的战争包括特定战争环境中造成的中国方面被俘捕人员、灾民、难民、劳工等的伤亡。抗战期间，被俘捕人员、灾民、难民、劳工等伤亡很大，但由于其流动性大等复杂原因，很难形成具体数据资料，统计起来十分困难。因此，本课题调研中，将已确定属于死、伤或失踪的被俘捕人员、灾民、难民、劳工的数据归入有关地方间接伤亡统计数据；无法确定是否伤亡失踪的，可视情况单列相关数据并加以说明。需要补充说明的是，在战争中失踪者，按通常惯例归为死亡。

2. 抗日战争时期中国的财产损失分为直接损失和间接损失两大类。直接损失，一般是指在日军攻击、轰炸或掠夺中直接造成的社会财产损失。居民财产损失列为直接损失。间接损失，一般包括：(1)政府机关等因抗战需要而增加的费用，如迁移费、防空设备费、疏散费、救济费、抚恤费等；(2)各种营业活动可获利润额的减少及由于成本上升等增加的费用；(3)有关伤亡人员的医药、埋葬等费用；(4)为抗战捐献的物资和钱财；(5)有关人力资源的损失。总之，一切因战争造成的间接财产损失均包括在内。

3. 在财产损失中所列的人力资源类损失，包括了被俘捕人员、劳工等在财产方面的损失。中国各级政府所组织的劳役，例如为战争修筑公路、机场、军事工事等抽调民工，都算作人力资源损失。但中国方面征用民工和日本侵略军强征劳工有所区别。日军强征劳工的伤亡率很高，和中国方面征用民工民夫的情况区别很大，因此要分别统计和说明，不能混淆。

4. 中国军队在重大战役战斗中的人员伤亡，分别情况加以统计处理。此次课题调研以统计平民伤亡为主。有关省（自治区、直辖市）如发现有本地发生过军队人员伤亡的重要资料，可以搜集整理并在调研报告中说明，但不计入本地人口伤亡总数。若是本地籍军人的伤亡，则计入本地人口伤亡总数。

5. 海外华侨拥有中国国籍，因此在计算抗日战争时期中国人口伤亡和财产损失时，华侨人口伤亡和财产损失均计算在内。各有关地方在计算本地人口伤亡和财产损失时，视情况可以将本地籍华侨的伤亡、损失计入统计数据总数，亦可单列数据并加以说明。

6. 工厂、学校、机关团体等由于战争原因搬迁造成的损失，算作间接损失，原则上由工厂、学校、机关团体等原所在地方统计。如果原所在地方缺少相关资料，新迁移处具备资料条件，也可由后者统计。为避免交叉和重复，遇到这类情况须特别加以说明。

7. 政党、政府机构的财产损失，归入公用事业的社会团体类财产损失一并计算。

8. 被日军、日本占领当局无偿征用、占用的中国耕地，按农作物的产量及其价值计算财产损失。

9. 伪军、伪政府的人员伤亡和财产损失，一般计入中国人口伤亡和财产损失。

10. 由战争原因导致的如黄河花园口决堤一类重大事件所造成的人口伤亡和财产损失，计算在间接人口伤亡和财产损失中。

11. 重大的财产损失，均以相应数额的货币反映价值。反映财产损失的货币一般要注明币种。

12. 通常用于抗日战争时期财产损失统计的货币（主要是法币），币值问题非常复杂。本课题调研中，涉及财产损失统计的货币数据，有条件进行折算的，一般按 1937 年即全国抗战爆发当年通用货币法币的币值进行折算，并说明折算的方式方法。因条件不具备，保留原始数据未作折算的，则注明有关数据中用以反映财产损失的货币系何种货币、何年币值。

五、关于撰写课题调研报告的要求

本次课题调研，有关课题组和承担专门课题的专家均按要求撰写出调研报告。

1. 各省、自治区、直辖市课题组撰写调研报告，内容大致分为概述、主体、结论三部分。

概述部分主要包括：介绍课题调研工作的基本情况，如：投入多少力量，到过什么地方查阅搜集档案资料，搜集了多少档案资料等。反映本地的自然地理概况，抗战爆发前的经济社会发展和人口状况，以及在抗战时期是重灾区还是大后方，是沦陷区还是根据地等。叙述日本侵略者在本地的主要罪行。还可简略回顾以往相关课题的资料和研究情况。

主体部分主要包括：分析说明本地人口伤亡和财产损失情

况。根据现掌握资料，将本地抗战时期人口伤亡分为直接伤亡和间接伤亡，将本地财产损失分为直接损失和间接损失，并分别说明主要的史料依据和分析结果。

结论部分，汇总本地人口伤亡数据、财产损失数据。据实说明迄今所掌握资料的局限性、本地遭受人口伤亡和财产损失的特点、影响等。

撰写调研报告依据的主要资料以及调研中同步完成的专题研究报告等，作为调研报告的附件，纳入课题调研成果中。

2. 由一批专家承担的全局性专门课题，如抗日战争时期重大惨案、劳工问题、"慰安妇"问题、细菌战、化学战、文化损失、海外华侨人口伤亡和财产损失、中国军队伤亡、重要战役战斗伤亡等，其调研报告的撰写和附件的收录，参照以上要求进行。

六、对调研成果的验收

在各省、自治区、直辖市课题调研工作结束后，完成的包括课题调研报告在内的省级调研成果和市、县等调研成果，要装订成册，通过审阅和验收，逐级上报，送交各省、自治区、直辖市党史研究室和中共中央党史研究室分别保存。

为确保质量，在调研过程中形成的各省、自治区、直辖市A、B两个系列书稿（省级调研成果为A系列书稿，市、县等调研成果为B系列书稿），要分别通过验收。其中，省级调研成果要通过由地方到中央的四级验收，市、县等调研成果则在有关省、自治区、直辖市内验收。

省级调研成果上报验收前，课题组先认真进行自审，以保证内容的完整准确，特别是调研报告和有关专题研究报告、资料、大事记的内容和数据要互相补充、印证，不能互相矛盾。课题组完成自审后，省级调研成果首先报送省级抗战损失课题领导小组验收。省级课题领导小组审查通过后，送省级专家验收组验收。省级专家验收组参加验收的专家一般为3—5人，人选来自党史系统、社会科学院和社科联系统、档案史志部门、高等院校等方面，为较有影响力、权威性的专家。省级专家验收组在本省（自治区、直辖市）课题领导小组的指导下，按照学术规范的严格要求和有关规定审读、验收本省（自治区、直辖市）拟提交中共中央党史研究室的省级调研成果。验收的主要标准和目的是确保调研成果的准确性、可靠性。对于验收中指出的问题、提出的意见和建议，各省（自治区、直辖市）课题组须采取有效措施解决和落实。对一次验收不合格的，修改、完善之后进行第二次以至多次验收，直到合格为止。省级专家验收组验收合格后，填写《A系列书稿验收报告表》。填写的报告表和书稿同时报送中共中央党史研究室课题组。

中共中央党史研究室课题组收到经省级专家验收组验收合格的省级调研成果后，先进行验收。认为合格后，再聘请国内知名专家进行验收，并填写《A系列书稿验收报告表》。验收中所提修改意见，由有关省、自治区、直辖市课题组予以逐条落实，对调研成果做出相应修改或者说明相关情况。

由一批专家承担的全局性专题研究成果，最后形成的书稿也纳入A系列，其验收也参照上述程序和要求，由中共中央党史研究室课题组组织有关专家进行。对于验收中提出的意见，承担课题的专家要逐条落实，对调研成果进行修改完善直至合格为止。

最后，中共中央党史研究室课题组对经过反复修改形成的省级调研成果和全局性专门课题调研成果进行复核。完成各项程序并符合要求的调研成果，包括通过四级验收的A系列书稿和由有关省、自治区、直辖市党史研究室组织验收并合格的B系列书稿，分批次送交中共党史出版社付印出版。

中共中央党史研究室课题组

《抗日战争时期八路军人员伤亡和财产损失档案选编》编委会

编辑说明

　　为加强中国抗日战争和世界反法西斯战争历史研究，尤其是深化抗日战争时期中国人口伤亡和财产损失的研究，我们编辑了《抗日战争时期八路军人员伤亡和财产损失档案选编》（以下简称《选编》）一书。

　　《选编》共选用档案资料 277 件，文件形成时间起自 1938 年 1 月，迄至 1947 年 10 月，相当一部分是首次系统对外公布。根据档案资料的特点，《选编》按照资料内容和时间设置了两个大类，第一类为人员伤亡和财产损失；第二类为日军暴行。根据档案等资料的数量，《选编》共分 5 册：第 1 册 (1938 年 1 月至 1939 年)，第 2 册 (1939 年至 1940 年)，第 3 册 (1940 年至 1942 年)，第 4 册 (1942 年至 1944 年 9 月)，第 5 册 (1944 年 10 月至 1947 年 10 月)。由于日军暴行的档案资料较少，不便单独立册，所以把这部分档案资料放在了第五册的最后作为附录。

　　《选编》中档案资料按时间先后顺序排列，对于具体日期不明者，排在当月之后；月份不明者，排在年度之后；跨月份者，排在最后月份；跨年度者，排在最后年度；无题名或题名不确切者重新拟写了题名；署名、年度不详者进行了考订。

　　《选编》选录的档案资料仅限中国人民解放军档案馆馆藏。在编辑过程中，我们力求保持文献原貌。对个别辨认不清的字用"□"表示；对个别漏字填补用"〈〉"表示。档案选编的统计表数字经过核对。对统计数字有误处，标注说明："原文如此，计算有误"。全国抗战爆发后，红军主力改编为国民革命军第八路军，简称八路军。后改称第十八集团军，但仍沿称八路军。现文件名称保持档案原样，没有统一。

编　者

2014 年 2 月

目　　录

1. 十八集团军关于阵亡之团营长的报告

（1938 年 1 月 28 日）

陈周叶①：

阵亡之团营长略历如下：

六八八团团长陈锦秀，河南固始人，27 岁，1930 年参加红军，任过政指，营政教，团长，师长，工作积极，学习进步，作战勇敢。

第三营营长刘国清，湖北黄安人，30 岁，1929 年参加红军，任过排连营团级干部，作战勇敢，本协南二营头战斗。

七七一团第一营营长潘占魁，河南商城人，二十上晼之上②，32 年参加红军，任过班排连营团长，营长，战斗牺牲。

朱彭任③

俭　辰

（前总来）

---

① 陈周叶：指陈诚、周恩来、叶剑英。

② 原文如此。

③ 朱彭任：指朱德、彭德怀、任弼时。

2. 八路军一年来人员伤亡总数通报

（1938 年 6 月 29 日）

陈罗贺肖关刘徐邓①并滕谭叶周林伍②：

　　我军在一年抗战中伤亡总数 25986 名，伤者占 17366 名，阵亡占 8620 名，一一五师共伤亡 6826 名；一二〇师共伤亡 7789 名；一二九师共伤亡 6075 名；军区共伤亡 5176 名，总直 120 名，病者共 3502 名，对外宣传统照此数目字。

朱彭左③

艳二十二时

---

① 陈罗贺肖关刘徐邓：指陈光、罗荣桓、贺龙、肖克、关向应、刘伯承、徐向前、邓小平。
② 滕谭叶周林伍：指滕代远、谭政、叶挺、周子昆、林伯渠、伍云甫。
③ 朱彭左：指朱德、彭德怀、左权。

3. 八路军第120师抗战一周年人员伤亡统计表（1938年6月）

抗战一周年自一九三七年九月起至一九三八年六月份止的伤亡统计表

职别／数目＼队别	负伤人员																		阵亡人员																		合计 ★
	军事干部										政治干部					战其		合计	军事干部										政治干部					战其		合计	
	团长	副团长	参谋长	营长	副营长	连长	副连长	排长	副排长	班长	团政治委员主任	团政工股长	营教导员连指导员	副指导员	支部书记	战斗员	其他	合计	团长	副团长	参谋长	营长	副营长	连长	副连长	排长	副排长	班长	团政治委员主任	团政工股长	营教导员连指导员	副指导员	支部书记	战斗员	其他	合计	
358旅	1		1		2	14	3	42	6	126			2	1	9	711	4	927			2	1	1	16	1	26	3	81	1	1	2	10	8	345	4	502	1429
359旅		1	3	2		23	7	63	10	200	1	1	1		16	1339		1676			1			20	4	40	5	105	1	1	1	11	3	494		686	2362
师骑兵营								4								10		10							0		1	4						8		13	23
宋支队			2	1				5		8			1			44		52							1	4	2	11			2			33		53	105
警备六团								2								35		48										8				0		16		24	72
毛陈支队										2						14		16										3						8		11	27
杨戴支队																3		3									1	1						4		6	9
总计	1	1	4	3	2	37	10	112	17	340	1	3	2		26	2156	4	2732			1	3	1	38	5	73	10	210	1	1	2	2	23	1908	4	1295	4027

说明：1. 此伤亡统计是自一九三七年九月份起战斗至一九三八年六月份止按部队的报告所汇集的。

2. 负伤阵亡各党员前一周年的统计中另有数目……而负伤党员有764阵亡党员有464；而这二个数目还没有彻底的详细统计，但整个的伤亡数目是比较精准，特说明。

一百二十师政治部组织部造

8月30日

4. 晋察冀军区1至4分区及骑兵营战斗伤亡消耗统计表（1938年12月1日）

一二三四分区骑兵营战斗缴获俘房消耗统计表

自九月二十日敌人进攻起至十一月底止

一九三八年十一月三十日　战斗俘房缴获武器弹药物品马匹统计表 1938.9—11底止

晋察冀军区骑兵营战斗俘房缴获伤亡消耗统计表

作战月日	作战地点	俘房人数	步马枪	手机枪	轻机枪	重机枪	其他	合计刺刀	马刀	工作器具	合计七九弹	六五弹	卜壳弹	重机枪弹	手枪弹	炮弹	榴弹	合计	黄背包大衣	饭包皮鞋	电话机油布	望远镜	水壶包镜	防毒面具	汽车	战马	马骡驴	合计
肖月	高门屯		2					2	1		1	2200					4	2204	35 35 85 200	20 9	2	1 15 55	30	3	2			
总计																												

年　月　日战斗伤亡消耗统计表

作战月日	作战地点	失连络人数	合计营长	连长	排长	班长	战士其他	合计营长	连长	排长	班长	副班长	指导员	合计营长	连长	排长	班长	副班长	指导员
			负伤											阵亡					
十月四日	唐县、敌水、高门屯		23			5	2 16			1	5	2 2					1	5	1	1
总计																			

战斗俘房缴获武器弹药物品马匹统计表

	遗失武器							消耗弹药						马匹		
	合计	六五枪	七九枪	卜壳枪	轻机枪	工作器具	马刀	合计	六五弹	七九弹	卜壳弹	手枪弹	重机枪弹	轻机枪弹	手榴弹	合计马骡驴
	5	3	1	1		2		8	3	7	4267	242	420		108	

说明　此表附战斗详报内

备考
一、此表自九月二十日至十一月底止
二、作战地点高门屯一次唐县一次北敌水一次灵山一次
三、此表消耗是几次中总统计

司令员 杨成武　副司令员 高鹏

晋察冀军区第一分区自一九三八年九月二十号起至十一月二十五号止各个战斗俘房缴获消耗伤亡统计表

1938.9.20 起至 11.25 止各个战斗俘房缴获武器弹药物品马匹统计表

作战月日	作战地点	俘房人数	武器 步马枪卜壳枪	手枪	轻机枪	重机枪	合计	马刺刀	工作器具合计	弹药 七九弹	六五弹	卜壳弹	轻机弹	重机弹	手机弹	手榴弹	合计	物品 钢帽	防毒具	汽油印机	马车	大衣	毯子	合计	马匹 马	骡	驴	合计
4/10	方代口																											
4/10	东西庄																											
17.20/10	韩家岭贾口		20		1		21	2	2		11319		4720	71			16110					19	8					4
19/10	杨家川																											
/10	阜曲河袭敌																											
19/11	尖山																											
18/11	涞源																											
	总计																											

1938.9.20 起至 11.25 止各个战斗伤亡人员马匹遗失武器消耗弹药统计表

伤亡人员、遗失武器

作战月日	作战地点	失连络人数	负伤 政工作人员	政治指导员	教导员	副连长	副排长	排长	班长	战士	合计	阵亡 政工作人员合计	政治指导员	副连长	副排长	排长	班长	战士	合计	遗失武器 合计	六五枪	七九枪	卜壳枪	轻机枪
4/10	方代口			1		2	2	5	14	68	92					2	6	12	20	11	4	7		
4/10	东西庄	4			1		3	5	4	40	54					1		16	18	6	2	4		
17.20/10	韩家岭贾口		1	1		2	1	5	14	57	81	1	3		1	2	2	26	34	5		3	2	
19/10	杨家川	4		1				3	15	19		1			2	3		11	11					
	阜曲河袭敌 /10																							
19/11	尖山								8	8			1		1		2	8	10	2	1	1		
18/11	涞源				1		1	1	1		3							1	1	1		1		
	总计	8	1	1	2	6	2	15	37	189	258	2	4		3	7	11	71	94	25	10	14	1	

消耗弹药

作战月日	作战地点	工作人员	马刺刀	合计	六五弹	七九弹	卜壳弹	手枪弹	轻机弹	重机弹	六轮机弹	手榴弹	合计
4/10	方代口	2	29	33	7085	7499	185	5308		480	50	255	21262
4/10	东西庄	2	6		4957	6027	38	4390	8	440	120	32	16015
17.20/10	韩家岭贾口	8	8	14	11409	6522	222	9796		908	200	471	29528
19/10	杨家川	5	5	12	11104	3660	81	2190		150		108	17893
	阜曲河袭敌 /10				1183	1100	6	770				48	3109
19/11	尖山	2	2	3	825	1065	25	159		40	110	41	2265
18/11	涞源	1			150		32						182
	总计	11	46	64	36713	25873	589	22613	8	2018	480	955	90254

附记	(1) 负伤政治人员一是俱乐部主任一是特派干事；(2) 三团于党城王快袭敌战斗伤亡消耗与缴获表示敌示启未统计在本表内后续报；(3) 随队休养的轻伤与中毒者均未统在负伤总数之内

一九三八、九、二五 填于走马驹区北城子村

晋察冀军区第四军分区俘房缴获伤亡消耗统计表

共计俘房缴获统计表

共进行过多少次战斗	共俘房人数	共缴武器								共缴弹药				共缴马匹多少
		步马枪	短枪	轻机关枪	重机关枪	山炮	迫击炮	其他	合计	子弹	炮弹	其他	合计	合计
		35		1				5	41	3400	180			3580

共计伤亡消耗统计

	团长	营长	连长	排长	班长	政委	教导员	指导员	战斗员	其他	合计
负伤统计		2	9	11	29						
阵亡统计	1	4	6	20						2	2	87	3	145

消耗武器弹药统计												马匹损失	老干部战士损失数
步马枪	短枪	轻机关枪	重机关枪	山炮	迫击炮	其他	合计	子弹	炮弹	其他	合计		
					10			1027932	8	476	28416		

阵亡统计数值：1 75 1 108 18 10

备考 此表系自九月二十日至十一月底的战斗中的

说明 1. 进行战斗次数。 2. 缴获是在战斗中收获中收集的。 3. 逃亡的数目填入失连络内的，但备考中注明。 4. 老干部与战士，长征的不论是原一、二、四方面统有，南下的是西安事变后进入陕甘中部时的。 5. 此表由司令部政治部负责填造。 6. 填出后须系机要件，绝对秘密。

代理作战参谋刘有恒

战斗俘房缴获伤亡消耗统计表

（自九月二十二日至十一月三十日）

1938.12.1 于郎家庄

1938年9月 日战斗俘房缴获武器弹药物品马匹统计表

作战月日	作战地点	俘房人数	步马枪	卜壳枪	手枪	轻机枪	重机枪	其他	弹药合计	七九弹	六五弹	卜壳弹	手枪弹	轻机弹	重机弹	手榴弹	炮弹	工作器具合计	马刀	刺刀	物品合计	马	骡	驴	药品合计
9月23日	曲阳刘家马																					4	1		5
	总计																								

晋察冀军区第四支队

1938年9月 日战斗伤亡消耗统计表

作战月日	作战地点	失络连络人数	阵亡营长	连长	排长	战士	阵亡合计	负伤营长	连长	排长	战士	其他	负伤合计	工作器具合计	马刀	刺刀	遗失武器副政指	遗失合计	六五枪	七九枪	卜壳枪	手枪	轻机枪	重机枪	马刺刀	总计	六五弹	七九弹	卜壳弹	手枪弹	轻机弹	重机弹	手榴弹	六开弹	水连珠	弹药合计	马	骡	驴	马匹合计
9月22日	曲阳嘉山	1			1					1	5		6								1					1	472	882	8		50	2	7	52	28	1501				
9月23日	曲阳刘家马					7	7			1	6		7	1	1				9							1	994	1463		6	480			45		2688				
9月24日	曲阳赵邸	7				22	22				22		22					8			5	1				6	223	766				30				1019				
9月24日	曲阳乔家马					1	1				1		1			1					1						2620	186	25		470	300	128			3729				
9月28日	曲阳北镇																										314	905						7	8	1234				
10月3日	西王柳口																										250	86				210				546				
10月2日	王快																										395	753	91		40			146		1525				
10月8日	贾口										2		2												1	1		195	769					50	1	1015				

说明　此表附战斗洋报内

备考

续表

战斗俘虏缴获武器弹药物品马匹统计表

作战月日	作战地点	俘虏人数	步马枪	卜壳枪	手机枪	轻机枪	重机枪	其他枪	武器合计	刺刀	马刀	工作器具	七九弹	六五弹	卜壳弹	手机弹	轻机弹	重机弹	手枪弹	炮弹	榴弹	弹药合计	羊线大衣	水壶	油布	铁子弹匣	马鞭子	白面	鸡子	物品合计	马	骡驴	马匹合计
10月10日	王块																						1	1	3					5			
10月16日	王柳口																									1				1		1	1
10月27日	五丈弯																											20斤	1				1
总计																																	

1938年10月 日战斗伤亡消耗统计表

晋察冀军区 战斗俘虏缴获伤亡消耗统计表

作战月日	作战地点	失连络人数	负伤 营长	连长	排长	班长	战士	班长副	副政指	负伤合计	阵亡 营长	连长	排长	班长	战士	班长副	政指	阵亡合计	七九枪	六五枪	卜壳枪	手机枪	轻机枪	重机枪	遗失合计	刺刀	马刀	工作器具	六五弹	七九弹	卜壳弹	手枪弹	手机弹	轻机弹	重机弹	手榴弹	消耗合计	马	骡驴	马匹合计
10月8日	曲阳				1		10			11					6			6				6			6				294	525						5	824			824
10月10日	王快					1	10			11			1		1			1				2			2				544	828	31					125	1439			1439
10月12日	五丈弯																													1207							1207			1207
10月16日	王柳口			2	17	2		1	1	24			1	5	3		1	10			1	1			1	1	1		2180	4156	36		57	152		285	6866			6866
10月17日	白山陕	1																											153	274		10	7				444			444
10月21日	五丈弯					2	2			2				2				2				2							914	6						9	929			929
10月25日	口南				1					1																			105	265		20	26				416			416
10月27日	五丈弯																												120	499						45	664			664

说明　　此表附战斗详报内

备考

战斗俘虏缴获武器弹药物品马匹统计表

作战月日	作战地点	俘虏人数	步马枪	手枪	手机枪	轻机枪	重机枪	其他	合计 马刺刀	工作器具	卜壳弹	七九弹	六五弹	手机弹	重机弹	手枪弹	手榴弹	炮弹	枪榴弹	合计	物品	马	骡	驴	合计
总计																									

（左侧标注：晋察冀军区）

战斗伤亡消耗统计表

作战月日	作战地点	负伤 营长	连长	排长	班长副	其他	卫生员	政指	合计	阵亡 营长	连长	排长	班长副	其他	卫生员	政指	合计	遗失武器	消耗弹药 六五弹	七九弹	卜壳弹	轻机弹	重机弹	手榴弹	合计	马	骡	驴	合计
10月27日	五丈弯			1		2		1	3											652	1286				102	2040				
10月28日	铁岭																			225	290				36	551				
10月28日	李家连	1		2		2	1	1	2				1					2			148				2017	185				
10月28日	王快					1	2		2				1					1		73	65	11	90	50	4	293				
10月29日	王快																			307	447				21	825				
10月30日	铁岭																			356	276	37			13	682				
10月30日	灵山			4		4			5			4	3	4			14	7		122	277	5	55	22	1	479				
11月5日	营川		2	5	1	1	6		7			9	6	2			8		1426	3187	21			88	4722				
11月5日	罗略土门																													
说明		此表附战斗详报内																											
备考																														

年 月 日 战斗俘房缴获武器弹药物品马匹统计表

作战月日	作战地点	俘房人数	缴获武器						弹药							物品	马匹
			步马枪	卜壳枪	手枪	轻机枪	重机枪	其他	合计(刺刀·马刀·工作器具)	七九弹	六五弹	卜壳手枪弹	轻机枪弹	重机枪弹	手榴弹·炮弹	合计	合计	合计
总计																		

1938 年 11 月 日 战斗伤亡消耗统计表

作战月日	作战地点	阵亡									负伤									遗失武器					消耗弹药								马匹
		营长	连长	排长	战士长	班长	其他	特派政治干事	总支书	合计	营长	连长	排长	战士长	班长	其他	特派政治干事	总支书	合计	六五枪	七九枪	卜壳手枪	轻机枪	合计(刺刀·马刀·工作器具)	卜壳弹	六五弹	七九弹	手枪弹	轻机枪弹	重机枪弹	手榴弹	合计	合计(马·骡·驴)
11月 日	罗峪												2						2		767					769	1990				90	2647	
11月 日	东店黄岭洼						1						1						1		1		1	1		441	428		18010		43	1102	
11月 日	东店黄岭洼												1						1							123	110				10	243	
11月 日	榆林					1				1																88	130		90		3	311	
11月 日	东石门												1				1		2		2				8	163	37		75		19035	508	
12月 日	黄岭洼																									380	318				14	712	
11月 日	唐县					6				10			1				1		2							200					90	290	
13月 日																																	
11月 17日	石门					2				4			1				1		1							335	367				8	710	
11月 21日																																	

说明 此表附战斗详报内

备考

年 月 日 战斗俘房缴获武器弹药物品马匹统计表

作战月日	作战地点	俘房人数	步枪马枪	手枪	轻机枪	重机枪	其他枪	合计	七九弹	六五弹	手枪弹	轻机弹	重机弹	手榴弹	炮弹	枪榴弹	合计	电话皮线	马	骡	驴	合计
			武器									弹药							物品			马匹	
十二月三十九日	党城																		1000公尺				
总计																							
晋察冀军区																							

1938 年 月 日 战斗伤亡消耗统计表

作战月日	作战地点				负伤						合计			阵亡					合计		失			合计	七九弹	六五弹	手枪弹	轻机弹	重机弹	手榴弹	六零炮弹	水连珠	水连珠张		遗失武器					合计	工作器具		合计	马	骡	驴	合计
十一月二十一日	石门上下炮				1	7					9			3					3						1568	1546	4	125		63					3	1				4							3306
十一月二十四日	王快																								250	150		100		30																	530
十一月二十六日	南沟				1	8					9								1						3600	3285	34	8105	150	200	56					1				1							8190
十一月二十九日	党城																								180	138				8																	326
总计		14	1	3	11	118	2	1	1	1	143	1	2	3	46	6	2	1							2029	2915	57	2052	962	772	1591	59	36		15	14			1	34	2	3	7	2	3		3490

说明
1. 总计栏内是同上面的几张在内
2. 此表是连直属队和十一、十二、三个大队的，消耗数目缺独立四团的和游击支队的。

备考 此表附战斗详报内

自九月二十日起至十一月底止

战斗俘虏缴获武器弹药物品马匹统计表

年　月　日

作战月日	作战地点	俘虏人数	武器								弹药										物品						马匹			
			步马枪卜壳枪	手机枪	轻机枪	重机枪	其他	掷弹筒	合计	马刺刀工作器具	合计	七九弹	六五弹	卜壳弹	手机枪弹	轻机枪弹	重机枪弹	手枪弹	炮弹	枪榴弹	合计	大衣	皮鞋	防毒面具	铁帽	马鞍	合计	马	骡	驴
		2	2					30	2	4	38	100									100	1	1	4	5	1	2		2	
总计																					100									

战斗伤亡消耗统计表

年　月　日

作战月日	作战地点	失连络人数	负伤									阵亡										遗失武器					消耗弹药								马匹			
			营长连长	班长排长	战士	参谋长	其他	政治指导员	管理人员	工作人员	合计	营长连长	排长班长	战士	副政治指导员	技术书记	文书	管理人员	特务员	什务员	合计	六五枪七九枪	卜壳枪	轻机枪冲锋枪	合计	马刺刀工作器具	六五弹七九弹	卜壳弹	手枪弹	轻机枪弹	重机枪弹	手榴弹	合计	合计	马	骡	驴
		66	1	3	64	1	2	2	4	6	148	2	2	32	1	1	1	2	1			9	29	38	4	5	48	6	24	125	3326	7332	119	6805	2088	240	225	48070	3	7	10
总计																																						

说明　此表附战斗详报内

备考
1. 此表系四、五、六及特务营共缴获之统计
2. 政治人员管理人员工作人员此三者因格少不能分详细。

年 月 日 战斗俘房缴获武器弹药物品马匹统计表

作战月日	作战地点	俘房人数	步卜枪	手枪	轻机枪	重机枪	其他	合计	马刺	马刀	合计	七九弹	六五弹	卜壳弹	手枪弹	轻机枪弹	重机枪弹	手榴弹	其他	合计	物品合计	马	骡	驴	合计
			武器						工作器具			弹药									物品	马匹			
十月二十九日	白家庄																								1
总计																									

晋察冀军区第二军分区战斗俘房伤亡消耗统计表

年 月 日 战斗伤亡消耗统计表

作战月日	作战地点	失连络人数	营长	连长	排长	战士	合计	营长	连长	排长	战士	合计	营长	连长	排长	战士	合计	步卜枪	手枪	轻机枪	重机枪	其他	合计	马刺	马刀	合计	七九弹	六五弹	卜壳弹	手枪弹	轻机枪弹	重机枪弹	手榴弹	合计	马	骡	驴	合计
			俘房					负伤					阵亡					遗失武器						工作器具			消耗弹药								马匹			
九月二十七日	代县黎村	37①								1	14	16			1	21	23						4		24	28	34	422	2735	13	1204	234	186					53020
九月三十日	代县金沟									1					1		14						24 ②③			1												
十月十九日至十一月二十六日	五台城及国家庄																6									5												

说明	此表附战斗详报内
备考	本表为此次攻敌人进攻军区以来共战斗之总计未每次分平，同时没有每次战斗后即报告

第四大队

① 原文如此，计算有误。

②③ 原文中"遗失武器类"字迹模糊，辨认不清。

战斗俘房缴获武器弹药物品马匹统计表

年　月　日

作战月日	作战地点	俘房人数	武器								弹药											物品				合计	马匹			
			步马枪	手机枪	轻机枪	重机枪	其他	合计	马刺刀	工作器具	七九弹	六五弹	卜壳弹	手机枪弹	轻机枪弹	重机枪弹	手炮弹弹	其他	合计	铁帽	搬弹筒	防毒面具	呢子大衣	皮鞋	马鞍		马	骡	驴	合计
晋察冀军区第二军分区																														
十一月三日	五台北高洪口	2		2																										
四日	石盆口						2	2		4 6	100								100	5	30	1	4	1	1					1
总计																														

战斗伤亡消耗统计表

年　月　日

作战月日	作战地点	失连络人数	负伤										阵亡							遗失武器								消耗弹药								马匹			
			参谋长	营长	连长	排长	战士	合计	俱乐部主任	民运干事	管理主任	什务人员	技术书记	文书	班长	战士	合计	副指导员	杂务人员	七九枪	六五枪	卜壳枪	轻机枪	冲锋枪	合计	马刺刀	工作器具	六五弹	七九弹	卜壳弹	轻机弹	重机弹	手机弹	手榴弹	合计	马	驴	骡	合计
第三军分区																																							
十一月三日	五台北高洪口	117	1	1	2	48	1	79	1	6	3	1	1	2	10	1	24	7	3	5	15	14	3	12	44			2006	900	106	2000	988	800	19	6867②	6855	2	17	19
四日	石盆口																																							
总计								79①									24								44										6867②				19

说明 此表附战斗详报内

备考 1. 以上缴获俘房是五团八连打，只敌之溃散兵没有消耗子弹弹药。

第五大队

① 原文如此，计算有误。
② 原文如此，计算有误。

晋察冀军区第一军分区 战斗俘房缴获武器弹药物品马匹统计表（年 月 日）

作战月日	作战地点	俘房人数	武器：步马枪	卜壳枪	手机枪	轻机枪	重机枪	其他	合计	刺刀	马刀	工作器具	弹药：七九弹	六五弹	卜五弹	手机枪弹	轻机枪弹	重机枪弹	手炮弹	手榴弹	合计	物品 合计	马	骡	驴	合计
总计																										

战斗伤亡消耗统计表（年 月 日）

作战月日	作战地点	失连络人数	阵亡：营长	连长	排长	班长	战士	合计	负伤：营长	连长	排长	班长	战士	合计	遗失武器：六九枪	七九枪	轻机枪	卜壳枪	马刀	工作器具	合计	消耗弹药：六五弹	七九弹	卜壳弹	轻机枪弹	重机枪弹	手榴弹	合计	马	骡	驴	合计
十月三日	五台耿家庄						1	1								1			2	3	5	200	500		1000			1700				
十日	五台石盆口	4										2	1	4		2				4	4	500	210					710	1			1
十八日	五台聚家庄	8										2	1	11		6	6	6			6	1000	1500		2500	300	20	5320			1	1
总计		8					1	1				2	1	15		8	6	6	2	7	15	1700	2210		3500	300	20	7230	1	1		1①

说明　此表附战斗详报内

备考

第六大队

---

① 原文如此，计算有误。

·16·

续表

战斗俘虏缴获武器弹药物品马匹统计表

年　月　日

作战月日	作战地点	俘虏人数	武器							马刀	工作器具	弹药										物品	马匹			
			步马枪	卜壳枪	手枪	轻机枪	重机枪	其他枪	合计			七九弹	六五弹	卜壳弹	手枪弹	轻机弹	重机弹	手炮弹	手榴弹	其他	合计		马	骡	驴	合计
总计																											

战斗伤亡消耗统计表

年　月　日

作战月日	作战地点	失联络人数	负伤					阵亡					遗失武器						马刀	工作器具	合计	消耗弹药						马匹			
			营连络	营长	连长	排长	班长	战士	营连络	营长	连长	排长	班长	战士	合计	七九枪	六五枪	卜壳枪	轻机枪			合计	七九弹	六五弹	卜壳弹	手枪弹	轻机弹	重机弹	手榴弹	合计	马	骡	驴	合计
十一月十七日	五台东冶																						450			65		6	495①				
总计																							450			65		6	495②				

说明　此表附战斗详报内

备考

特务营

晋察冀军区第二军分区战斗俘虏缴获伤亡消耗统计表

①② 原文如此，计算有误。

·17·

5. 八路军第 120 师第 716 团榆林、泥河、朔县战斗阵亡登记表（1938 年）

七一六团司令部

阵亡登记表

队别	七一六团
职别	通讯参谋
姓名	邹祺作
年龄	23
籍贯住址	湖北石首
永久通讯处	石首谭家湾
家庭关系人	人一口
家庭经济状况	地七亩房子三间均归别人住
何时何地怎样入伍 参加过什么革命斗争及任过何种工作	1931 年在石首小河口入伍参加国内战争任过宣传通讯员文书等
何时何地与敌作战	1938 年 8 月在朔县泥河与敌作战
过去受伤几次及其地点是否残废	过去受伤一次不是残废
是否党员	是党员
阵亡日期	8 月 7 号
备考	

阵亡登记表

队别	七一六团一营营部
职别	通讯员
姓名	刘文先
年龄	20
籍贯住址	四川省巴洲县
永久通讯处	巴洲青安渡
家庭关系人	父1母1弟1
家庭经济状况	田谷子十担
何时何地怎样入伍 参加过什么革命斗争及任过何种工作	1933年在本地自愿入伍 参加过土地革命斗争 任过战斗员
何时何地与敌作战	1938.8.4在同蒲铁路之泥河村与敌作战
过去受伤几次及其地点是否残废	没有
是否党员	正式党员
阵亡日期	1938.8.4
备考	

阵亡登记表

队别	第一营一连	
职别	第三排长	第六班长
姓名	陈文光	周子敬
年龄	22	33
籍贯住址	福建省上杭县	河南省卫辉县
永久通讯处	上杭县白玉乡	卫辉县城内
家庭关系人	1父1母	1母2弟
家庭经济状况	房三间	地10亩房10间
何时何地怎样入伍参加过什么革命斗争及任过何种工作	1931年于福建省上杭县自愿入伍参加土地革命任过特务员及通讯员、排长等	1937年于山西省岚县收容未参加什么革命斗争，任过副班长
何时何地与敌作战	1938年8月4日于朔县泥河村	1938年8月4日于朔县泥河村
过去受伤几次及其地点是否残废	过去受伤二次未成残废	未曾负伤
是否党员	党员	党员
阵亡日期	1938年8月4日	1938年8月4日
备考		

阵亡登记表

队别	第一营一连	
职别	第九班长	第五副班长
姓名	刘金山	张杰
年龄	24	20
籍贯住址	陕西省延安县	四川成都县
永久通讯处	延安县李家坰	成都县政府侧
家庭关系人	1父1母1妻	1父1母1兄
家庭经济状况	房二间	地、房无
何时何地怎样入伍参加过什么革命斗争及任过何种工作	1933年陕西省延安县自愿入伍参加土地革命任过通讯班长	1937年于山西省岚县收容，未参加什么革命斗争，任过战斗员及副班长
何时何地与敌作战	1938年8月4日于朔县泥河村	1938年8月4日于朔县泥河村
过去受伤几次及其地点是否残废	未曾负伤	未曾负伤
是否党员	党员	党员
阵亡日期	1938年8月4日	1938年8月4日
备考		

阵亡登记表

队别	第一营一连	
职别	第九副班长	第六班战斗员
姓名	马云	任伯胜
年龄	42	21
籍贯住址	山西省大同县	山西省孝义县
永久通讯处	大同县城内	孝义县西马镇
家庭关系人	1父1母1兄1弟1妻2子	1父1母1兄
家庭经济状况	地70亩、房无	地15亩、房三间
何时何地怎样入伍参加过什么革命斗争及任过何种工作	1937年于山西省岚县收容，未参加什么革命斗争任过战斗员及副班长等	1937年于山西省汾阳县自愿入伍，未参加什么革命斗争，任过战斗员
何时何地与敌作战	1938年8月4日于朔县泥河村	1938年8月4日于朔县泥河村
过去受伤几次及其地点是否残废	未曾负伤	未曾负伤
是否党员	党员	非党员
阵亡日期	1938年8月4日	1938年8月4日
备考		

阵亡登记表

队别	第一营一连	
职别	第八班战斗员	第九班战斗员
姓名	张汝德	李在红
年龄	17	18
籍贯住址	山西省汾阳县	山西省府谷县
永久通讯处	汾阳县龙光镇	府谷县哈拉寨
家庭关系人	人一口	人一口
家庭经济状况	地房无	地房无
何时何地怎样入伍 参加过什么革命斗争及任过 何种工作	1937 年于山西省汾阳县自愿入伍未参加什么革命斗争任过战斗员	1938 年于山西省岢岚县自愿入伍未参加什么革命斗争任过战斗员
何时何地与敌作战	1938 年 8 月 4 日于朔县泥河村	1938 年 8 月 4 日于朔县泥河村
过去受伤几次及其地点是否残废	未曾负伤	未曾负伤
是否党员	非党员	非党员
阵亡日期	1938 年 8 月 4 日	1938 年 8 月 4 日
备考		

阵亡登记表

队别	第一营一连
职别	支部书记
姓名	向青山
年龄	31
籍贯住址	湖南省礼县
永久通讯处	礼县宝塔湾
家庭关系人	1父1母
家庭经济状况	房一间
何时何地怎样入伍 参加过什么革命斗争及任过何种工作	1935年于湖南省礼县自愿入伍参加过土地革命任过排长及支部书记
何时何地与敌作战	1938年8月4日于朔县泥河村
过去受伤几次及其地点是否残废	过去受伤二次未成残废
是否党员	党员
阵亡日期	1938年8月4日
备考	

阵亡登记表

队别	一营三连	三连二排
职别	连长	排长
姓名	蒋富清	刘化龙
年龄	24	20
籍贯住址	湖南省祁阳县文铺村	湖南省大庸十三乡
永久通讯处	文铺村	西楚乡
家庭关系人	父母各1兄1弟1	父母各1弟1
家庭经济状况	人四口无地	无地人三口
何时何地怎样入伍 参加过什么革命斗争及任过 何种工作	1935年在高梁坪入伍参加各种斗争任过班排连长	1934年在湖南入伍任过班排长
何时何地与敌作战	1938.8在泥河战斗	1938.8在泥河战斗
过去受伤几次及其地点是否残废	受伤三次没有残废	没有
是否党员	党员	党员
阵亡日期	1938.8.4	1938.8.4
备考		

阵亡登记表

队别	三连一班	三连二班
职别	战士	战士
姓名	张占标	樊秘书
年龄	25	17
籍贯住址	山西省岢岚县二区	山西寿阳县三区
永久通讯处	路家岔村	南沟村
家庭关系人	妻1	叔1
家庭经济状况	人一口无地	人一口无地
何时何地怎样入伍 参加过什么革命斗争及任过 何种工作	1938 年在义井入伍	1938 年在五寨入伍
何时何地与敌作战	1938.8 在泥河战斗	1938.8 在泥河战斗
过去受伤几次及其地点是否 残废	没有	没有
是否党员	群众	群众
阵亡日期	1938.8.4	1938.8.4
备考		

阵亡登记表

队别	一营三连	三连八班
职别	指导员	战士
姓名	杨孟之	吴金廷
年龄		34
籍贯住址		陕西蒲城县
永久通讯处		友王郭家
家庭关系人		无人
家庭经济状况		无人无地
何时何地怎样入伍 参加过什么革命斗争及任过 何种工作		1937 年在陕西入伍
何时何地与敌作战		1938 年 8 月在泥河战斗
过去受伤几次及其地点是否 残废		没有
是否党员		党员
阵亡日期		1938.8.4
备考		

阵亡登记表

队别	三连九班	三连五班
职别	战士	战士
姓名	郝八小	李二小
年龄	23	24
籍贯住址	山西岢岚县一区	山西岢岚县一区
永久通讯处	四沟会	四沟会
家庭关系人	父母各一妹一	父母各一兄一
家庭经济状况	人三口无地	人三口无地
何时何地怎样入伍 参加过什么革命斗争及任过 何种工作	1938 年在义井入伍	1938 年在义井入伍
何时何地与敌作战	1938.8 在泥河战斗	1938.8 在泥河战斗
过去受伤几次及其地点是否 残废	没有	没有
是否党员	群众	群众
阵亡日期	1938.8.4	1938.8.4
备考		

阵亡登记表

队别	三连二班	三连三班
职别	战士	战士
姓名	白有生	王根凤
年龄	38	23
籍贯住址	山西省岢岚县二区	山西省兴县二区
永久通讯处	温泉村	后张会英村
家庭关系人	兄一娘一姑一	父母各一兄一妹一
家庭经济状况	人二无地	人四地九亩
何时何地怎样入伍参加过什么革命斗争及任过何种工作	1938 年在义井入伍	1935 年在五寨入伍
何时何地与敌作战	1938.8 在泥河战斗	1938.8 在泥河战斗
过去受伤几次及其地点是否残废	没有	没有
是否党员	群众	党员
阵亡日期	1938.8.4	1938.8.4
备考		

阵亡登记表

队别	三连五班	三连六班
职别	战士	战士
姓名	刘德胜	张喜才
年龄	45	38
籍贯住址	山西省岢岚县二区	甘肃省成县二铺
永久通讯处	二沟村	满坪村
家庭关系人	母一弟一妻一	兄一
家庭经济状况	人三口地十二亩	人一口无地
何时何地怎样入伍 参加过什么革命斗争及任过何种工作	1938 年在义井入伍	1936 年在徽县入伍
何时何地与敌作战	1938.8 在泥河战斗	1938.8 在泥河战斗
过去受伤几次及其地点是否残废	没有	没有
是否党员	党员	党员
阵亡日期	1938.8.4	1938.8.4
备考		

阵亡登记表

队别	一营第四连	四连
职别	政指	排长
姓名	龙以德	云永甲
年龄	26	25
籍贯住址	江西吉安县	湖南澧县
永久通讯处	永阳区谭边村	甘河
家庭关系人	兄一妻一	父一兄一
家庭经济状况	人四口，田四十射	人三口，无田
何时何地怎样入伍 参加过什么革命斗争及任过 何种工作	1932年在永阳入伍，任过班长，政指，三四五次围剿	1935年在本县入伍，任过班长，参加土地革命，长征一次
何时何地与敌作战	1938.8.4于朔县泥河村作战	1938.8.4于朔县泥河村作战
过去受伤几次及其地点是否残废	没有	负伤二次
是否党员	党员	党员
阵亡日期	1938.8.4	1938.8.4
备考		

阵亡登记表

队别	四连	四连
职别	副班长	战斗员
姓名	崔振君	王朝德
年龄	26	25
籍贯住址	河南获嘉县	河南邓县
永久通讯处	红青村	王营村
家庭关系人	父一母一	母一兄一弟一
家庭经济状况	三口人，田没有	人五口，田没有
何时何地怎样入伍 参加过什么革命斗争及任过 何种工作	1937 年在陕西入伍，参加 过民族统一战争任过战斗员	1937 年在陕西自愿入伍，任过 战斗员参加过抗日斗争
何时何地与敌作战	1938.8.4 在朔县泥河村与 敌作战	1938.8.4 在朔县泥河村与敌 作战
过去受伤几次及其地点是否 残废	没有	没有
是否党员	党员	非党员
阵亡日期	1938.8.4	1938.8.4
备考		

阵亡登记表

队别	四连	四连
职别	战士	战士
姓名	武景云	季希高
年龄	25	33
籍贯住址	山西岢岚县	山西五寨县第二区
永久通讯处	工农孟村	黄土坡村
家庭关系人	父母兄弟妻子各一名	父一弟一妻一
家庭经济状况	人十口，田没有	六口人，田二十垧
何时何地怎样入伍 参加过什么革命斗争及任过何种工作	1938年在李家口补充来的参加统一战争没有任过什么	1938年在八角堡补充来的参加抗日统一战线没有任过什么
何时何地与敌作战	1938.8.4于朔县泥河村与敌作战	1938.8.4于朔县泥河村与敌作战
过去受伤几次及其地点是否残废	没有	没有
是否党员	群众	群众
阵亡日期	1938.8.4	1938.8.4
备考		

阵亡登记表

队别	四连	四连
职别	战士	战士
姓名	李西片	徐云中
年龄	24	37
籍贯住址	河南巩县	河北省汉阳县
永久通讯处	八凌村	徐近村
家庭关系人	父母兄弟各一	父母弟各一
家庭经济状况	人七口，田没有	六口人，田无
何时何地怎样入伍 参加过什么革命斗争及任过何种工作	1937年在陕西入伍参加过抗日战争任过副班长	1937年在陕西入伍参加抗日斗争没任过什么
何时何地与敌作战	1938.8.4于朔县泥河村与敌作战	1938.8.4于朔县泥河村与敌作战
过去受伤几次及其地点是否残废	没有	没有
是否党员	党员	群众
阵亡日期	1938.8.4	1938.8.4
备考		

阵亡登记表

队别	四连	四连
职别	战士	战士
姓名	席青龙	赵忙仲
年龄		20
籍贯住址		山西兴县
永久通讯处		石磨村
家庭关系人		父一弟一妻一
家庭经济状况		人四口，无田
何时何地怎样入伍 参加过什么革命斗争及任过 何种工作		1938 年在李家口补充来的参加 抗日战争没有任过什么工作
何时何地与敌作战	1938.8.4 年于朔县泥河村 与敌作战	1938.8.4 于朔县泥河村与敌 作战
过去受伤几次及其地点是否 残废		
是否党员	群众	群众
阵亡日期	1938.8.4	1938.8.4
备考	该员前在政治处任通讯员 7.20 由团介绍来尚未填履 历表	

阵亡登记表

队别	四连	四连
职别	战士	战士
姓名	王二小	张仅候
年龄	30	23
籍贯住址	山西岢岚县一区	山西岢岚县
永久通讯处	明家沟村	修藉村
家庭关系人	父母兄各一	兄三
家庭经济状况	人六口，田 30 亩	人五口，田没有
何时何地怎样入伍参加过什么革命斗争及任过何种工作	1938 年在本地入伍参加抗日战争没任过什么	1938 年在李家口补充来的参加抗日战争没任过什么工作
何时何地与敌作战	1938.8.4 于朔县泥河村与敌作战	1938.8.4 于朔县泥河村与敌作战
过去受伤几次及其地点是否残废	没有	没有
是否党员	群众	党员
阵亡日期	1938.8.4	1938.8.4
备考		

阵亡登记表

队别	六二机枪连	六二机枪连
职别	通讯员	战士
姓名	俞智白	蔡有富
年龄	21	31
籍贯住址	安徽省旌德县溪南村人	山西晋兰县娄烦镇人
永久通讯处	旌德县城内裕农宝一号	晋兰县娄烦镇
家庭关系人	有父母兄弟	有父弟妻
家庭经济状况	有田百余亩，房子十间，人十一口，欠放债没有	无地无房，人五口，欠放债没有
何时何地怎样入伍参加过什么革命斗争及任过何种工作	1937年在芦房镇收容来的过去在中央军任过战士	1938年在娄烦镇扩大来的
何时何地与敌作战	1938年8月4日在泥河作战	1938年8月4日在泥河作战
过去受伤几次及其地点是否残废	无	无
是否党员	群众	群众
阵亡日期	1938.8.4 阵亡	1938.8.4 阵亡
备考		

阵亡登记表

队别	七一六团二营五连		
职别	二班长	三班战士	四班战士
姓名	杨海青	王国富	仲叶花
年龄	23	24	28
籍贯住址	湖南省大庸县	湖北省孝感县	山西省灵丘县
家庭经济状况	人二口房三间	人五口房三间	人七口地二十亩房六间
永久通讯处及收信人姓名	大庸县南门正街	孝感县东王村	灵丘县西马庄
何时何地入伍	1933年在当地入伍	1937年在县城入伍	1937年在王封镇入伍
何时何地作战	1938年8月4日在岱岳石牛沟附近公路作战	1938年8月4日在岱岳石牛沟附近公路作战	1938年8月4日在岱岳石牛沟附近公路作战
因何致死			
是否党员	党员	群众	群众
备考			

阵亡登记表

队别	二营五连			
职别	七班长	八班战士	十班战士	十二班长
姓名	罗少花	王芝青	华士小	寇光会
年龄	30	27	22	20
籍贯	四川省乐至县	山西省寿阳县	山西省五寨县	四川省广元县
家庭经济状况	人二口房一间	人三口地五十亩房四间	人三口地二十亩房三间	人七口地十亩房七间
永久通讯处及收信人姓名	乐至县郎家村	寿阳县柳湾村	五寨县三岔壁	广元县康家铺
何时何地入伍	1934年在湖南入伍	1938年在东山入伍	1937年在当地入伍	1933年在当地入伍
何时何地作战	1938年8月4日在岱岳石牛沟附近公路作战	1938年8月4日在岱岳石牛沟附近公路作战	1938年8月4日在岱岳石牛沟附近公路作战	1938年8月4日在岱岳石牛沟附近公路作战
因何致死		受伤被敌刺杀	受伤被敌刺杀	
是否党员	党员	群众	群众	党员
备考				

阵亡登记表

队别	七一六团二营五连	
职别	通讯员	二班副
姓名	李德奎	张友檀
年龄	18	21
籍贯	山西省离石县	山西省阳曲县
家庭经济状况	人四口地二十亩房三间	人二口地二十亩房三间
永久通讯处及收信人姓名	离石县上坟村	阳曲县城北关
何时何地入伍	1937年在汾阳入伍	1937年在娄烦入伍
何时何地作战	1938年在岱岳石牛沟附近公路作战	1938年在岱岳石牛沟附近公路作战
因何致死		
是否党员	群众	党员
备考		

阵亡登记表

队别	七一六团二营七连	七一六团二营七连	七一六团二营七连
职别	政治工作员	六班长	十一副班长
姓名	向汉初	张凤岐	赵振东
年龄	28	31	24
籍贯	湖南楼宜县肾北斗	山西黎城县	山西武乡县
家庭经济状况	父母兄弟妻子人八口地五亩房三间欠债四百元	父母兄弟人八口地十亩房三间	父母弟三人地无
永久通讯处及收信人姓名	本县本斗	本县	本县
何时何地入伍	1934 年本县入伍	1937 年收来	1938 年游击队来
何时何地作战	1938 年 8 月 4 日在泥河作战	1938 年 8 月 4 日在泥河作战	1938 年 8 月 4 日在泥河作战
因何致死	受伤死	受伤死	受伤死
是否党员	党员	党员	非
备考			

阵亡登记表

队别	七一六团二营七连	七一六团二营七连	七一六团二营七连	七一六团二营七连
职别	通讯员	通讯员	战士	新战士
姓名	张存	覃正眷	刘福	刘润喜
年龄	21	17	23	21
籍贯	陕西绥德雷家沟	湖南石门市区	山西浑源县	山西岢岚二区吕家湾
家庭经济状况	有父母兄弟五人地二十垧房二间	有父母兄弟人八口地二十亩房一间	父母弟妹五人地四十亩	有兄二人地无
永久通讯处及收信人姓名	本村	本区	本县	本村
何时何地入伍	1934 年本县入伍	1935 年本县入伍	1937 年收来	1938 年补充来
何时何地作战	1938 年 8 月 4 日在泥河作战	1938 年 8 月 4 日在泥河作战	1938 年 8 月 4 日在泥河作战	1938 年 8 月 4 日在泥河作战
因何致死	受伤死	受伤死	受伤死	受伤死
是否党员	党员	非	非	非
备考				

阵亡登记表

队别	七一六团二营七连	七一六团二营七连
职别	新战士	新战士
姓名	增茂在	余润英
年龄	20	20
籍贯	山西岢岚二区中鲁子沟	山西岢岚三区新明村
家庭经济状况	有兄二人地无	有父母兄弟四人地二十垧 欠债粮四石
永久通讯处及收信人姓名	本村	本村
何时何地入伍	1938 年补充来	1938 年 7 月在□□来的
何时何地作战	1938 年 8 月在泥河作战	1938 年在泥河作战
因何致死	受伤死	受伤死
是否党员	群众	群众
备考		

阵亡登记表

队别	七一六团三营
职别	通讯员
姓名	李清西
年龄	十八
籍贯住址	湖南省礼县
家庭关系人	父弟妹人四口
永久通讯处	通讯处在宝湾转香灵云
家庭经济状况	地房没有增外账四百元本人在家帮人下苦
何时何地怎样入伍 参加过什么革命斗争及任过何种工作	一九三五年七月十五日在家自愿参加
何时何地与敌作战	一九三八年八月五日晚在马邑车站与敌作战阵亡
过去受伤几次及其地点是否残废	
是否党员	党员
阵亡日期	1938 年 8 月 5 日
备考	

阵亡登记表

队别	九连
职别	战士
姓名	贾福元
年龄	25
籍贯住址	山西崞县四区薛高村
永久通讯处	山西崞县四区薛高村
家庭关系人	父贾焕成
家庭经济状况	五坰田三口人
何时何地怎样入伍 参加过什么革命斗争及任过何种工作	1937 年神池入伍游击队
何时何地与敌作战	1938 年 8 月 4 日榆林村作战
过去受伤几次及其地点是否残废	
是否党员	
阵亡日期	8 月 4 日
备考	

陣亡登記表

隊別	三營十連	
職別	三班長	三班副
姓名	晏爹喜	姚得勝
年齡	27	33
籍貫住址	四川通江縣晏家灣	山東榮成王老宪市
永久通訊處	通江郵局轉晏家灣	老虎市交兄得全
家庭關係人	人父母兄三口	人兄得全一口
家庭經濟狀況	地收谷十二擔房三間	地房俱無
何時何地怎樣入伍 參加過什麼革命鬥爭及任過 何種工作	1933 年自願入伍參加抗日 革命鬥爭	1938 年在吳城收容入伍參加抗 日鬥爭
何時何地與敵作戰	1938 年 8 月 3 日在榆林與 敵作戰	1938 年 8 月 3 日在榆林與敵 作戰
過去受傷幾次及其地點是否 殘廢	過去受傷一次	
是否黨員	黨員	黨員
陣亡日期	8.3	8.3
備考		

阵亡登记表

队别		
职别	十一班长	战士
姓名	宋正伦	刘少卿
年龄	23	23
籍贯住址	贵州黔西一区宋家沟	贵州大定住标儿井
永久通讯处	黔西罗皮坊收	标儿井刘玉章收
家庭关系人	人母妻二口	人十五口
家庭经济状况	地包谷种二升	地二十二亩房四间
何时何地怎样入伍参加过什么革命斗争及任过何种工作	1935年黔西入伍参加抗日革命斗争	1935年在大定入伍参加抗日斗争
何时何地与敌作战	1938年8月3日在榆林与敌作战	1938年8月3日在榆林与敌作战
过去受伤几次及其地点是否残废		
是否党员	党员	
阵亡日期	8.3	8.3
备考		

阵亡登记表

队别	
职别	战士
姓名	刘子功
年龄	22
籍贯住址	山西岢岚二区西沟
永久通讯处	二区村公所张万三
家庭关系人	父刘五，共人五口
家庭经济状况	地房佃住
何时何地怎样入伍 参加过什么革命斗争及任过何种工作	1938 年 4 月抽丁入伍
何时何地与敌作战	1938 年 4 月在榆林与敌作战
过去受伤几次及其地点是否残废	
是否党员	
阵亡日期	8.3
备考	

阵亡登记表

队别	十一连	十一连
职别	连长	战士
姓名	曾银龙	吴升魁
年龄	25	38
籍贯住址	湖北省汉川县曾家湾	山西省苛岚县第二区井沟
永久通讯处	本县小李潭转交	本县二区转交
家庭关系人	人二口	人四口
家庭经济状况	地七亩欠债50元	房三间地三十亩
何时何地怎样入伍参加过什么革命斗争及任过何种工作	1932年在张家坊入伍参加〈反〉围剿长征□到现在任过战士班长排长	1938年5月在本县入伍
何时何地与敌作战	1938年8月4日与敌作战在朔县榆林村	1938年8月4日与敌作战在朔县榆林村
过去受伤几次及其地点是否残废	过去在湖南省桑植负伤一次1938年5月20日在山西左云张家店负一次	没
是否党员	党员	没
阵亡日期	1938.8.4阵亡	1938.8.4阵亡
备考		

陣亡登記表

隊別	十一連	十一連
職別	戰士	戰士
姓名	張保國	李春富
年齡	27	33
籍貫住址	山西省苛嵐縣二區松井村	山西省霍縣一區石磁村
永久通訊處	本縣二區轉交	汾西縣城內通興店轉
家庭關係人	人四口	人四〈口〉
家庭經濟狀況	房二間佃田三十畝	房三間地五十畝
何時何地怎樣入伍 參加過什麼革命鬥爭及任過何種工作	1938 年 5 月在本縣入伍	1937 年在嵐縣入伍參加數次戰爭
何時何地與敵作戰	1938 年 8 月 4 日在朔縣榆林與敵作戰	1938 年 8 月 4 日在朔縣榆林村與敵作戰
過去受傷幾次及其地點是否殘廢	沒有	沒有
是否黨員	沒	黨員
陣亡日期	1938.8.4 陣亡	1938.8.4 陣亡
備考		

阵亡登记表

队别	十一连
职别	战士
姓名	刘根清
年龄	16
籍贯住址	山西省右玉县城内
永久通讯处	本县城内兴盛泉转
家庭关系人	人二口
家庭经济状况	没
何时何地怎样入伍 参加过什么革命斗争及任过何种工作	1937 年在岚县入伍参加数次战争
何时何地与敌作战	1938 年 8 月 4 日在朔县榆林村与敌作战
过去受伤几次及其地点是否残废	没
是否党员	没
阵亡日期	1938.8.4 阵亡
备考	

阵亡登记表

队别	十二连	十二连
职别	五班长	四班战士
姓名	毛金喜	刘新有
年龄	24	31
籍贯住址	河南禹县王村	山西省离石县三交镇
永久通讯处	河南禹县王村	三交镇德太成
家庭关系人	兄母二口人	父母嫂侄女五口人
家庭经济状况	没房地欠外债三十元	地三十亩房二间欠外债150元
何时何地怎样入伍 参加过什么革命斗争及任过 何种工作	1936年在咸阳入伍抗日作战九次，任敌军组	1937年12月由三交镇游击队入伍
何时何地与敌作战	1938年8月4日在榆林车站	1938年8月在榆林车站作战
过去受伤几次及其地点是否残废	在张家店子作战负伤1次不是残废	没受伤不是残废
是否党员	党员	不是
阵亡日期	8.4牺牲	8.4牺牲
备考		

阵亡登记表

队别	十二连
职别	六班战士
姓名	刘得才
年龄	28
籍贯住址	山西省兴县下白房村
永久通讯处	没
家庭关系人	没
家庭经济状况	没
何时何地怎样入伍 参加过什么革命斗争及任过何种工作	1937 年 11 月由晋军过来入伍
何时何地与敌作战	1938 年 8 月在榆林车站
过去受伤几次及其地点是否残废	在陶卜岇受伤 1 次不是残废
是否党员	不是
阵亡日期	8.4 牺牲
备考	

6. 八路军第 120 师第 716 团阵亡登记

（1938 年）

阵亡登记表

队别	一连	二连
职别	少尉副排长	少尉排长
姓名	舍海卿	朱训忠
年龄	29	31
籍贯住址	湖南橾植	湖南慈利
永久通讯处	雷家桥	慈利排上屋坊
家庭关系人	母兄姐叔	父母兄妻子五人
家庭经济状况	自田七石谷	田十石房子八间
何时何地怎样入伍参加过什么革命斗争及任过何种工作	1934 年六月入伍参加四五次国内革命斗争任过宣传员班长	1934 年自动来参加国内战争到现在
何时何地与敌作战	在马鞍山战役	马鞍山战役
过去受伤几次及其地点是否残废		没
是否党员	党	党
阵亡日期	5 月 22 日	22 日
备考		

阵亡登记表

队别	机枪连	
职别	中士班长	战士
姓名	张炎生	闫春生
年龄	27	31
籍贯住址	湖北天门县猫儿寨	朔县城内东门口
永久通讯处	九子庙	城内东街杨生才收
家庭关系人	祖父祖母父母妻	父母，妻子，三人
家庭经济状况	房子一栋，三十亩田	地七亩
何时何地怎样入伍 参加过什么革命斗争及任过 何种工作	1932年自动来的参加二三四五次国内战争，当过特务员	1937年2月在本县入伍
何时何地与敌作战	老营战斗牺牲	老营战役牺牲
过去受伤几次及其地点是否 残废	没	没
是否党员	党员	
阵亡日期	6月2日	6月2日
备考		

阵亡登记表

队别	四连	三连
职别	战士	战士
姓名	孔化新	何明卿
年龄	26	23
籍贯住址	河北盐山县	河北保定县
永久通讯处	大坪河	保定东门唐家店
家庭关系人	父母妻子四人吃饭	五人父母妻妹自己等
家庭经济状况	没有地	有地五亩房子一间
何时何地怎样入伍 参加过什么革命斗争及任过何种工作	1937 年入伍	1936 年 6 月入伍没有参加什么斗争
何时何地与敌作战	马鞍山战役	陶卜窳战役
过去受伤几次及其地点是否残废	没有	没有
是否党员	非	非
阵亡日期	5 月 22 日	5 月 23 日
备考		

阵亡登记表

队别		
职别	战士	战士
姓名	陈裕保	张清安
年龄	26	22
籍贯住址	山西大同张家庄	崞县阳明堡
永久通讯处	大同城杨家巷子	崞县内公所
家庭关系人	三人父母妹	父母兄三个人吃饭
家庭经济状况	没有地，牧羊出身	有地六亩房子三间
何时何地怎样入伍 参加过什么革命斗争及任过 何种工作	1937年入伍没有参加什么斗争	1937年十月入伍
何时何地与敌作战	陶卜窳牺牲	陶卜窳牺牲
过去受伤几次及其地点是否残废	没有	没有
是否党员		
阵亡日期	5月23日	5月23日
备考		

阵亡登记表

队别	一营三连	
职别	中士班长	战士
姓名	朱顺庭	翟希良
年龄	19	23
籍贯住址	湖南慈利人	山西文水城西门
永久通讯处	贡子头思心屋坊朱贤盛收	文水城内杨高元收
家庭关系人	家有父兄叔共三人	有父母妻弟姐妹
家庭经济状况	自无佃田拾担谷房三间	有地十五亩
何时何地怎样入伍 参加过什么革命斗争及任过 何种工作	1934 年 6 月在当地慈利贡子头入伍，参加过四、五次国内革命斗争	1937 年 11 月入伍
何时何地与敌作战	朔县之北周庄战斗牺牲	北周庄战斗牺牲
过去受伤几次及其地点是否残废	没有	
是否党员	党	
阵亡日期	38 年 5 月 14 日	5 月 14 日
备考		

阵亡登记表

队别		
职别	战士	中尉排长
姓名	黄公茂	龚其银
年龄	33	26
籍贯住址	河北省顺德府南河三区	湖南慈利人
永久通讯处	后村	贡子头
家庭关系人	妻、妹2、弟3、叔七人	母亲弟二人
家庭经济状况	有地十亩	没田地茅房子二间
何时何地怎样入伍 参加过什么革命斗争及任过 何种工作	1938年2月入伍	1934年10月入伍参加四、五次 革命斗争，任班长
何时何地与敌作战	北周庄战斗中牺牲	北周庄战役牺牲
过去受伤几次及其地点是否 残废		一次在右腿轻
是否党员		党
阵亡日期	5月14日	5月14日
备考		

阵亡登记表

队别	四连	
职别	少尉副排长	中尉指导员
姓名	温贻昌	周深发
年龄	26	36
籍贯住址	江西吉安	江西永新
永久通讯处	永阳市坦坪村公所	永新城西门
家庭关系人	弟、父、兄三人	母、父、弟、媳四人
家庭经济状况	五罗田屋三间	十石一斗屋二间
何时何地怎样入伍 参加过什么革命斗争及任过 何种工作	1932年入伍参加三、四次 战争当兵正副班长职	1928年入伍（5月）参加一二 三四五次围剿，战、班、排长
何时何地与敌作战	陶卜窳战役	老营战役
过去受伤几次及其地点是否 残废	一次在右腿	一次在左膀
是否党员	党员	党员
阵亡日期	1938.5.23	1938.6.2
备考		

阵亡登记表

队别		二连
职别	中士班长	中士班长
姓名	周定云	高柏桐
年龄	28	27
籍贯住址	江西永新	山西朔县城西门
永久通讯处	永新李田市	朔县城西门公所
家庭关系人	父母妹三人吃饭	父母各一，二个吃饭
家庭经济状况	十石六斗田屋子四间	无地
何时何地怎样入伍 参加过什么革命斗争及任过 何种工作	1933 年 6 月入伍参加地方 武装游击队工作	1937 年入伍
何时何地与敌作战	陶卜窳战役牺牲	陶卜窳战斗牺牲
过去受伤几次及其地点是否 残废	二次左腿一次腰	没有
是否党员	党员	党员
阵亡日期	1938.5.23	1938.5.23
备考		

阵亡登记表

队别	一连
职别	班长
姓名	杨福清
年龄	21
籍贯住址	湖北来凤县
永久通讯处	洪花岭
家庭关系人	母亲二个人
家庭经济状况	有田二石谷子
何时何地怎样入伍 参加过什么革命斗争及任过何种工作	1935 年入伍
何时何地与敌作战	马鞍山战役
过去受伤几次及其地点是否残废	没有
是否党员	党
阵亡日期	5 月 22 日
备考	

7. 八路军第120师第716团负伤登记
（1938年）

716团政治处

队别	一营机连
职别	中士班长
姓名	胡绍南
年龄	26
籍贯	湖南省嘉禾县上龙村
永久通讯处	贵阳州
家庭关系人	父1、母1、兄、弟、妻1
家庭经济状况	
何时何地怎样入伍 参加过什么革命斗争及任过何种工作	一九三五年在板立园入伍参加过国内革命斗争
有何特长	没
何时何地受伤 受伤部位及其轻重	北周庄右腿上轻花
过去受伤几次及其地点是否残废	没
是否党员	党
入院日期	五月十四
备考	

队别	机连
职别	战士
姓名	杨茂林
年龄	
籍贯	甘肃省泥罗福子
永久通讯处	没有
家庭关系人	父、母、兄、妻
家庭经济状况	地二十亩房子三间
何时何地怎样入伍 参加过什么革命斗争及任过何种工作	一九三六年罗福子入伍，参加国内革命斗争
有何特长	
何时何地受伤 受伤部位及其轻重	北周庄五月十四日下部轻花
过去受伤几次及其地点是否残废	没
是否党员	党
入院日期	五月十四
备考	

队别	
职别	战士
姓名	张玉昆
年龄	三十七
籍贯	河南省曲口镇
永久通讯处	曲口镇
家庭关系人	五口人 父母兄弟妻子
家庭经济状况	地二亩
何时何地怎样入伍 参加过什么革命斗争及任过何种工作	一九三七年入伍，参加民族革命战争
有何特长	没有
何时何地受伤 受伤部位及其轻重	马鞍山受伤在右手轻花
过去受伤几次及其地点是否残废	没有
是否党员	党
入院日期	五月二十二日
备考	

队别	
职别	战士
姓名	胡立
年龄	二十
籍贯	绥远省萨县
永久通讯处	桃曹村
家庭关系人	人七口 父母兄弟妻子
家庭经济状况	地二亩
何时何地怎样入伍 参加过什么革命斗争及任过何种工作	一九三七年入伍
有何特长	没有
何时何地受伤 受伤部位及其轻重	马鞍山战役受伤，在腰左边轻花
过去受伤几次及其地点是否残废	没
是否党员	党
入院日期	五月二十二日
备考	

队别	一营机连
职别	战士
姓名	黄金桂
年龄	二十八
籍贯	湖北省云西县黄家庄
永久通讯处	硚底
家庭关系人	人四口 母1　兄1　弟1　妻1
家庭经济状况	种人家三十担
何时何地怎样入伍 参加过什么革命斗争及任过何种工作	一九三七年硚底入伍参加抗日战争
有何特长	没
何时何地受伤 受伤部位及其轻重	北周庄腰上轻花
过去受伤几次及其地点是否残废	没有
是否党员	党
入院日期	五月十四日
备考	

队别	一连
职别	中士班长
姓名	谢登奎
年龄	三十
籍贯	河北省定县
永久通讯处	河北省定县
家庭关系人	父1　母1　妻1
家庭经济状况	地三亩房四间
何时何地怎样入伍 参加过什么革命斗争及任过何种工作	一九三七年入伍参加民族革命斗争
有何特长	没
何时何地受伤 受伤部位及其轻重	陶卜窳受伤左肺上轻伤
过去受伤几次及其地点是否残废	没
是否党员	党
入院日期	五月二十三日
备考	

队别	一连
职别	战士
姓名	李中贤
年龄	24
籍贯	山东省寿光县
永久通讯处	五家庙
家庭关系人	父1 母1 弟2 妹1
家庭经济状况	地三亩房六间
何时何地怎样入伍 参加过什么革命斗争及任过何种工作	一九三七年入伍
有何特长	没有
何时何地受伤 受伤部位及其轻重	陶卜窳受伤腿右边轻花
过去受伤几次及其地点是否残废	没
是否党员	党
入院日期	二十三日
备考	

队别	一连
职别	战士
姓名	闫德维
年龄	三十八
籍贯	绥远省武川县
永久通讯处	归绥老包村
家庭关系人	没有什么人
家庭经济状况	地三亩
何时何地怎样入伍 参加过什么革命斗争及任过何种工作	一九三七年入伍
有何特长	没有
何时何地受伤 受伤部位及其轻重	陶卜窳战斗右脚轻花
过去受伤几次及其地点是否残废	没有
是否党员	党
入院日期	二十三日
备考	

队别	一连
职别	战士
姓名	祝登公
年龄	18
籍贯	山西省汾阳县
永久通讯处	三泉镇
家庭关系人	父1母1兄2弟1
家庭经济状况	八亩地房子八间
何时何地怎样入伍 参加过什么革命斗争及任过何种工作	一九三七年入伍抗日战争
有何特长	没
何时何地受伤 受伤部位及其轻重	陶卜窳受伤右手轻花
过去受伤几次及其地点是否残废	没有
是否党员	党
入院日期	五月二十三日
备考	

队别	一连
职别	战士
姓名	高茂华
年龄	二八
籍贯	山西省汾阳县
永久通讯处	汾阳县龙江村
家庭关系人	父1　母1　兄1　妻1
家庭经济状况	房子八间
何时何地怎样入伍 参加过什么革命斗争及任过何种工作	一九三七年入伍
有何特长	没
何时何地受伤 受伤部位及其轻重	陶卜崾受伤轻在右腿上
过去受伤几次及其地点是否残废	没
是否党员	党
入院日期	五月二十三日
备考	

队别	一连
职别	中士班长
姓名	彭成元
年龄	二十二
籍贯	湖北省宣恩县
永久通讯处	台光白刀塘
家庭关系人	三人
家庭经济状况	无田房子三间
何时何地怎样入伍 参加过什么革命斗争及任过何种工作	一九三五年入伍参加五次国内革命战争，战士
有何特长	没
何时何地受伤 受伤部位及其轻重	陶卜窳受伤腿上轻花
过去受伤几次及其地点是否残废	没有
是否党员	党
入院日期	五月二十三
备考	

队别	一连
职别	下士班长
姓名	李元进
年龄	二十五
籍贯	山西省汾阳县
永久通讯处	山西省秦村
家庭关系人	父1母1
家庭经济状况	地二十亩无房子
何时何地怎样入伍 参加过什么革命斗争及任过何种工作	一九三七年自动来的参加民族革命战争
有何特长	没
何时何地受伤 受伤部位及其轻重	陶卜窳受伤
过去受伤几次及其地点是否残废	肩头上轻花
是否党员	党
入院日期	五月二十三日
备考	

队别	一连
职别	战士
姓名	马云
年龄	四十一
籍贯	山西大同县
永久通讯处	大同县城
家庭关系人	父
家庭经济状况	有地七十亩
何时何地怎样入伍 参加过什么革命斗争及任过何种工作	一九三七年入伍，民族革命战争
有何特长	没有
何时何地受伤 受伤部位及其轻重	陶卜窳受伤在腰上轻花
过去受伤几次及其地点是否残废	没有
是否党员	党
入院日期	五月二十三日
备考	

队别	一连
职别	战士
姓名	张杰
年龄	23
籍贯	四川省成都市
永久通讯处	布后街
家庭关系人	父1母1兄2妻1
家庭经济状况	十亩地房子二间
何时何地怎样入伍 参加过什么革命斗争及任过何种工作	一九三七年入伍
有何特长	没有
何时何地受伤 受伤部位及其轻重	陶卜窳受轻花下部
过去受伤几次及其地点是否残废	没
是否党员	党
入院日期	五月二十三日
备考	

队别	三连
职别	中尉副连长
姓名	李良知
年龄	28
籍贯	湖北省长阳县
永久通讯处	兹邱
家庭关系人	父1母1等8人
家庭经济状况	没地房子均无
何时何地怎样入伍 参加过什么革命斗争及任过何种工作	一九三三年自动来参加二、三、四次革命斗争，侦察员、班长
有何特长	没
何时何地受伤 受伤部位及其轻重	马鞍山受伤轻花在胁下
过去受伤几次及其地点是否残废	受伤二次
是否党员	党
入院日期	五月二十二日
备考	

队别	三连
职别	中士班长
姓名	邓金星
年龄	24
籍贯	贵州省印江县
永久通讯处	印江县二区
家庭关系人	自己1
家庭经济状况	没地
何时何地怎样入伍 参加过什么革命斗争及任过何种工作	一九三四年入伍参加国内革命斗争，当战士
有何特长	没
何时何地受伤 受伤部位及其轻重	马鞍山战役受伤在面上右边轻花
过去受伤几次及其地点是否残废	原带花二次
是否党员	党
入院日期	五月二十二日
备考	

队别	四连
职别	中士班长
姓名	李耀庭
年龄	19
籍贯	湖南省临澧县
永久通讯处	黄理乡
家庭关系人	父1　母1　兄1　妻1
家庭经济状况	田五亩
何时何地怎样入伍 参加过什么革命斗争及任过何种工作	一九三四年入伍，参加过二次长征，任过副班长
有何特长	没
何时何地受伤 受伤部位及其轻重	老营战役受伤在头部轻花
过去受伤几次及其地点是否残废	没有
是否党员	党
入院日期	六月二日
备考	

队别	四连
职别	战士
姓名	崔振君
年龄	26
籍贯	河南省获嘉县
永久通讯处	红膏口
家庭关系人	父1母1
家庭经济状况	没有地
何时何地怎样入伍 参加过什么革命斗争及任过何种工作	一九三七年入伍
有何特长	没
何时何地受伤 受伤部位及其轻重	老营战役受伤在左手夹上轻花
过去受伤几次及其地点是否残废	没
是否党员	党
入院日期	六月二日
备考	

队别	
职别	战士
姓名	假作正
年龄	21
籍贯	河南省登平县
永久通讯处	石府
家庭关系人	父 1　母 1　弟 1　妻 1
家庭经济状况	没有地
何时何地怎样入伍 参加过什么革命斗争及任过何种工作	一九三？年入伍自动来的参加民族革命战争
有何特长	没有
何时何地受伤 受伤部位及其轻重	老营战役受伤脚上轻花
过去受伤几次及其地点是否残废	
是否党员	党
入院日期	六月二日
备考	

队别	四连
职别	战士
姓名	李西庄
年龄	24
籍贯	河南省巩县
永久通讯处	八俊村
家庭关系人	弟1
家庭经济状况	没有地
何时何地怎样入伍 参加过什么革命斗争及任过何种工作	一九三七年六月入伍
有何特长	没有
何时何地受伤 受伤部位及其轻重	老营受伤轻花
过去受伤几次及其地点是否残废	没有
是否党员	党
入院日期	六月二日
备考	

队别	四连
职别	战士
姓名	杨德胜
年龄	四十
籍贯	陕西省山阳县
永久通讯处	山阳县北岸
家庭关系人	父1母1
家庭经济状况	没有
何时何地怎样入伍 参加过什么革命斗争及任过何种工作	一九三七年入伍，自动来的参加民族革命斗争
有何特长	没有
何时何地受伤 受伤部位及其轻重	老营战役受伤腰上轻花
过去受伤几次及其地点是否残废	
是否党员	党
入院日期	六月二日
备考	

8. 八路军第120师第359旅负伤登记表（1938年）

一九三八年五月

部别	三五九旅旅部	七团一营一连	三营九连	同	同	二营八连	同	第六连	团部警备连	三营十二连
阶级	特务长									
职别		排长	同	同	副连	同	排长	同	连长	排长
姓名	杨玉清	罗秋生	王国林	曾茂林	张金安	吴海生	高水清	杨四玉	周贱生	张志学
年龄	三十八	二十九	二十	二十一	三十五	二十三	二十一	三十	二十三	二十五
籍贯	湖南龙山县	湖南益阳县	江西安福县	湖南龙山县	同	贵州凤县大西门	湖南龙山县	山西忻县	江西来水县	四川通江县
负伤日期	1219年	五月十四日	五月十六日	同	同	六月二十二日	同	六月二十六日	六月十八日	同
地点	蔡家峪	高树东站	搐吗东龙站	同	广灵西马村	白土岭	同	大人庄	白土岭	同
负伤部位										
伤名										
入院日期										
备考										

负伤登记表

部别	三营十连	十一连	九连	同	七连	第三营	七连	七团部	同	团侦察队
阶级										
职别	连长	支书	连长	排长	同	营长	支书	参谋长	参谋	队长兼政委
姓名	李金福	刘月云	李树连	王回林	廖玉皆	冯光生	罗怀明	左齐	符维勤	刘芳芝
年龄	三十一	二十五	二十五	二十六	二十九	二十六	二十九	二十七	二十七	三十一
籍贯	湖北左飞县	四川面宁县	江西永新县	江西安福县	湖南石门县	湖南浏阳县	贵州毕节县	江西永新县	江西广昌县	江西万安县
负伤日期	九月十日	同	十月二十八日	同	同	同	同	十一月十七日	同	同
地点	大同芦子屯	同	山西广灵邵家庄	同	山西阜平县	同	同	蔚县明堡	同	同
负伤部位										
伤名										
入院日期										
备考										

负伤登记表

部别	第七团政治处	同	一营一连	三连	同	同	同	第四连	营部	第二营七连
阶级										
职别	教育股长	宣传队长	排长	连长	政指	一排长	三排长	排长	教导员	连长
姓名	何宣太	王克勤	钟大人	彭海贵	胡益山	陈开东	张云汉	杨天发	何家产	陈季良
年龄	二十九		三十四	二十三	十九	二十六	二十	二十三	二十六	二十
籍贯	湖南浏阳县	不详	湖南攸县	江西吉安吉水县	四川渠县	湖南大庸县	湖南永顺县	贵州思南府中区	江西上饶县	湖南沣县
负伤日期	十一月十七日	同	同	同	同	同	同	十一月十七日	同	同
地点	蔚县明堡	同	同	同	同	同	同	同	同	同
负伤部位										
伤名										
入院日期										
备考										

负伤登记表

部别	二营七连	同	同	同	八连	同	同	机连	同	同
阶级										
职别	支书	一排长	副排长	机枪排长	连长	政指	一排长	连长	指政	排长
姓名	张进太	刘书海	李顺才	宋兴铭	汪金元	向廷锦	李攀桂	郑华清	许克进	戴成敬
年龄	三十五	二十二	二十六	三十四	二十二	二十一	二十四	二十八	二十二	四十二
籍贯	甘肃两当县	湖南大庸天南	陕西山阳县	湖南龙山县	湖南大庸县	湖南保靖县	江西永新县	江西永新县北	湖南龙门县	湖南丰洲
负伤日期	十一月十七日	同	同	同	同	同	同	同	同	同
地点	蔚县明堡	同	同	同	同	同	同	同	同	同
负伤部位										
伤名										
入院日期										
备考										

一九三八年十一月二十九日

部别	第七团二营部	机枪连	第五连	六连	七连	八连	三营部	同	十一连	十二连
阶级										
职别	营长	排长	副排长	政指	连长	一排长	营长	教导员	连长	排长
姓名	李寿康	刘里林	沈连升	孙炳南	王金山	张美福	因奎	贤振兴	朱子秀	张金安
年龄	二十四	二十三	三十七	二十四	二十四	二十四	二十五	二十三	二十二	三十五
籍贯	云南昭通县	湖北谷城内	河南郑州	湖南澧县	山东长度县	四川南江县	江西永新县	同	云南平因县	湖南龙山县
负伤日期	十一月二十九日	同	同	同	同	同	同	同	同	同
地点	山西灵丘县	同	同	同	同	同	同	同	同	同
负伤部位										
伤名										
入院日期										
备考										

负伤登记表

部别	团部政治处	第八团二营八连	十连	八连	卫生队担架排	一营部	第一连	同	同	同
阶级										
职别	主任	三排长	排长	同	同	见习员	排长	连长	一排长	同
姓名	罗保连	杨家福	金元章	刘金山	杨存贵	李匡山	唐玉聚	王才良	钟南辉	卓明俊
年龄	二十四	二十五	二十二	二十二		十八	二十七	二十四	二十	二十二
籍贯	江西赣县	湖南澧县	江西永新县	陕西城内	一切未载	河北平山县	广西全州县西门	江西吉安县	福建长汀县	湖南永顺县
负伤日期	十一月二十九日	六月五日	同	同	不详	六月二十四日	同	同	同	同
地点	山西灵丘县看家楼	山西应县下社村	同	同		上灵阁	同	同	龙泉	同
负伤部位										
伤名										
入院日期										
备考										

负伤登记表

部别	第八团一营二连	同	三连	五连	同	二营六连	同	七连	九连	十一连
阶级										
职别	二排长	副排长	排长	同	同	连长	一排长	同	二排长	同
姓名	彭记龙	芦永成	任龙清	廖得林	周云武	贺霖	陈大德	陈大海	袁东保	李自芳
年龄		二十五		二十七	二十一	二十七	同	二十六	二十七	二十
籍贯	一切未载	河南桥吴县	不详	江西永新县	四川宣溪	江西永新县	江西莲花县九都	同	湖南茶陵县	山西安邑
负伤日期	不详	九月九日	同	六月二十四日	七月十四日	同	同	同	五月	六月二十八日
地点			同	金龙泉	完老山	下社村	同	田家庄	同	下社村
负伤部位										
伤名										
入院日期										
备考										

负伤登记表

部别	十一连	同	第八团政治处	同	特务连	第一营营部	三营十一连	同	六连	十二连
阶级										
职别	副排长	一排长	组织股长	干事	排长	营长	政指	见习员	副连	排长
姓名	张宝山	匡杨生	王先臣	叶桂宝	刘木生	刘克明	周南	吕殿佐	龙庆官	姚公吉
年龄	二十六	二十	二十四	二十三	二十	二十四	二十五	二十一	二十五	同
籍贯	安徽省阜阳县	湖南永州	江西吉安县	同	福建胡集	江西永新县	湖南茶陵尧水	山西新绛县	江西永新	江西南昌
负伤日期	五月	六月二十九日	九月九日	同	同	九月二十八日	九月二十六日	同	同	九月三十日
地点	田家庄	下社村	杨原岩庄	同	同	冯家沟	广灵红花台	同	漫山	广灵薪兹沟
负伤部位										
伤名										
入院日期										
备考										

三八年十月及十一月

部别	三营十连	九连	二营五连	同	同	七连	同	二营营部	五连	三营十连
阶级										
职别	排长	同	副连长	排长	同	连长	副连长	教导员	连长	排长
姓名	胡云清	周清和	周云武	李清臣	胡福全	刘回记	陈左武	温德	王其仁	方义和
年龄	27	26	22	28	32	30	28	31	27	40
籍贯	湖南澧县人	河南唐河县周庄	四川宣溪	河南安庆	甘肃天水	江西永新	湖南慈利县	江西永新井田	湖南茶陵	四川宣汉县方家沟
负伤日期	一九三八年十月十三	三八年十月二十八日	三八年十月二十八	同	同	同	同	三八年十一月十一日	同	同
地点	繁峙	碾儿沟	马头关	同	同	贾庄	同	广灵	同	同
负伤部位										
伤名										
入院日期										
备考										

负伤登记表

部别	八团供给处	二营二连	二营	一营一连	同	同	二营	同	五连	同
阶级										
职别	主任	排长	营长	排长	同	见习排长	副营长	教导员	副连长	排长
姓名	黄道兖	刘苟	刘三元	张尚常	李双盛	熊金山	贺霖	游世坤	周云武	胡福全
年龄	39	23	24	23	20	25	27	24	21	32
籍贯	广西南宁县	湖南龙山县	江西南康	四川达县	湖南永顺	河南确山县	江西永新人	湖南新化县	四川宣溪	甘肃天水
负伤日期	三八年十一月十一日	三八年十一月二十九日	同	同	同	同	三八年十二月二十七	同	同	同
地点	广灵塔儿沟	广灵	广灵松佛寺	松佛寺	同	同	清瓦向战	同	同	同
负伤部位										
伤名										
入院日期										
备考										

负伤登记表

三八年十月及十一月

部别	第八团二营五连	六连	警备连	同	十连	同	第九团一营二连	同	第一营营部	三连
阶级										
职别	支部书记	见习员	指导员	副排长	一排长	连长	一排长	三排长	副营长	指导员
姓名	徐世洲	李成吉	何占奎	王登程	姚公吉	刘桂林	张东生	潘福连	郭文显	王坚保
年龄	20	22	24	23	29	31	24	30	22	28
籍贯	安徽三河县	山西应县	湖北沔阳	山西广灵县	江西南昌	江西玉山县	湖南浏阳县	同	江西	江西永新
负伤日期	十二月二十七日	同	同	同	同	同	五月二十三日	四月二十九日	五月二十三日	四月二十九日
地点	灵丘	灵丘	同	同	同	同	应县	山阴	西安	山阴
负伤部位										
伤名										
入院日期										
备考										

负伤登记表

部别	第一营三连	四连	同	九团一营四连	同	一连	政治处	卫生队	政治处	同
阶级										
职别	一排长	连长	同	政指	一排长	同	特别员	医生	教育干事	教育股长
姓名	文连高	周兴福	官锦文	刘林彪	李高玮	周伦在	贺头元	沈桂香	林丹民	习炳林
年龄	24	27	20	25	19	20	25	22	24	24
籍贯	湖南石门	湖南大庸县	四川雅安县	江西吉安县	山西崞县	湖南新县	江西永新县	江西里田（今萍乡市）	江西兴国县	江西永新
负伤日期	四月二十九日	五月二十三日	七月二十二日	同	同	十月二十八日	九月二十二日	同	同	九月二十九日
地点	山阴	应县西安山	应县	同	同	广灵	五门子	同	同	广灵
负伤部位										
伤名										
入院日期										
备考										

一九三八年十月及十一月

部别	九团一营营部	同	四连	同	五连	一营营部	三连	四连	二营机枪连	五连	二营五连	七连
阶级												
职别	教导员	连长	同	指政	排长	营长	连长	一排长	同	连长	指导员	排长
姓名	彭清云	罗永标	陈广元	陈棣乡	向子清	常修内	周兴福	张新华	王清臣	詹金铺	李志员	莫文清
年龄	27	22	29	35	28	25	28	22	28	23	18	23
籍贯	江西永新县	江西安福县	江西赣县	湖南石门山阳	湖南保靖县	湖北监利	湖南慈利	河南叶县	河南泌阳县	湖北汉川县	云南省	湖南省
负伤日期	十月二十八日	同	同	同	同		十一月十一日	同	十一月二十九日	同	同	十一月二十九日	同
地点	广灵塔儿	同	冯家沟	同	同		同	广灵贺遂窑	同	同	广灵贺家窑	同
负伤部位												
伤名												
入院日期												
备考												

负伤登记表

一九三八年五月及十一月

部别	七团一营	二营
阶级		
职别	营长	副营长
姓名	贺云生	何福升
年龄	25	26
籍贯	湖南茶陵下山田	湖南茶陵林坊
负伤日期	五月十四日	十一月十七日
伤名		
负伤部位		
阵亡地点	高村东站	蔚县明堡
备考		

9. 八路军留守兵团1938年人员武器弹药增减统计表（1938年）

部队	增加													减少																	合计
	缴获					补充							合计	逃跑人员带走			遗失			损坏					送各供给处储存						合计
	步马枪	卜壳手枪	轻机关枪	手花机关枪	小计	步马枪	卜壳手枪	自动步枪	轻机关枪	重机关枪	手花机关枪	小计	小计	步马枪	卜壳手枪	小计	步马枪	卜壳手枪	小计	步马枪	卜壳手枪	轻机关枪	手花机关枪	小计	步马枪	卜壳手枪	轻机关枪	重机关枪	手花机关枪	小计	合计
三八五旅	18				18	203	3		3			209	227	6	4	10	1		1	49		1	1	51	149	4	5			158	220
七一八团	6	2	1	3	12	119			1	2	2	124	136	2	3	5	13	1	14	59		1	1	61	89				1	90	170
一团						122				2	10	134	134	16	4	20				2		2		4	93	2				95	119
二团						50						50	50	1		1									4	2				6	7
三团	11	2		2	15	55	7	5	7	2		76	91	3	3	6	1	1	2						153	12	2			167	175
四团						84	5		1	1	14	105	105								1		3	4					2	2	6
五团						23						23	23																		
小计	35	4	1	5	45	656	15	5	12	7	26	721	766	28	14	42	15	2	17	110	1	4	5	120	488	20	7		3	518	
合计					45							721	766			42			17					120						518	697
总计													766																		697

备考

一、增加方面
1. 补充是各旅团供给所补部队的。
2. 调入数因各部均无说明，故此无法统计。仅入团填写取黑军争取调入团步枪八一支马壳四支，此数未统计在总数内。
3. 缴获项内三团、七一八团是派队过河东与日军作战所缴来的，三八五旅无说明。

二、减少方面
1. 送各旅团供给处储存是枪无人背的。
2. 调出数各部无说明亦未统计。入团调一二〇师教导队带走步枪八十七支。此数未统计入总数（大部是坏的及四川土造枪）。

一九三八年弹药增减统计表

部队	缴获·步马枪弹	缴获·壳手枪弹	缴获·轻机关弹	缴获·手花机关弹	缴获·小计	补充·步马枪弹	补充·壳手枪弹	补充·轻机关弹	补充·重机关弹	补充·手花机关弹	补充·炸弹	补充·小计	增加·小计	增加·合计	消耗·步马枪弹	消耗·壳手枪弹	消耗·轻机关弹	消耗·重机关弹	消耗·手花机关弹	消耗·炸弹	消耗·小计	损坏·步马枪弹	损坏·壳手枪弹	损坏·炸弹	损坏·小计	遗失·步马枪弹	遗失·壳手枪弹	遗失·轻机关弹	遗失·手花机关弹	遗失·小计	外跑·步马枪弹	外跑·壳手枪弹	外跑·手花机关弹	外跑·炸弹	外跑·小计	合计
三八五旅	312				312	33575	238	7014	9863		1902	52592	52904		33226	930	3560	3756	446	333	42251	19		114	133	24	40	8		72	385	80			465	42921
七一八团	1362			241	1603	17386	907	4153	4557	70	278	27351	28954		17453	275	3022	2116	162	207	23235			8	8	10	25		8	43	285	30		1	316	23602
一团	2950	345	500	100	3895	85018	129	8737	7440	678	103	97105	101000		13894	402	4005	2817	330	150	21598	30		13	43	66	5		40	111	3419	90		18	3527	25279
二团						11000					440	11440	11440		3891	165	1351	262		炮弹24	5693					10				10	75				75	5778
三团	310	80	154	6	550	35492	459	8054	1000	462	285	45752	46302		13998	161	2069	450	312	201	17191		25	6	31		15	27	23	65	805				805	18092
四团						12895	564	1432	328	438		15657	15657		4956	210	1134	1225		204	7729						2			2		160			160	7891
五团						1633						1633	1633		1633	10	269	180		11	2103															2103
小计	4934	425	654	347	6360	195366	2287	29390	18188	1648	3008	249897	256257	256257	89051	2153	15410	10806	1250	1130	119800	49	25	141	215	110	87	35	71	303	4963	360		19	5348	125666
合计														256257																						125666
统计					6360							249897		256257							119800				215					303					5438	125666

备考

一、增加方面

1. 缴获项内三团一团七一八团均系在河东（山西）与日军作战所得的

二、减少方面

1. 消耗内包括实弹射击及河东游击部队消耗的

10. 冀中军区 1938 年作战次数敌我数敌我伤亡俘房缴获统计表（1938 年）

晋察冀军区冀中军区司令部第一科

冀中军区二十七（一九三八）年度作战次数敌我数敌我伤亡俘房缴获总统计表

区分		数目	备考
作战次数		二七○次	大小战斗总数
俘房敌伪		三○○○余	
反正伪军		一八○○余	
瓦解伪敌		九○○○余	
敌伪伤亡		五三九一	
我伤亡		二三五○	
武器弹药	步枪	五○六支	
	轻重机枪	一六挺	
	野击炮	一门	
	迫击炮	四门	
	掷岗	四个	
	子弹	二四六五九发	
	炮弹	一五六发	
车辆马匹	炮车	二辆	
	大车	五三辆	
	自行车	四六辆	
	铁轴车	一三辆	
	运输车	一三辆	
	战马	三三匹	
装具物品	巨型无线电台	一台	
	二瓦特无线电台	一台	
	防毒面具	二二个	
	钢盔	二三五个	
	军装	二三六件	
	雨衣	一五六件	
	毛毯	一九二条	
	军鞋	四四双	
	电话机	四架	
其他	日伪文件	四束	
	日相片底板	八三片	
	马鞍	八个	
	通信筒	三支	
破坏铁路	毁铁路	三五八○○公尺以上	
	道钉	八○四六个	
	电杆	二二五二	
	电线	三一五四○斤	
	列车出轨	二三次	
	炸毁机车	二三辆	
	炸毁车皮	一二三辆	
	炸毁汽车	十辆	外得获汽车二辆
	毁桥梁	一五段	
	炸毁车站水塔	一座	
附记			

11. 八路军第120师人员伤亡统计表（1939年2月）

一九三八年五月起至一九三九年二月份止

伤亡统计表

绝对秘密

填于冀中肃宁东湾里

左侧说明：这两格填有供给主任、政治主任、青年干事、特派员、团参谋长

右侧说明：这三格填有运输员、饲养员、卫生员（因格子不够用）

区分／种类／数目／日期／地点／战斗部队	负伤 营长	教导员	营副	连长	连副	指导员	排长	排副	班长	战士	支书	文化教员	文书	合计	阵亡 营长	营副	教导员	连长	连副	指导员	排长	排副	班长	战士	支书	文化教员	文书	副指导员	宣传员	司号员	合计
五月份	三	二		五	一	三	九	三	九	二六二	一	四		三三三			三	四	二	一	九			七二			一		一	二	九四
六月份	一	一		三	二	三	七	二	三	七				二三三			二	四	三	九				四八							六六
七月份				一		四		一	二	三四九				二六四			一			六	三	四		四二							五六
八月份	一	一	二		三	二〇	二	二	六六	二九							二			三		四	三	八〇二							一〇一
九月份	一	二		四	五	八	二	九	六二三八	四三	八			五六四			三	一	四	八			二七一				九				二八
十月份	一	一	二	七		五	四		二六二					三〇八				四	一	九			一四二								一七〇

区分 种类 数目 战斗日期 部队 地点	负伤														阵亡																
	营长	教导员	营副	连长	连副	指导员	排长	排副	班长	战士	支书	文化教员	文书	合计	营长	营副	教导员	连长	连副	指导员	排长	排副	班长	战士	支书	文化教员	文书	副指导员	宣传员	司号员	合计
十一月份	一	一	二	三	一	八		六	八	一 二三三	二三	四	一	二九三	一				二		二	四	一	二三	九七						一二九
十二月份	二	三	一		一	二	一	二	四	二七 一二七	五二	三	一	二一一				一		一〇		四	一	二〇	一						三三
一月份																															
二月份	一	二	二	一		三	三	九	三	四二 一三五	二			二〇三	一			一	一	二	九	二四	二三	九一	二						一六三
统计	六	三七	一	一四	二	三九	九	三四	一〇六	二五三	一九	八		二四八八	二			一六		一四	一六	四六	九	七八一七	一四	三二		一三	四	二	一〇三〇

附记：1. 黑色数目是实数。2. 红色数目是虚数。（已删——编者）3. 二月份漏掉五次战斗的伤亡数目未填入此统计内。4. 兹将这五次战斗的伤亡数字写在这下面请阅 A 实伤，教干2，政指1，排长1，班长4，战士21，统计28，虚伤13，B 实亡，营长1，排长1，班长1，战士9，虚亡8。5. 将这张表粘在二月份的下面。

战斗部队 日期地点	负伤														阵亡																
	营长	教导员	营副	连长	连副	指导员	排长	排副	班长	战士	支书	文化教员	文书	合计	营长	营副	教导员	连长	连副	指导员	排长	排副	班长	战士	支书	文化教员	文书	副指导员	宣传员	司号员	合计
毛队 五月份	一		一						四	一八			一	二五				一					一	二							四
警备团 六五月份																															
宋队 五月份																															
七一四团 五月份	一									一*				二																	
李队 五月份				一	二	二	三	四	一	八五	三	一	一							一			五	八	一	一					
一七六团 五月份	一	一				一	五	二	九	七八	一	一		九九				一		一			五	二一			一			一	三〇
三九旅游击支队 五月份							一		一	二七				三一						一			一〇								一二
一七七团 五月份					二			二	四	四三				四七				一						一七				一			一九
一七八团 五月份		一		二	二	一		四	一	九六		二		一〇九		二				一			二	二二				〇	一		二九
统计	三	二		五	一	三	九	三	九	六二	一	四		一三三		三		四	二	一			九	七一			一	一		二	九四

战斗部队 / 日期 / 地点	负伤														阵亡															
	营长	教导员	营副	连长	连副	指导员	排长	排副	班长	战士	支书	文化教员	文书	合计	营长	营副	教导员	连长	连副	指导员	排长	排副	班长	战士	支书	文化教员	文书			合计
毛队 五月七日 于小平间王口至尔之下村战斗	一								二	一〇				一三																
毛队 五月十日 忻以北于州北杨明车站				一					二	八	一			一二									一	一	二					四
统计	一			一					四	一八	一			二五									一	一	二					四
备团 警六 5月25日 平鲁南界交战斗																														
备团 警六 5月28日 远南里威堡之店战斗																														
统计																														
一团 四五 5月18日 于东山战斗	一								一					二																
统计	一								一					二																

続表

战斗部队 区分 种类 数目 战斗日期 地点	负伤														阵亡																
	营长	教导员	营副	连长	连副	指导员	排长	排副	班长	战士	支书	文化教员	文书	合计	营长	营副	教导员	连长	连副	指导员	排长	排副	班长	战士	支书	文化教员	文书	副指导员	宣传员	合计
一团 七六5月14日 怀南辛庄于仁北战斗									二	七				九									一							一
一团 七六5月14日 阴山周战斗于北庄										三				三																
一团 七六5月15日 神以李窑斗池北家战								一	一					二									一	二						三
一团 七六5月16日 辛庄战斗								一	一					二																
一团 七六5月16日 平以泥战鲁北河斗																														
一团 七六5月19日 朔以东林县北榆庄																														

区分 种类 数目 战斗日期地点 部队	负伤														阵亡																
	营长	教导员	营副	连长	连副	指导员	排长	排副	班长	战士	支书	文化教员	文书	合计	营长	营副	教导员	连长	连副	指导员	排长	排副	班长	战士	支书	文化教员	文书	副指导员	宣传员	合计
一团 七六5月20日 张家村战斗								一	二	四				七						一			三							四
一团 七六5月22日 朔马山县安及崔马石湾战斗	一	一				一		一	二	四七		一		五四						一			二	一一			一			一五
一团 七六5月23日 于桃埔花战斗																														
一团 七六5月26日 仁之家怀西英窑战斗																														
一团 七六5月20日至30次军敌袭各行被机炸							二	一	三	一五		一		二三									二	四				一		七
统计	一	一					一	五	二九	七八	一			九九						二			五	二一			一	一		三〇

区分 种类 数目 战斗日期地点 部队	负伤														阵亡														
	营长	教导员	营副	连长	连副	指导员	排长	排副	班长	战士	支书	文化教员	文书	合计	营长	营副	教导员	连长	连副	指导员	排长	排副	班长	战士	支书	文化教员	文书	司号员	合计
五旅击队三九游支5 7月日于金铺山战斗										二				二									○	一					一
五旅击队二九游支5 13月日于高车站战斗						一		一	二	二五				二九									一	九					一○
统计						一		一	二	二七				三一									一	一○					一一

107

区分 种类 数目 战斗日期地点 部队	负伤														阵亡															
	营长	教导员	营副	连长	连副	指导员	排长	排副	班长	战士	支书	文化教员	文书	合计	营长	营副	教导员	连长	连副	指导员	排长	排副	班长	战士	支书	文化教员	文书			合计
一团 七七5月7日 于金铺山战斗										三				三										三						三
一团 七七5月10日 高车村站斗					一				一	二七				二九									一	一						二
一团 七七5月16日 忻以藩北明洲车站斗					一				一	一〇				一二									一	四						五
一团 七七5月27日 于曹庄战斗										三				三																
统计					二				二	四三				四七									一一	一七						一九①

---

① 原文如此，计算有误。

部队／战斗日期／地点	负伤														阵亡														
	营长	教导员	营副	连长	连副	指导员	排长	排副	班长	战士	支书	文化教员	文书	合计	营长	营副	教导员	连长	连副	指导员	排长	排副	班长	战士	支书	文化教员	文书	宣传员	合计
一团 七八5月12日 于家田庄战斗			一	二	二	一	一		四	八七			二	一○○						一	一	一	二	一八	一	一			二五
一团 七八5月7日 于定风庄战斗										一				一										三					三
一团 七八5月28日 忻以口南山、金铺战斗										三				三															
一团 七八5月31日 于家李远家、牛圈战斗										五				五										一					一
统计			一	二	二	一	一		四	九六			二	一○九						一	一	一	二	二二	一	一			二九

部队 战斗日期地点（区分种类数目）	负伤														阵亡															
	营长	教导员	营副	连长	连副	指导员	排长	排副	班长	战士	支书	文化教员	文书	合计	营长	营副	教导员	连长	连副	指导员	排长	排副	班长	战士	支书	文化教员	文书			合计
骑兵营 六月份										二				二																
警团 六月份					一	一	一		三	一九				二五						一		一	二	一三						一七
六支队 六月份																														
宋支队 六月份																														
一四团 七、六月份										二				二																
李支队 六月份					一	一	一	二	四	四〇				四九						一		一	三	一五						二〇
一六团 七、六月份							一	二	一	二〇				二四																
一七团 七、六月份								一	一〇	六一				七四								一	三	一五						一九
一八团 七、六月份					一		一		六	二九				三九							一	一	一	六						九
统计	一	一		三	二	三	七	二	二三	一七一				二三〇①						二	四	三	九	四八						六六②
骑兵营 6月7日 厂营汉战斗										二				二																
统计										二				二																

①② 原文如此，计算有误。

続表

区分/种类/数目/战斗日期地点/部队	负伤														阵亡																合计
	营长	教导员	营副	连长	连副	指导员	排长	排副	班长	战士	支书	文化教员	文书	合计	营长	营副	教导员	连长	连副	指导员	排长	排副	班长	战士	支书	文化教员	文书			合计
警六五团 月日 左云马南到头战斗																														
备六团 月日 同大南西峪煤口战斗																														
警六团 月日 怀仁英窑西家战斗																														
警六团 月日 坪旦井北子战斗					一	一	一		三	九				二五						一	一	一	二							一七
统计					一	一	一		三	九				二五						一	一	一	二							一七

111

区分种类数目战斗日期地点部队	负伤														阵亡															合计
	营长	教导员	营副	连长	连副	指导员	排长	排副	班长	战士	支书	文化教员	文书	合计	营长	营副	教导员	连长	连副	指导员	排长	排副	班长	战士	支书	文化教员	文书			合计
六队 支6月3日在玉小洲右南蒲营战斗																														
六队 支6月9日在云牛堡左西心战斗																														
六队 支6月17日在堡云窝南虎庄战斗																														
六队 支6月28日在汗附厂营近战斗																														
统计																														

区分种类 战斗日期地点 部队	负伤														阵亡															
	营长	教导员	营副	连长	连副	指导员	排长	排副	班长	战士	支书	文化教员	文书	合计	营长	营副	教导员	连长	连副	指导员	排长	排副	班长	战士	支书	文化教员	文书			合计
宋队支66 于平户昌大庄战斗 月日																														
宋队支67 居关庸峪三战斗 月日																														
宋队支68 于天庄户战斗 月日																														
宋队支68 于平昌战斗 月日																														
统计																														
一团七四65 玉坪心战斗 月日										二			二							一										一
统计										二			二							一										一

区种类数目战斗日期地点部队	负伤 宣传员	营长	教导员	营副	连长	连副	指导员	排长	排副	班长	战士	支书	文化教员	文书	合计	阵亡 营长	营副	教导员	连长	连副	指导员	排长	排副	班长	战士	支书	文化教员	文书			合计
李队支6 3月日 玉右附近战斗																															
李队支6 8月日 玉于右北房茶战斗																															
李队支6 14月日 凉城右附近战斗																															
李队支6 19月日 玉右附近战斗																															
李队支6 22月日 凉城东面地火战斗																															
李队支6 25月日 厂营于汗战斗																															
李队支6 29月日 黄东底村南附近全战斗																															
李队支6 17月日 赵洼家战斗		一		一			一	二		四	四〇				四九						一	一		三	一五						二〇
李队支6 16月日 于台马村战斗																															
统计		一		一			一	二		四	四〇				四九						一	一		三	一五						二〇

区分 分类 数目 战斗日期地点 部队	负伤														阵亡														
	营长	教导员	营副	连长	连副	指导员	排长	排副	班长	战士	支书	文化教员	文书	合计	营长	营副	教导员	连长	连副	指导员	排长	排副	班长	战士	支书	文化教员	文书	宣传员	合计
一团 762 老战斗 营 日 月																													
一团 763 于贾堡战斗 营 日 月				一		一		二		二〇				二四															
统计				一		一		二		二〇				二四															

区分类数目／战斗日期地点／部队	负伤														阵亡																
	营长	教导员	营副	连长	连副	指导员	排长	排副	班长	战士	支书	文化教员	文书	合计	营长	营副	教导员	连长	连副	指导员	排长	排副	班长	战士	支书	文化教员	文书			合计
七七6 1 一团 七月一日 雁阳堡 代间明战斗									一	四				五																
七七6 18 一团 六月十八日 洗庄家 于马杜家庄战斗					一				四	三六				四一						一			三	一〇						一四
七七6 25 一团 六月二十五日 林大庄 广之人						一	一		五	二一				二八										五						五
统计					一	一	一		一〇	六一				七四						一			三	一五						一九

区分　种类　数目　战斗日期　地点　部队	负伤														阵亡																
	营长	教导员	营副	连长	连副	指导员	排长	排副	班长	战士	支书	文化教员	文书	合计	营长	营副	教导员	连长	连副	指导员	排长	排副	班长	战士	支书	文化教员	文书			合计
一团 七八 6月6日 于下村社战斗	一			一		一		一	三	一三				二〇									一							一
一团 七八 6月19日 于骨町战斗																														
一团 七八 6月21日 于东村家辛堡营立宋庄家黄																														
一团 七八 6月22日 于南上村下林关									一	六				七									一							一
一团 七八 6月24日 于上林东下关地战斗									二	八				一〇									一	六						七
统计	一			一		一		一	六	二七				三七									三	六						九

区分 / 部队 战斗日期地点	负伤														阵亡															
	营长	教导员	营副	连长	连副	指导员	排长	排副	班长	战士	支书	文化教员	文书	合计	营长	营副	教导员	连长	连副	指导员	排长	排副	班长	战士	支书	文化教员	文书			合计
骑兵营 七月份						一			三					四									一							一
杨支队 七月份																														
毛支队 七月份									二					二																
曾支队 七月份									六					六										七						七
四支队 七月份				一										一																
一团 六七月份						一	三	一	二八					三三										九						九
三九五旅 七月份							二		四	四六			一	五三		二	二			四				二二						三〇
一团 七月份					二	四			七	九四				一〇七				一			三	一		四						九
一团 七八月份						二	一	二	九	二九				四三																
贺陈支队 七月份									三	一二				一五																
统计				一	二	八	六	三	六二	一八一			一	二六四		二	二	一		四	三	一	一	四二						五六

续表

区分 种类 数目 战斗日期地点 部队	负伤														阵亡															合计
	营长	教导员	营副	连长	连副	指导员	排长	排副	班长	战士	支书	文化教员	文书	合计	营长	营副	教导员	连长	连副	指导员	排长	排副	班长	战士	支书	文化教员	文书			合计
骑营 兵71月日丰镇之沟庙								一						一									一							一
骑营 兵719月日代海滩										三				三																
统计								一		三				四									一							一
杨队 支73月日湖白镇战斗																														
统计																														
毛队 支72月日崞县附近										二				二																
统计										二				二																
曾队 支710月日阳曲附近																														
曾队 支728月日兰村战斗										六				六										七						七
统计										六				六										七						七

119

区分／种类／数目／战斗日期／部队／地点	负伤														阵亡															
	营长	教导员	营副	连长	连副	指导员	排长	排副	班长	战士	支书	文化教员	文书	合计	营长	营副	教导员	连长	连副	指导员	排长	排副	班长	战士	支书	文化教员	文书			合计
四支队 7月7日 交城之家道堡				一										一																
统计				一										一																
一团 7月6日 沟斗战							二			一〇				一二										四						四
一团 7月7日 布沟麻代杨堡					一		一		一	一二				一五										三						三
一团 7月7日 广新武										六				六										二						二
统计					一		三		一	二八				三三										九						九

区分 种类 数目 战斗日期 地点 部队	负伤 营长	教导员	营副	连长	连副	指导员	排长	排副	班长	战士	支书	文化教员	文书	合计	阵亡 营长	营副	教导员	连长	连副	指导员	排长	排副	班长	战士	支书	文化教员	文书	合计
三九五旅 7月6日 浑源附近								一		一〇				一二							二	一	二	五				一〇
三九五旅 7月9日 东井堡																												
三九五旅 7月9日 天镇以北佛石寺										二				二														
三九五旅 7月9日 浑源杨峪								一	四	三四	一			四〇								一	二	一七				二〇
三九五旅 7月12日 子桃堡抱口花																												
统计								二	四	四六	一			五三							二	二	四	二二				三〇

续表

区分 种类 数目 战斗日期地点 部队	负伤 营长	教导员	营副	连长	连副	指导员	排长	排副	班长	战士	支书	文化教员	合计	阵亡 营长	营副	教导员	连长	连副	指导员	排长	排副	班长	战士	支书	文化教员		合计
一团 7月7日 北泉子				一		二	四		七	九三			一〇七						一	三	一		四				九
统计				一		二	四		七	九三			一〇七						一	三	一		四				九
一团 7月14日 罗文站				二		一	二		七	二三			三五														
一团 7月14日 大徐堡									二	六			八														
统计				二		一	二		九	二九			四三														
五旅 陈队 三九贺支 7月20日 马庄									三	一二			一五														
统计									三	一二			一五														

122

区分／种类／数目／战斗日期／地点／部队	负伤 营长	教导员	营副	连长	连副	指导员	排长	排副	班长	战士	支书	文化教员	文书	合计	阵亡 营长	营副	教导员	连长	连副	指导员	排长	排副	班长	战士	支书	文化教员	文书			合计
骑兵营 八月份																														
警团 六八月份										二				二										二						二
杨支队 八月份										一				一										一						一
曾支队 八月份																														
六支队 八月份																														
李支队 八月份								一		一三				一四																
一团 七六八月份	一	一	二	一		三		八	二五	一三九	二		一	一八三		二		三		四		二	三	七六						九○
五旅 三九八月份																														
一团 七八八月份								一	三	一一				一五										六	一		一			八
统计	一	一	二	一		三		一○	二八	一六六	二		一	二一五		二		三		四		二	三	八五	一		一			一○一

区分 种类 数目 战斗日期 战斗地点 部队	负伤 营长	教导员	营副	连长	连副	指导员	排长	排副	班长	战士	支书	文化教员	文书	合计	阵亡 营长	营副	教导员	连长	连副	指导员	排长	排副	班长	战士	支书	文化教员	文书			合计
骑营 兵营儿 8月日 汉周庄																														
统计																														
警团 六厂营 8月24日 汉								二						二									二							二
统计								二						二									二							二
杨队 支大南河 8月11日 寮沙									一					一																
杨队 支沙附 8月31日 沟近																							一							一
统计									一					一									一							一
曾队 支高战 8月10日 村斗																														
统计																														

区分／分类／数目／战斗日期地点／部队	负伤														阵亡																合计
	营长	教导员	营副	连长	连副	指导员	排长	排副	班长	战士	支书	文化教员	文书	合计	营长	营副	教导员	连长	连副	指导员	排长	排副	班长	战士	支书	文化教员	文书			合计	
六队 8月11日 绥远青沟童远																															
统计																															
李队 8月3日 陈家岭										七				七																	
李队 8月25日 成天村								一		六				七																	
统计								一		一三				一四																	

125

区分 种类 数目 战斗日期 地点 部队	负伤																阵亡															
	特派员	副官	营长	教导员	营副	连长	连副	指导员	排长	排副	班长	战士	支书	文化教员	文书	合计	营长	营副	教导员	连长	连副	指导员	排长	排副	班长	战士	支书	文化教员	文书			合计
一团 七六八三 月日 林榆车站				一		一	一	一			七	三四				四五						一			四	一〇						一五
一团 七六八四 月日 岳泥南河	一	一	二			二	一	七	二		一八	一〇五	二	一		一四二				三	三				七	六一	一					七五
统计	一	一	二	一		三	二	八	二		二五	一三九	二	一		一八七				三	三	一			一一	七一	一					九〇

部队/战斗日期地点	负伤														阵亡																合计
	营长	教导员	营副	连长	连副	指导员	排长	排副	班长	战士	支书	文化教员	文书	合计	营长	营副	教导员	连长	连副	指导员	排长	排副	班长	战士	支书	文化教员	文书			合计	
三五九旅 8月21日 大同附近																															
三五九旅																															
统计																															
一七八团 8月20日 涿鹿辛庄									二					二																	
一七八团 8月27日 峪斗直战							一		三	九				一三					一				一	六							八
																					一	一	一								三
统计							一		三	二				一五					一					一六							八

区分种类数目 战斗日期地点 部队	负伤 特派员	政治主任	营长	教导员	营副	连长	连副	指导员	排长	排副	班长	战士	支书	文化教员	文书	合计	阵亡 营长	营副	教导员	连长	连副	指导员	排长	排副	班长	战士	支书	文化教员	文书			合计
警团 六九月份											三					三									二							二
杨队 支九月											六					六					一				二							三
曾队 支九月										一		四				五					一				六							七
李队 支九月							一	二	三	一	一八	一二七		一		一五三								一	四	六三						六八
七六九 一团 九月份										一	三	八	一			一三									二	五						七
三九五 旅 九月份		二				二	三	一	二	四	一八	一三六	二			一七九							一	三	六	五四	一					六五
七七九 一团 九月份							一	二	三	八	三〇	一三三				一七四				二		二	三		六	四二						五五
贺支 陈队 九月份	一						一	二			三	二一				三一					一	一			一〇		二					一四
统计	一	一	二		一	四	五	八	二四	九	六二	四三八	八	一		五六四				三		一	四	八	三八	一八二	一					二二一

区分 种类 数目 战斗日期地点 部队	负伤														阵亡														
	营长	教导员	营副	连长	连副	指导员	排长	排副	班长	战士	支书	文化教员	文书	合计	营长	营副	教导员	连长	连副	指导员	排长	排副	班长	战士	支书	文化教员	文书		合计
警团 6 9月4日 新子店									三					三										二					二
统计									三					三										二					二
杨队 9月5日 阳曲之董如村									四					四															
杨队 9月14日 徐沟至太谷间									二					二						一				二					三
统计									六					六						一				二					三
曾队 9月6日 兰村战斗					一				三					四										一					一
曾队 9月14日 高村车站																			一					一					二
曾队 9月19日 平社车站									一					一										四					四
统计					一				四					五					一					六					七

战斗部队 / 战斗日期地点	负伤 营长	教导员	营副	连长	连副	指导员	排长	排副	班长	战士	支书	文化教员	文书	合计	阵亡 营长	营副	教导员	连长	连副	指导员	排长	排副	班长	战士	支书	文化教员	文书			合计
李队 支队 9月6日 乌兰花					一	一		一	三	九				一五									一	四						五
李队 支队 9月11日 满山汉					一	一		一	八	九二				一〇三									一	四三						四四
李队 支队 9月3日 陶林战斗									三	一〇				一三									一	五						六
李队 支队 9月4日 平绥路								一	四	一六	一			二三									二	一一						一三
统计					二	二		三	一八	一二七	一			一五三									五	六三						六八
一团 9月27日 庙沟前								一	三	八	一			一三									二	五						七
统计								一	三	八	一			一三									二	五						七

战斗部队/日期/地点	负伤														阵亡														
	营长	教导员	营副	连长	连副	指导员	排长	排副	班长	战士	支书	文化教员	文书	合计	营长	营副	教导员	连长	连副	指导员	排长	排副	班长	战士	支书	文化教员	文书		合计
五旅 三九9 9月13日 浑广之间																													
五旅 三九9 9月20日 代县附近																								二					二
五旅 三九9 9月29日 夏家沟冯家沟	一			一	二	三				一四				二一						一			二	一五	一				一九
五旅 三九直一团 七七八9 9月25日 代县城子峪长梁直战斗	一			二	二	一	九	四	一五	一二二	二			一五八					一	二			四	三七					四四
统计	二			二	三	一	一二	四	一八	一三六	二			一七九					一	三			六	五二	一				六五

131

区分 种类 数目 战斗日期 地点 部队	负伤														阵亡													
	营长	教导员	营副	连长	连副	指导员	排长	排副	班长	战士	支书	文化教员	文书	合计	营长	营副	教导员	连长	连副	指导员	排长	排副	班长	战士	支书	文化教员	文书	合计
一团 七七9月9日 桑河堡干大子						一		二	五	六○			一	七○					一				三	二五				三○
一团 七七9月10日 直冯沟峪家		一		一	二	六	三	一	五	七○	二			一○一					二	一		二	三	二二				二○
一团 七七9月26日 贺家窑						一				三				四										五				五
统计		一		二	三	八	三		二○	一三三	三			一七四					二	二	三		六	四二				五五
五队陈队 三九贺支 9月30日 涿之里鹿八地	一	一			一	二	一		三	二	一			三					一	一			二	一○				一四
统计	一	一			一	二	一		三	二	一			三					一	一			二	一○				一四

部队\战斗日期地点	负伤															阵亡															
	特派干事	营长	教导员	营副	连长	连副	指导员	排长	排副	班长	战士	支书	文化教员	文书	合计	营长	营副	教导员	连长	连副	指导员	排长	排副	班长	战士	支书	文化教员	文书			合计
李支队 十月份							一	三	二		二四				三〇						一	一	三		一七						二二
一七团 十月份			二		四		一	四	一三		一五〇				一七四						二			九	八二						九三
一七八团 十月份							二		三		一二				一四								三		二						五
贺支队 十月份					二			五			三一				三八								二	二	一二						一六
杨支队 十月份											三				三								一		一						二
毛支队 十月份											三				三										七						七
周支队 十月份					一		一	二			一四				一八						一				一四						一五
警团 六、十月份	一	一							一		二五				二八									三	七						一〇
统计	一	一	二		七		五	一四	一六		二六二				三〇八						四	一	九	一四	一四二						一七〇

部队/地点	负伤 营长	负伤 教导员	负伤 营副	负伤 连长	负伤 连副	负伤 指导员	负伤 排长	负伤 排副	负伤 班长	负伤 战士	负伤 支书	负伤 文化教员	负伤 文书	负伤 合计	阵亡 营长	阵亡 营副	阵亡 教导员	阵亡 连长	阵亡 连副	阵亡 指导员	阵亡 排长	阵亡 排副	阵亡 班长	阵亡 战士	阵亡 支书	阵亡 文化教员	阵亡 文书	阵亡 合计
李支队 10月7日 三道营						二			三	二				一六							一	一	三	九				一三
李支队 10月10日 察齐素城附近									四					四										三				三
李支队 10月27日 察间惠萨陶车站							一			九				一〇										五				五
李支队 10月10日 苏波盖																												
统计						一	二		三	二四				三〇							一	一	三	一七				二三
七七团一团 10月12日 略盘间吉沟道									一	四				五									一	二				三
七七团一团 10月28日 张家沟邵家庄			二	四		一	四	一二	一四六					一六九								二	八	八〇				九〇
统计			二	四		一	四	一三	一五〇					一七四								二	九	八二				九三

| 区分　种类　数目　战斗日期　地点　部队 | 负伤 | | | | | | | | | | | | | | | 阵亡 | | | | | | | | | | | | | | | |
	特派干事	营长	教导员	营副	连长	连副	指导员	排长	排副	班长	战士	支书	文化教员	文书	合计	营长	营副	教导员	连长	连副	指导员	排长	排副	班长	战士	支书	文化教员	文书			合计
一团 七八月 10 21日 邱泉灵义岭	一							一							二									二	二						四
一团 七八月 10 15日 白波头								一			二				二										一						一
统计	一							一			二				四									一	二	二					五

部队 战斗日期地点 类目 种分区	负伤 营长	教导员	营副	连长	连副	指导员	排长	排副	班长	战士	支书	文化教员	文书	合计	阵亡 营长	营副	教导员	连长	连副	指导员	排长	排副	班长	战士	支书	文化教员	文书			合计
贺支 陈队 10月11至13日 人清河石大庄水乱岭					二	一	四		三					三八						二	二			一二						一六
统计					二	一	四		三					三八						二	二			一二						一六
一队 支 10月16日 西谷村																								一						一
一队 支 10月21日 吴窑社东村									二					二																一
一队 支 10月26日 峪口									一					一																
统计									三					三										一						二
毛队 支 10月12日 崞县敬家庄																								七						七
统计																								七						七

区分 种类 数目 战斗日期 地点 部队	负伤														阵亡																
	营长	教导员	营副	连长	连副	指导员	排长	排副	班长	战士	支书	文化教员	文书	合计	营长	营副	教导员	连长	连副	指导员	排长	排副	班长	战士	支书	文化教员	文书			合计
支队 10月12日 交城与清源间					一	一	二			一四				一八						一				一四						一五
统计					一	一	二			一四				一八						一				一四						一五
警团 10月12日 红沙坝			一			一				二五				二七									三	七						一〇
警团 10月27日 红汝庄								一						一																
统计			一			一		一		二五				二八									三	七						一〇

137

区种分类数目战斗日期地点部队	负伤																阵亡															
	军医	特派员	营长	教导员	营副	连长	连副	指导员	排长	排副	班长	战士	支书	文化教员	文书	合计	营长	营副	教导员	连长	连副	指导员	排长	排副	班长	战士	支书	文化教员	文书			合计
李支队 十月一份	一							一			二	二				二四						一		一	一	九						一三
姚支队 十月一份							三			一	二					六									一	四						五
一团 六十月份	一			一		二	二	六	一		五	一	二			七七	一				一			二	五	一六						二五
一团 七十月份				一	一	三	二	六			七	一四	二		一	一〇四								一	八	三五						四四
一团 八十月份				一	二		二	一	二	一	五	五〇				六四								二	七	二五						三四
杨支队 十月一份																																
毛支队 十月一份							一	一			一	一四				一七									一	八						九
曾支队 十月一份											一					一																
周支队 十月一份																																
刘姜支队 十月份																																
统计	一	一	二	三	一	八	六	八	七	一	三三	二三三	四	一	二	二九三	一				二	二	四	一	二三	九七						一二九

区分种类数目 战斗日期地点 部队	负伤														阵亡														
	特派员	营长	教导员	营副	连长	连副	指导员	排长	排副	班长	战士	文书	文化教员	合计	营长	营副	教导员	连长	连副	指导员	排长	排副	班长	战士	文书	文化教员			合计
李支队 11月4日 归间马之家	一						一			一	七			一○						一			一	八					一○
李支队 11月7日 毕克齐																							一	一					二
李支队 11月11日 陶思浩附近										八				八															
李支队 11月23日 陶思浩										六				六															
统计	一						一			一五	七			二四						一			二	九					一二
姚支队 11月23日 讨速号								一		一	一			三									一	一					二
姚支队 11月22日 塔坝								一			一			二										二					二
姚支队 11月17日 解决黑山子								一						一										一					一
统计								三		一	二			六									一	四					五

区分 种类 数目 战斗日期地点 部队	负伤															阵亡															合计
	军医	营长	教导员	营副	连长	连副	指导员	排长	排副	班长	战士	支书	文化教员	文书	合计	特派员	营长	营副	教导员	连长	连副	指导员	排长	排副	班长	战士	支书	文化教员	文书			合计
七六一团 11月3日 天滑片 西河石	一	一		二	二	六		一一		五一	二		一		七七	一			一	二					五	一六						二五
统计	一	一		二	二	六		一一		五一	二		一		七七	一			一	二					五	一六						二五

战斗部队 / 日期 / 地点	负伤															阵亡																
	团营参谋长	营长	教导员	营副	连长	连副	指导员	排长	排副	班长	战士	支书	文化教员	文书	合计	营长	营副	教导员	连长	连副	指导员	排长	排副	班长	战士	支书	文化教员	文书			合计
一团 七七11月11日 烧车附近											四				四																
一团 七七11月17日 明堡	一				二	二	六			八	五〇	二	一	一	七三						一			五	二五						三一
一团 七七11月29日 看家楼					一	一				五	二〇				二七									三	一〇						一三
统计	一				三	三	六			一三	七四	二	一	一	一〇四						一			八	三五						四四

区分 种类 数目 战斗日期 地点 部队	负伤														阵亡																合计
	军医	营长	教导员	营副	连长	连副	指导员	排长	排副	班长	战士	文书	文化教员	合计	营长	营副	教导员	连长	连副	指导员	排长	排副	班长	战士	支书	文化教员	文书			
一团 七八 11月11日 张家湾	一	一					一				一〇			一三							一			四						五
一团 七八 11月11日 贾庄											三			三																
一团 七八 11月17日 义泉岭											五			五																
一团 七八 11月29日 张家湾直峪				一			一			二	一九			二三									三	一〇						一三
谭支队 贺 11月29日 卑村广灵			一			二	一			三	一三			二〇							一		四	一一						一六
统计	一	一	一	一		二	三			五	五〇			六四							二		七	二五						三四
毛队 支1 11月1日 代之郑嶂间家营											四			四										三						三
毛队 支11 11月7日 工阳武谭家窑						一				二	一〇			一三					一					五						六
统计						一				二	一四			一七					一					八						九

区分\种类\数目\战斗日期地点\部队	负伤														阵亡														
	营长	教导员	营副	连长	连副	指导员	排长	排副	班长	战士	支书	文化教员	文书	合计	营长	营副	教导员	连长	连副	指导员	排长	排副	班长	战士	支书	文化教员	文书		合计
支队11月15日松村屯树泥村 曾队										一				一															
统计										一				一															

区分 类种 数目 战斗日期地点 部队	负伤																阵亡															
	特派干事	饲卫运	营长	教导员	营副	连长	连副	指导员	排长	排副	班长	战士	支书	文化教员	文书	合计	营长	营副	教导员	连长	连副	指导员	排长	排副	班长	战士	支书	文化教员	文书			合计
一团二 四十月份																																
李队二 十月份							一	一			一〇					一二										五						五
一团二 八十月份	二	三	一			一	一	二	二	二	七	三八	三	一	二	六五									一	五	四	一	一〇	二	二	二五
警团二 六十月份											三					三										二						二
周队二 支十月份											一	一				二										一						一
统计	二	三	一			一	二	三	二	二	二一	三九	三	一	二	八二									一	一三	四	一	一〇	二	二	三三

部队·战斗日期地点	负伤														阵亡															
	营长	教导员	营副	连长	连副	指导员	排长	排副	班长	战士	支书	文化教员	文书	合计	营长	营副	教导员	连长	连副	指导员	排长	排副	班长	战士	支书	文化教员	文书			合计
李队 六12月18日 汉厂营 支及支				一		一				一〇				一二											五					五
统计				一		一				一〇				一二											五					五
七八团 12月27日 家蔡峪																														
七八团 12月29日 泥清涧	二	三	一	一	一	一	二	二	七	三八	三	一	二	六四								一	三	一〇	一	一	二	四	二	二六
统计	二	三	一	一	一	一	二	二	七	三八	三	一	二	六四								一	三	一〇	一	一	二	四	二	二六
警团 12月1日 双嵌大										三				三											二					二
统计										三				三											二					二
周队 12月13日至14日 白汽路高镇车					一					一				二											一					一
统计					一					一				二											一					一

· 145 ·

区分类 数目 战斗日期地点 部队	负伤																阵亡																
	青年干事	教育干事	营长	营副	教导员	连长	连副	指导员	排长	排副	班长	战士	支书	文化教员	文书	合计	参谋	营长	营副	教导员	连长	连副	指导员	排长	排副	班长	战士	支书	文化教员	文书			合计
一团 七五一九三年五月份	一			一			一	一			一	三				四七								一	二	一五	六四	一		二			八五
李支队 二月份																										五							五
一团 七六二月份	一		一	二	一	二	六	一	一	二	二八	八九	二			一三六						一	一	一	四	九	四二	一					五九
一团 七八二月份																																	
警六团 六二月份										三	二	一二				一五	一								三	二	七						一三
杨支队 二月份								一		一	二					四												一					一
肖苏支队 二月份																																	
六支队 二月份										一	二					三												一					一
独立一团 二月份																																	
独立二团 二月份										一						一																	
统计	一	二	二	一		三		三	九	三	四二	一三五	二			二〇三	一					一	一	二	九	二四	一一三	九	一	二			一六三

分类种数目 战斗日期地点部队	负伤															阵亡														
	卫生员	营长	教导员	营副	连长	连副	指导员	排长	排副	班长	战士	支书	文化教员	文书	合计	营长	营副	教导员	连长	连副	指导员	排长	排副	班长	战士	支书	文化教员	文书	司号长	合计
一团2营10连 7月5日 武强以西家北庄邢庄杜庄	一			一			一	一		一	三一				四七						一	二		一	六四	一			二	八五
统计	一			一			一	一		一	三一				四七						一	二		一	六四	一			二	八六①

实伤：203　　实亡：164

---

① 原文如此，计算有误。

区分 类数目 战斗部队 日期地点	负伤														阵亡																
	营长	教导员	营副	连长	连副	指导员	排长	排副	班长	战士	支书	文化教员	文书	合计	特派员	营长	营副	教导员	连长	连副	指导员	排长	排副	班长	战士	支书	文化教员	文书			合计
李队 支2 11月日 干子沟口																									五						五
李队 支2 1月日 毕克齐																															
统计																									五						五

战斗日期地点\\部队	负伤															阵亡															
	青年干事	教育干事	营长	教导员	营副	连长	连副	指导员	排长	排副	班长	战士	支书	文化教员	合计	特派员	营长	营副	教导员	连长	连副	指导员	排长	排副	班长	战士	支书	文化教员	文书		合计
2月2日中曹堡家庄	一	一	一	一				一	五	一	一八	六四	二		九五						一	一	一	二	五	三五					四五
2月5日大曹村			一			二		一	一	一	九	二五			四〇									二	四	七					一三
2月17日夜袭河间											一				一													一			一
统计	一	一	二	一		二		二	六	二	二八	八九	二		一三六						一	一	一	四	九	四二		一			五九

部队 战斗日期 地点 种类数目 区分	负伤														阵亡																
	营长	教导员	营副	连长	连副	指导员	排长	排副	班长	战士	支书	文化教员	文书	合计	营长	营副	教导员	连长	连副	指导员	排长	排副	班长	战士	支书	文化教员	文书			合计
七八 一团 2月13日 海口 广道 灵子																														
七八 一团 2月22日 东南 河																														
统计																														
六 警团 2月15日 汉 厂营										三	一二				一五							三		二	七						一三
统计										三	一二				一五							三		二	七						一三

区种目 分类数目 战斗日期地点 部队	负伤														阵亡																	合计
	营长	教导员	营副	连长	连副	指导员	排长	排副	班长	战士	支书	文化教员	文书	合计	参谋	营长	营副	教导员	连长	连副	指导员	排长	排副	班长	战士	支书	文化教员	文书			合计
一支队 一队 月日 军之王镇泰平小28								一	一	一				三												一					一
一支队 2-24 月日间 河之马滩南										一				一																	
统计								一	一	二				四												一					一

区分种类数目战斗部队日期地点	负 伤												阵 亡														合计
	营长	教导员	营副	连长	连副	指导员	排长	排副	班长	战士	支书	文化教员	文书	合计	营长	营副	教导员	连长	连副	指导员	排长	排副	班长	战士	支书	文化教员	文书	
肖支29苏队月日余酉庄																												
肖支211苏队月日袭河夜间																												
肖支212苏队月日河北间																												
统计																												

12. 八路军第 120 师警备营
阵亡、受伤登记表（1939 年 6 月 24 日）

一二零师警备营

部别	警备营第三连	第三连	第三连	第三连	炮兵连	工兵连	机枪连	第一连	第一连	第一连
阶级										
职别	三连连长	指导员	三排长	副排长	指导员	支书	副排长	二排长	副排长	一班长
姓名	吴先举	萧正学	张绍永	赵福胜	刘定基	江盛元	张三娃	龚绍贵	刘俊金	杨银山
年龄	25 岁	30 岁	28 岁	30 岁	28 岁	22 岁	21 岁	24 岁	36 岁	45 岁
籍贯	湖北江陵县	湖北天门县	湖南大庸县	山西岢岚县	江西兴国县	山西晋城县	甘肃成县	四川江由县	湖北天门县	湖北宣恩县
负伤日期	1939 年 4 月 25 日	1939 年 4 月 23 日	1939 年 4 月 25 日	1939 年 4 月 24 日	1939 年 4 月 23 日	1939 年 4 月 24 日	1939 年 4 月 25 日	1939 年 4 月 23 日	1939 年 4 月 25 日	1939 年 4 月 25 日
地点	南留路	南留路	南留路	南留路	南留路	南留路	南留路	南留路	南留路	南留路
负伤部位	在左腿部负伤	左腰部负伤	右腿部负伤	在腰部负伤	在左膊部负伤	左腿部负伤	右腿部负伤	左足部负伤	左头部负伤在腿部负伤	臀股部负伤
伤名										
入院日期										
备考										

153

部别	第一连	第一连	机枪连	工兵连	机枪连	机枪连	王兵连	第一连	第三连	炮兵连
阶级										
职别	四班长	六班长	班长	班长	班长	班长	班长	战士	文化教员	文书
姓名	吴绍周	牛树银	陈保全	杨振源	李修颜	车文子	张炳全	郭小秃	靳登元	杨增花
年龄	28岁	24岁	33岁	23岁	26岁	21岁	24岁	31岁	20岁	29岁
籍贯	贵州毕节县	陕西吴堡县	陕西富平县	陕西神木县	山西崞县	山西岢岚县	湖北江陵县	山西太原县	山西寿阳县	山西岢岚县
负伤日期	1939年4月24日	1939年4月23日	1939年4月23日	1939年4月23日	1939年4月23日	1939年4月23日	1939年4月23日	1939年4月23日	1939年4月25日	1939年4月25日
地点	南留路	南留路	南留路	南留路	南留路	南留路	南留路	南留路	南留路	南留路
负伤部位	右腿部负伤	在头部负伤	在臀部负伤	右背部负伤	在头部负伤	在腰部负伤	在左腰部负伤	右脚部负伤	右腰部负伤	右脚部负伤
伤名										
入院日期										
备考										

部别	警备营第三连	第三连	第三连	第三连	第三连	工兵连	工兵连	工兵连	工兵连	机枪连
阶级										
职别	战士	战士	战士	战士	战士	战士	战士	战士	战士	战士
姓名	孙全	杜蔚兰	姚子成	白闰小	贾海文	王凤荣	李泉生	韩三堂	李发春	党银小
年龄	22岁	30岁	22岁	30岁	30岁	20岁	20岁	30岁	25岁	30岁
籍贯	河北饶阳县	河北饶阳县	陕西富平县	山西岢岚县	湖南石门县	陕西吴堡县	山西岚县	陕西神木县	山西岚县	山西岚县
负伤日期	1939年4月25日	1939年4月25日	1939年4月25日	1939年4月23日	1939年4月23日	1939年4月24日	1939年4月25日	1939年4月23日	1939年4月25日	1939年4月25日
地点	南留路	南留路	南留路	南留路	南留路	南留路	南留路	南留路	南留路	南留路
负伤部位	在腰部负伤	在头部负伤	右腿部负伤	右膊部负伤	在腰部负伤	在头部负伤	右脚部负伤	右脚部负伤	左腿部负伤	在背部负伤
伤名										
入院日期										
备考										

部　别	机枪连	机枪连	炮兵连	炮兵连	炮兵连	警备营营部	工兵连	工兵连	工兵连	工兵连
阶　级										
职　别	战士	战士	战士	战士	通讯员	战士	战士	战士	战士	战士
姓　名	李慎元	李有财	郑德荣	崔长富	张德生	胡德运	牛德山	李金成	梁侯孩	白玉英
年　龄	30 岁	20 岁	25 岁	30 岁	20 岁	33 岁	31 岁	20 岁	25 岁	25 岁
籍　贯	山西文水县	山西崞县	山西方山县	陕西府谷县	山西离石县	山西方山县	山西榆次县	山西宁武县	山西岢岚县	山西临县
负伤日期	1939 年 4 月 25 日	1939 年 4 月 25 日	1939 年 4 月 25 日	1939 年 4 月 23 日	1939 年 4 月 23 日	1939 年 4 月 23 日	1939 年 4 月 25 日	1939 年 4 月 23 日	1939 年 4 月 25 日	1939 年 4 月 24 日
地　点	南留路	南留路	南留路	南留路	南留路	南留路	南留路	南留路	南留路	南留路
负伤部位	在头部负伤	在髆部负伤	左腿部负伤	右手部负伤	左髆部负伤	右臀部负伤	在腰部负伤	左腰部负伤	右脚部负伤	右脚部负伤
伤　名										
入院日期										
备　考										

部　别	炮兵连	机枪连	第三连	第三连	第三连	机枪连	第一连	第一连	第三连	机枪连
阶　级										
职　别	战士	战士	战士	战士	战士	战士	战士	战士	战士	战士
姓　名	李有元	武铁锁	吴清秀	张福禄	刘福生	严得胜	白凤山	杨侯孩	李春银	侯汝林
年　龄	20 岁	32 岁	24 岁	26 岁	22 岁	20 岁	20 岁	36 岁	31 岁	27 岁
籍　贯	山西岚县	山西平遥县	山西五寨县	山西五寨县	山西岢岚县	陕西富平县	陕西吴堡县	山西方山县	山西岢岚县	河北平山县
负伤日期	1939 年 4 月 25 日	1939 年 4 月 25 日	1939 年 4 月 25 日	1939 年 4 月 23 日	1939 年 4 月 23 日	1939 年 4 月 23 日	1939 年 4 月 25 日	1939 年 4 月 25 日	1939 年 4 月 25 日	1939 年 4 月 25 日
地　点	南留路	南留路	南留路	南留路	南留路	南留路	南留路	南留路	南留路	南留路
负伤部位	在头部负伤	在腰部负伤	在头部负伤	右头部负伤	右髆部负伤	左髆部负伤	右臀上部负伤	在腰部负伤	右足部负伤	在右脚部负伤
伤　名										
入院日期										
备　考										

部别		警备营营部	机枪连	第三连	第三连	警备营营部	炮兵连	第三连	机枪连	机枪连
阶级										
职别		医生	排长	班长	班长	通讯班长	班长	战士	战士	战士
姓名		刘龙生	刘石澄	闫志功	王治政	赵老三	张秀泼	杜有明	李占魁	范振仁
年龄		23 岁	26 岁	30 岁	26 岁	24 岁	20 岁	28 岁	30 岁	31 岁
籍贯		江西兴国县	江西兴国县	山西岢岚县	山西岢岚县	贵州毕节县	山西临县	山西岢岚县	山西文水县	山西文水县
负伤日期		1939 年 4 月 28 日	1939 年 4 月 28 日	1939 年 4 月 28 日	1939 年 4 月 28 日	1939 年 4 月 28 日	1939 年 4 月 28 日	1939 年 4 月 28 日	1939 年 4 月 28 日	1939 年 4 月 28 日
地点		小朱村	小朱村	小朱村	小朱村	小朱村	小朱村	小朱村	小朱村	小朱村
负伤部位		在腰部负重伤	在小腿后侧股肉负伤	右腿部负伤	右膊部负伤	右脚部负伤	在右膊部负伤	在腰部负伤	在臀部负伤	在头部负伤
伤名										
入院日期										
备考										

部别	机枪连	机枪连	机枪连	第三连	第三连	机枪连	工兵连	工兵连	工兵连	工兵连
阶级										
职别	战士	战士	连长	班长	战士	战士	战士	战士	战士	战士
姓名	张二姐	张运功	刘复生	陈三仁	段祥其	李国藩	张大全	史元海	杨占元	张运峰
年龄	24 岁	23 岁	29 岁	20 岁	20 岁	25 岁	24 岁	20 岁	21 岁	36 岁
籍贯	山西文水县	山西岚县	江西吉安县	山西岢岚县	河北河间县	山西岚县	山西岢岚县	山西岚县	山西岚县	河北河间县
负伤日期	1939 年 4 月 28 日	1939 年 5 月 18 日	1939 年 5 月 18 日	1939 年 5 月 18 日	1939 年 5 月 18 日	1939 年 5 月 18 日	1939 年 5 月 18 日	1939 年 5 月 18 日	1939 年 5 月 18 日	1939 年 5 月 18 日
地点	小朱村	后刘村	后刘村	后刘村	后刘村	后刘村	后刘村	后刘村	后刘村	后刘村
负伤部位	右脚部负伤	左脚部负伤	臂肘手指部负伤	在右腿部负伤	在右腿部负伤	在头部负伤	在臀部负伤	右腿部负伤	在臀部负伤	在头部负伤
伤名										
入院日期										
备考										

部别	警备营 第三连	第三连	机枪连	工兵连	炮兵连	炮兵连	机枪连	第三连	炮兵连	炮兵连
阶级										
职别	三排长	副排长	指导员	副排长	班长	班长	班长	班长	战士	战士
姓名	李庆鸿	孙玉花	崔凤山	白子玉	杨鸣岐	李长春	张金旺	韩庆祥	樊二孩	赵有银
年龄	25 岁	24 岁	30 岁	30 岁	25 岁	30 岁	29 岁	30 岁	20 岁	30 岁
籍贯	四川南江县	湖南龙山县	江西兴国县	湖北天门县	山西神池县	陕西佳县	山西岢岚县	山西岚县	河北河间县	河北河间县
受伤日期	1939 年 4 月 23 日	1939 年 4 月 23 日	1939 年 4 月 25 日	1939 年 4 月 24 日	1939 年 4 月 23 日	1939 年 4 月 23 日	1939 年 4 月 24 日	1939 年 4 月 24 日	1939 年 4 月 23 日	1939 年 4 月 23 日
受伤部位	在腰部负伤	在头部负伤	左腿部负伤	左背部负伤	右膊部负伤	在头部负伤	右腿部负伤	在头部负伤	在腰部负伤	在头部负伤
伤名										
阵亡地点	南留路	南留路	找子营	找子营	找子营	南留路	南留路	南留路	南留路	南留路
备考										

部别	警备营 机枪连	机枪连	工兵连	工兵连	工兵连	第三连	第三连	第三连	炮兵连	炮兵连
阶级										
职别	战士	战士	战士	战士	战士	战士	战士	战士	战士	战士
姓名	冯保洞	马文彩	周德顺	陈有亮	薛增寿	贾四海	胡崇福	秦有连	程月胜	胡海元
年龄	20 岁	22 岁	30 岁	30 岁	22 岁	24 岁	35 岁	35 岁	31 岁	30 岁
籍贯	山西岚县	陕西绥德县	河北高阳县	河北饶阳县	河北高阳县	河北高阳县	河北饶阳县	山西岢岚县	山西文水县	山西文水县
受伤日期	1939 年 4 月 25 日	1939 年 4 月 25 日	1939 年 4 月 23 日	1939 年 4 月 24 日	1939 年 4 月 23 日	1939 年 4 月 23 日	1939 年 4 月 25 日	1939 年 4 月 23 日	1939 年 4 月 23 日	1939 年 4 月 23 日
受伤部位	在腰部负伤	右膊部负伤	右臀部负伤	右腿部负伤	在胸部负伤	在头部负伤	在腰部负伤	右腿部负伤	在头部负伤	右膊部负伤
伤名										
阵亡地点	南留路	南留路	南留路	南留路	南留路	南留路	南留路	南留路	南留路	南留路
备考										

部别	警备营机枪连	工兵连	机枪连	炮兵连	工兵连	工兵连	第三连	工兵连	第三连	工兵连
阶级										
职别	战士	教员	班长	班长	班长	战士	三排长	班长	班长	战士
姓名	何三元	闫务本	周维中	陈有财	郭满贵	杨胜堂	马骥	刘振中	郭满桂	尚德法
年龄	22岁	23岁	24岁	30岁	28岁	23岁	26岁	24岁	28岁	35岁
籍贯	河北河间县	山西五寨县	河北高阳县	山西岢岚县	山西岚县	山西五寨县	湖南永兴县	山西兴县	山西岢岚县	河北河间县
受伤日期	1939年4月25日	1939年4月25日	1939年4月28日	1939年4月24日	1939年4月28日	1939年4月23日	1939年5月18日	1939年5月18日	1939年5月18日	1939年5月18日
受伤部位	在头部负伤	在腰部负伤	在腰部负伤	右膊部负伤	右腿部负伤	在头部负伤	在腰部负伤	在头部负伤	在腰部负伤	右膊部负伤
伤名										
阵亡地点	南留路	南留路	小朱村	小朱村	小朱村	小朱村	后刘村	后刘村	后刘村	后刘村
备考										

部别	警备营机枪连	工兵连	炮兵连	炮兵连	炮兵连	工兵连	工兵连	工兵连	机枪连	机枪连
阶级										
职别	战士	战士	战士	战士	战士	战士	战士	战士	战士	战士
姓名	王振国	赵国宝	翟来生	高来生	张福庆	巩来福	王虎	郝银虎	康唤	白文炳
年龄	27岁	37岁	30岁	20岁	30岁	20岁	22岁	30岁	30岁	30岁
籍贯	山西保德县	河北任丘县	河北高阳县	河北高阳县	河北饶阳县	山西岢岚县	山西岚县	山西方山县	山西岚县	山西岢岚县
受伤日期	1939年5月18日	1939年5月18日	1939年5月18日	1939年5月18日	1939年5月18日	1939年5月18日	1939年5月18日	1939年5月18日	1939年5月18日	1939年5月18日
受伤部位	在头部负伤	在右膊部负伤	左膊部负伤	头部负伤	右腿部负伤	左腿部负伤	头部负伤	在腰部负伤	背部负伤	背部负伤
伤名										
阵亡地点	后刘村	后刘村	后刘村	后刘村	后刘村	后刘村	后刘村	后刘村	后刘村	后刘村
备考										

部 别	第三连
阶 级	
职 别	战士
姓 名	王秉忠
年 龄	20 岁
籍 贯	山西岢岚县
受伤日期	1939 年 5 月 18 日
受伤部位	头部负伤
伤 名	
阵亡地点	后刘村
备 考	

部别	政卫连									
阶级	手工									
职别	政指	排长	副排长	班长	同	同	战士	同	同	同
姓名	王占元	刘思义	李占山	刘玉山	王元禄	问三小	王四保	李国喜	冯芸山	张曾元
年龄	26	32	28	36	24	31	30	27	18	19
籍贯	湖南桑植	江西萍乡	贵州（今大方县）	山西交城	山西岚县	山西太原	山西忻县	山西大同	山西离石	山西临县
负伤日期	4月23日	同	同	同	4月24日	同	同	同	同	同
地点	齐会				南留路	同	同	同	同	同
负伤部位	头部	腰部	头部	腰部	腿部	臂部	腿部	同	同	同
伤名	炮弹	同	同	同	机枪弹	同	同	同	同	同
入院日期										
备考										

159

部 别						
阶 级						
职 别	战士	同	同	同	同	同
姓 名	王玉喜	李建先	史在春	谷连池	吴三小	刘子玉
年 龄	31	26	21	28	25	21
籍 贯	山西兴县	河北大城	河北河间	山西太原	山西兴县	山西兴县
负伤日期	4 月 25 日	同	同	同	同	同
地 点	赵子营	同	同	同	同	同
负伤部位	膊部	头部	腿部	同	膊部	同
伤 名	机枪弹	同	同	同	同	同
入院日期						
备 考						

部 别	政卫连						
阶 级	贫农	同	同	同	同	同	同
职 别	二排长	班长	战士	战士	战士	战士	战士
姓 名	汤玉清	眢应彪	董六	白桃根	周树清	孙庆富	于国来
年 龄	22	45	18	31	33	27	21
籍 贯	湖南辰溪	陕西咸阳	河北高阳	山西临县	河北大城	山西兴县	河南汲县
负伤日期	5 月 18 日	同	同	同	同	同	同
地 点	宋家庄	同	同	同	同	同	同
负伤部位	腰部	腿部	左腿断	臂部	腿部	腿部	腹部
伤 名	炮弹	同	同	同	同	同	同
入院日期							
备 考			已牺牲了				

部　別								
阶　级	手工	贫农	同	同	同	同	同	同
职　别	副排	班长	班长	文书	战士	同	同	同
姓　名	张全成	刘世仁	王太和	张子宽	李全先	冯有才	李各幸	靳守仁
年　龄	25	23	30	27	32	31	27	32
籍　贯	湖南大庸	山西岚县	山西兴县	山西汾西	山西岚县	山西五寨	山西交城	山西太原
受伤日期	4月24日	同	同	同	同	同	同	同
受伤部位	头部	腹部	同	同	腰部	腰部	头部	腹部
伤　名	弹炮	同	同	同	机枪弹	同	同	同
阵亡地点	赵子营	同	同	同	同	同	同	同
备　考								

部　别	侦察队									
阶　级										
职　别	副排长	班长	班长	战士						
姓　名	吴保清	刘松林	王文心	仁可均	高保林	李心田	王金堂	卫景锐	武二林	朱少林
年　龄	23	25	29	27	30	25	23	28	24	30
籍　贯	湖南保靖	山西平鲁	山西右玉	河北河间	河北任丘	河北献县	山西寿阳	同	山西忻州	河北高阳
受伤日期	4月23日	同	4月24日	4月23日	4月23日	4月24日	同	4月25日	同	4月24日
受伤部位	头上	肚子	胸部	右腿打断了	胸左边	脸上	头	小肚子	腰中间	头
伤　名										
阵亡地点	齐会	齐会	刘路	齐会	齐会	刘路	同	找子营	同	刘路
备　考										

部别	侦察队									
阶级										
职别	指导员	排长	副排长	班长	班长	班长	战士			
姓名	孙德普	郭培英	张占魁	王先礼	覃远臣	张绍银	孟烈泰	张钦牢	李晋保	陈天良
年龄	27	33	34	30	29	25	19	23	21	25
籍贯	山东芝川	山西临汾	河南瑞州	湖北江陵	湖北鹤峰	贵州黔西	山西岚县	山西崞县	河北河间	河北安平
负伤日期	4月23日	4月24日	4月23日	4月23日	4月23日	4月24日	4月23日	4月23日	4月23日	4月24日
地点	齐会	刘路	齐会	齐会	齐会	刘路	齐会	齐会	齐会	刘路
负伤部位	炸伤右腿	头上轻	左手拇指	腰左膀	左手	右肩后	左腿	腰左	左膀	左膀
伤名										
入院日期										
备考							在后方到独一团工作	同	同	同

部别								
阶级								
职别								
姓名	何金云	赵廷芝	陈先富	李砚田	李秀山	李忠生	吴喜	杨毛鼎
年龄	19	29	25	37	26	23	22	18
籍贯	山西河曲	河北平山	河北献县	河北井径	山西右玉	河北任丘	山西忻县	河北饶阳
负伤日期	4月24日	4月24日	4月24日	4月24日	4月25日	4月25日	4月24日	4月23日
地点	刘路	刘路	刘路	刘路	找子营	找子营	刘路	齐会
负伤部位	腰左膀右腿	头部轻	左腿下	右膀	头左后	左腿下	右腿	左腿
伤名								
入院日期								
备考			调二科工作					

部别	军法处	同	同	同	同	同	同	同	同
阶级									
职别	排长	班长	班长	战士	同	同	同	教员	支书
姓名	韩启明	李万寿	马祥林	冉廷梁	王家俊	张炳华	刘之旺	沈之清	杨瀛
年龄	34	23	34	21	24	23	22	34	54
籍贯	江西吉安	四川阆中	陕西神木	湖南龙山	湖北来风	河南临县	陕西佳县	湖南浏阳	湖北江陵
负伤日期	1939 年 5 月 18 日	同	同	同	同	同	同	同	同
地点	河北博野刘村	同	同	同	同	同	同	同	同
负伤部位	左肩	左脸	左腿弯	左臂	右手	右小腿	左臂	左臂	右大腿
伤名									
入院日期									
备考									

13. 八路军抗战两周年战斗统计表（1939年6月30日）

第十八集团军抗战两周年战斗统计表（自一九三七年九月——一九三九年六月三十日止）

种类			数目	百万	十万	万	千	百	十	单	名
			战斗次数				2	6	8	9	次
斩获	人马	毙伤	日军			6	5	0	9	0	名
			伪军			1	5	4	3	0	名
			骡马				4	3	6	1	匹
		俘虏	日军					3	8	5	名
			伪军				9	6	1	5	名
			骡马				5	0	3	2	匹
	武器		步马枪			2	0	6	7	0	支
			轻机枪					3	8	4	挺
			重机枪						7	8	挺
			山炮						2	4	门
			迫击炮						5	5	门
			平射炮							6	门
			高射炮							1	门
			飞机							3	架
			掷弹筒						4	9	枝
			手枪					3	8	6	枝
			信号枪							8	枝
	器具		汽车						3	9	辆
			大车				1	2	0	4	辆
			无线电						3	1	台
			有线电话机						8	2	架
			脚踏车					8	8	0	辆
			望远镜						3	9	个
			军毯			1	4	0	8	0	床
			大衣				6	2	4	5	件
			日本刀					1	0	7	把
			钢盔				2	2	4	0	顶
			防毒面具				2	6	3	5	付
			日伪旗					3	8	4	面
	弹药		步机枪弹				8	1	5	0	箱
			炮弹					6	4	3	箱
			手榴弹				2	1	1	5	箱

第十八集团军抗战两周年战斗统计表
（自一九三七年九月——一九三九年六月三十日止）

民国二十八年六月　日制

种类		数目	合计统计 百万	十万	万	千	百	十	单	名
破路	铁道	回次						4	3	7	次
	铁道	长径				1	3	0	6	里
	公路	回次						7	3	4	次
	公路	长径				2	4	6	1	里
	破桥梁						3	8	7	座
	毁坏火车站							3	6	所
	收电线			2	4	0	0	0	0	斤
破坏敌人资材	毁火车							6	2	列
	毁火车头							8	1	个
	毁汽车					2	3	1	4	辆
	毁铁甲车								4	列
	毁装甲汽车							6	8	辆
	毁坦克车							3	1	辆
	毁飞机							2	2	架
	毁山炮							3	1	门
	毁汽船								5	艘
	毁民船							8	0	艘
	焚毁仓库								5	处
	毁煤厂							2	2	处
伪军反正	次数							6	3	次
	人数				1	9	3	6	1	名
我军伤亡	阵亡				1	5	6	1	1	名
	负伤				4	0	8	1	2	名
我军损失	步马枪					3	3	5	1	支
	手枪						1	0	4	支
	机关枪 轻						1	1	5	挺
	机关枪 重							1	8	挺

备考：
1. 此表根据已有之报告所汇成其未报告之各部，均未列入此统计内；
2. 破坏铁路，多在战斗中进行的；
3. 共中毒官兵六．一三一（毒死官兵四二四，毒伤官兵五．七〇七人）均包含伤亡总数内。

14. 八路军第120师独立1支队阵亡将士登记表
（1939年6月）

（1938年至1939年6月止）

卫生队队长杨贤志呈报

阵亡登记表

部　别	特务团一连	特务团一连
阶　级	战士	排长
姓　名	曹安平	李源
年　龄	35	22
籍　贯	河北省河间	湖南省慈利县
永久通讯处	无	慈利县
阵亡日期和地点	1939年5月16日中王大村	1939年5月16日在中王大村
阵亡的原因	肚腹贯通	左右大腿贯通
备　考	当送闫家村十字会5月25日被敌人惨杀	同左

阵亡登记表

部　别	支队部
阶　级	指导员
姓　名	张云禄
年　龄	35
籍　贯	山西平阳县
永久通讯处	平阳县
阵亡日期和地点	1939年5月16日在中王大村
阵亡的原因	下额骨右肩甲贯通
备　考	于月之25日在闫家村十字会被敌人惨杀死

阵亡登记表

部　别	特务团一连	特务团一连
阶　级	战士	战士
姓　名	杜顺山	牛万中
年　龄	21	19
籍　贯	河北献县	山东省曲阜县
永久通讯处	献县	曲阜县
阵亡日期和地点	1939 年 5 月 22 日在闫家村十字会休养被敌人惨杀	1939 年 5 月 16 日在中王大村
阵亡的原因		膈背左呈贯通
备　考	作战 5 月 16 日在河北献县中王大村腹部贯通	当送闫家村十字会休养 5 月 25 日被敌人惨杀而死

阵亡登记表

部　别	一营一连	同上
阶　级	战士	战士
姓　名	赵志功	李贵生
年　龄	22	35
籍　贯	山西文水县	山西潼关县
永久通讯处	无	无
阵亡日期和地点	1938 年 7 月 7 日湖北镇	1938 年 7 月 7 日湖北镇
阵亡的原因	当时阵亡	当时阵亡
备　考		

阵亡登记表

部　别	特务连	特务连
阶　级	副连长	副班长
姓　名	朱明生	王守贵
年　龄	23	29
籍　贯	江西上饶县	山西省文水县
永久通讯处	上饶县	无
阵亡日期和地点	1939 年 4 月 5 日河北场上村	1939 年 3 月 27 日河北小垛儿庄
阵亡的原因	伤头部阵亡	当时阵亡
备　考		

阵亡登记表

部 别	特务连	特务连
阶 级	战士	战士
姓 名	李万元	李义
年 龄	29	32
籍 贯	山西祁县	山西省太原县
永久通讯处	祁县	无
阵亡日期和地点	1939 年 4 月 5 日河北场上村	1939 年 4 月 5 日在场上村
阵亡的原因	当时阵亡	当时阵亡
备 考		

阵亡登记表

部 别	一营一连	二营七连
阶 级	排长	战士
姓 名	张得功	周三小
年 龄	27	17
籍 贯	陕西省三原县	山西岱城县
永久通讯处	三原县	无
阵亡日期和地点	1938 年 10 月 16 日在西太村	1938 年 10 月 16 日西太村
阵亡的原因	当时阵亡	当时阵亡
备 考		

阵亡登记表

部 别	二营六连	二营六连
阶 级	战士	战士
姓 名	刘万生	胡应成
年 龄	20	28
籍 贯	山西太原县	山西太原县
永久通讯处	太原县	无
阵亡日期和地点	1938 年 7 月 30 日在湖北镇	1938 年 7 月 30 日在湖北镇
阵亡的原因	当时阵亡	当时阵亡
备 考		

阵亡登记表

部　别	通信连	支队部
阶　级	副班长	通信员
姓　名	赵三小	王占奎
年　龄	27	18
籍　贯	山西文水县	安徽省霍山县
永久通讯处	无	无
阵亡日期和地点	1938 年 9 月 11 日在砂沟	1938 年 9 月 11 日在太原砂沟村
阵亡的原因	当时阵亡	当时阵亡
备　考		

阵亡登记表

部　别	二营六连	二营六连
阶　级	班长	指导员
姓　名	单福奎	陈明
年　龄	23	34
籍　贯	山西神池县	湖北省
永久通讯处	神池县	无
阵亡日期和地点	1938 年 5 月 25 日在东高官村	1938 年 9 月 11 日在砂沟
阵亡的原因	当时阵亡	当时阵亡
备　考		

阵亡登记表

部　别	二营六连	二营六连
阶　级	三排长	战士
姓　名	惠政正	郭士
年　龄	27	26
籍　贯	陕西清涧县	山西交城县
永久通讯处	中三区陈家庄人	一区山花头人
阵亡日期和地点	1939 年 6 月 17 日在程庄子	1939 年 6 月 17 日在程庄子
阵亡的原因	当时阵亡	当时阵亡
备　考		

阵亡登记表

部　别	二营六连	特务团特务连
阶　级	战士	连副
姓　名	王桂四	张银成
年　龄	24	24
籍　贯	山西大同县	四川省城内
永久通讯处	无	三区本城
阵亡日期和地点	1939 年 4 月 5 日在大郭庄	1939 年 6 月 17 日河北前坉村
阵亡的原因	当时阵亡	脑腹贯通阵亡
备　考		

阵亡登记表

部　别	二营六连	二营六连
阶　级	战士	战士
姓　名	孟宪昌	孙三只
年　龄	22	20
籍　贯	河北武邑	山西交城县
永久通讯处	六区孟家庄人	朱镇村人
阵亡日期和地点	1939 年 6 月 17 日在程庄子	1939 年 6 月 17 日在程庄子
阵亡的原因	当时阵亡	当时阵亡
备　考		

阵亡登记表

部　别	二营六连	二营六连
阶　级	战士	排长
姓　名	朱儿有	齐占样
年　龄	31	37
籍　贯	河北武强县	山西神池县
永久通讯处	无	神池县
阵亡日期和地点	1939 年 4 月 5 日在大郭庄	1939 年 5 月 25 日在东高官村
阵亡的原因	当时阵亡	当时阵亡
备　考		

阵亡登记表

部　别	特务团特务连	同左
阶　级	二排长	战士
姓　名	郑永章	梁永奎
年　龄	27	21
籍　贯	河北青县	河北河间县
永久通讯处	三区琉璃堂村	四区梁郭庄人
阵亡日期和地点	1939 年 6 月 17 日在程庄子	1939 年 6 月 17 日在程庄子
阵亡的原因	伤脑腹阵亡	伤额部阵亡
备　考		

阵亡登记表

部　别	二营六连	二营六连
阶　级	战士	战士
姓　名	韩德旺	白金礼
年　龄	25	37
籍　贯	河北献县	河北武强县
永久通讯处	无	武强城内
阵亡日期和地点	1939 年 4 月 5 日在大郭庄	1939 年 4 月 5 日在郭庄
阵亡的原因	当时阵亡	当时阵亡
备　考		

阵亡登记表

部　别	特务连	特务连
阶　级	战士	战士
姓　名	张福贵	王裕忠
年　龄	37	19
籍　贯	山西文水县	河北天津人
永久通讯处	文水县	天津城内
阵亡日期和地点	1939 年 4 月 5 日在场上村	1939 年 3 月 27 日在场上村
阵亡的原因	当时阵亡	当时阵亡
备　考		

阵亡登记表

部　别	二营五连	支部侦查班
阶　级	战士	副班长
姓　名	高明珠	李国保
年　龄	19	20
籍　贯	河南开封县	山西神池县
永久通讯处	开封县	无
阵亡日期和地点	1939 年 4 月 5 日河北东齐庄	1939 年 4 月 5 日献县大郭庄
阵亡的原因	伤头部阵亡	当时阵亡
备　考		

阵亡登记表

部　别	通信连	二营五连
阶　级	班长	班长
姓　名	贾国顺	韩儿和
年　龄	20	24
籍　贯	山西神池县	山西沁源县
永久通讯处	神池县	无
阵亡日期和地点	1939 年 4 月 5 日在大郭庄	1939 年 5 月 25 日河北东高官庄
阵亡的原因	当时阵亡	当时阵亡
备　考		

阵亡登记表

部　别	特务连	二营五连
阶　级	战士	排长
姓　名	刘志财	李彭树
年　龄	37	29
籍　贯	河北交河县	山西交城县
永久通讯处	无	交城县
阵亡日期和地点	1939 年 4 月 5 日在场上村	1939 年 4 月 5 日献县东郭庄
阵亡的原因	当时阵亡	伤腹部阵亡
备　考		

阵亡登记表

部 别	二营营部
阶 级	司务长
姓 名	尹树甫
年 龄	33
籍 贯	河南洛阳
永远通讯处	
何时何地发病	1939 年 4 月 1 日在紫家坞
病的名目	左腿膝关节跌伤
病故的地点及原因	因伤重而转别病而亡
备 考	

阵亡登记表

部 别	特务连	特务连
阶 级	战士	战士
姓 名	谢福喜	陈铁
年 龄	27	27
籍 贯	山西平阳县	山西祁县
永久通讯处	平阳县	无
阵亡日期和地点	1939 年 3 月在献县王家码头	1939 年 4 月 5 日河北场上村
阵亡的原因	脑部贯通	当时阵亡
备 考		

阵亡登记表

部 别	卫生队	二营六连
阶 级	看护	战士
姓 名	金守贞	王德明
年 龄	17	28
籍 贯	山西交城县	陕西省三原县
永久通讯处	交城县	无
阵亡日期和地点	1939 年 5 月 25 日闫家村十字会	1938 年 10 月 30 日在砂沟村
阵亡的原因	被敌人惨杀	当时阵亡
备 考		

阵亡登记表

部　别	二营六连	宣传队
阶　级	战士	班长
姓　名	鲁焕昌	孙振刚
年　龄		17
籍　贯		河北深泽县
永久通讯处		无
阵亡日期和地点	1939 年 5 月 25 日在东高官村	1939 年 5 月 25 日在东高官村
阵亡的原因	当时阵亡	当时阵亡
备　考		

阵亡登记表

部　别	二营营部	二营六连
阶　级	通信员	二排长
姓　名	陈礼旺	王廷音
年　龄	20	
籍　贯	山西交城县	
永久通讯处	交城县	
阵亡日期和地点	1939 年 5 月 25 日在东高官村	1939 年 5 月 27 日在东高官村
阵亡的原因	当时阵亡	当时阵亡
备　考		

阵亡登记表

部　别	二营六连	特务连
阶　级	战士	战士
姓　名	李得才	马占样
年　龄	22	35
籍　贯	山西交城县	山西省沁源县
永久通讯处	交城县	沁源县
阵亡日期和地点	1939 年 2 月 28 日河北献县王庄子	1939 年 3 月 13 日在献县王庄子
阵亡的原因	股部贯通	大腿贯通阵亡
备　考		

阵亡登记表

部　别	特务连	特务连
阶　级	副班长	战士
姓　名	白念超	段秉义
年　龄	19	28
籍　贯	山西阜县	山西省大同县
永久通讯处	无	大同县
阵亡日期和地点	1939 年 4 月 5 日在场王上村	1939 年 3 月 27 日河北小垛儿庄
阵亡的原因	当时阵亡	伤重而亡
备　考		

阵亡登记表

部　别	特务连	特务连
阶　级	班长	战士
姓　名	陆来喜	李文英
年　龄	42	22
籍　贯	山西锦寿县	山西太原县
永久通讯处	无	太原县
阵亡日期和地点	1939 年 4 月 5 日在场上村	1939 年 4 月 5 日在场上村
阵亡的原因	当时阵亡	当时阵亡
备　考		

阵亡登记表

部　别	二营五连	二营
阶　级	支部书记	营长
姓　名	张治忠	吴书刚
年　龄	30	25
籍　贯	山西文水县	湖北天门县
永久通讯处	文水县	渔新河
阵亡日期和地点	1939 年 2 月 8 日河北武强县	1939 年 3 月在河北献县王家码头
阵亡的原因	伤头部阵亡	伤腰腹阵亡
备　考		

15. 晋察冀军区第4军分区两年来战斗伤亡消耗统计表
(1939年6月)

政治委员　刘道生
司令员　　熊伯涛

		项　目	职　别	数　目	总　计	备　考
晋察冀军区第三支队俘掳缴获伤亡消耗月终统计表	六月份	共进行过多少次战斗——				
		负伤统计	营长		313	
			连长	6		
			排长	21		
			班长	68		
			教导员			
			指导员	6		
			战士	204		
			其他	8		
		阵亡统计	营长	3	172	
			连长	1		
			排长	13		
			班长	37		
			教导员			
			指导员			
			战士	96		
			其他	22		

项　目	类　别	数　目	总　计	备　考
遗失武器	步马枪	14	14	
	手枪			
	卜壳枪			
	轻机枪			
	重机枪			
	手榴弹			
	山炮			
	迫击炮			
消耗弹药	六五弹	54516	183075	
	七九弹	101420		
	卜壳弹	819		
	轻机弹	23125		
	重机弹	2530		
	其他	665		
马匹损失	马	4	10	
	骡	6		

晋察冀军区第　支队俘掳缴获伤亡消耗月终统计表　月份

共进行过多少次战斗——

备考：（1939年　月　日填于　）遗失刺刀4把　马刀56　消耗手榴弹2317　手机枪弹1002　炸弹82

项　目	类　别	数　目	总　计	备　考
俘掳	日军	2	30	
	伪军	28		
共缴武器	步马枪	42	47	
	卜壳枪	1		
	手枪	2		
	手机枪	2		
	轻机枪			
	重机枪			
	山炮			
	迫击炮			

晋察冀军区第　支队俘掳缴获伤亡消耗月终统计表　月份

共进行过多少次战斗——

晋察冀军区第　支队俘掳缴获伤亡消耗月终统计表　月份

共进行过多少次战斗——

项　目	类　别	数　目	总　计	备　考
共缴弹药	七九弹		3084	
	六五弹	3084		
	卜壳弹			
	手机弹			
	轻机弹			
	重机弹			
	手枪弹			
	手榴弹			
	炮弹			
	枪榴弹			
马匹	马	4	8	
	骡	4		
	驴			
物品	黄大衣　皮帽	24　8		
	钢盔　皮鞋	18　6		
	铁锹　收音机	14　1		
	军毯　望远镜	6　1		
	铁丝	800 斤		

16. 八路军抗战以来（两周年）营以上干部伤亡登记表（1939 年 6 月）

（自 1937. 9.—1939. 6. 止）

（一）——五师

傅主任 存
送政治部

番　号	六八五团	六八五团	六八五团	六八五团	六八五团	六八五团	六八五团	六八五团	六八五团	六八五团三营
职别	参谋长	营长	营长	营长	通讯主任	营长	营长	营教导员	副营长	营长
姓名	邓克明	刘德明	王麓水	刘振球	顾立荣					张金堂
战斗日期	1937 年 9 月 25 日	1937 年 9 月 25 日	1937 年 9 月 25 日	1937 年 9 月 25 日	1938 年 2 月 21 日	1938 年 3 月 18 日	1938 年 3 月 18 日	1938 年 3 月 18 日	1938 年 3 月 18 日	1939 年 1 月 25 日
地点	平型关	平型关	平型关	平型关		井沟	井沟	井沟	井沟	静州镇
县属	繁峙	繁峙	繁峙	繁峙		蒲县	蒲县	蒲县	蒲县	灵石
伤或亡	伤	伤	伤	伤	伤	伤	伤	亡	亡	伤
备　考										

· 179 ·

(一)——五师

番号	职别	姓名	战斗日期	地点	县属	伤或亡	备考
六八七团	团长	田守尧	1937年9月25日	平型关	繁峙	伤	
六八七团一营	营长	刘志尧	1938年7月	町店	阳城	亡	
六八七团三营	副营长	余登文	1938年7月	沁水		伤	
原六八七团一营	教导员	张喜财	1938年7月	沁水			现任供给部政治委员
六八七团	特派员	戚先春	1938年7月	沁水		伤	
六八七团三营	特派员	霍维功	1938年8月	修武		亡	

(一)——五师

番号	职别	姓名	战斗日期	地点	县属	伤或亡	备考
六八八团	营长		1937年11月29日	乱岭关	涞源	伤	
六八八团三营	营长	周庆安	1937年10月	沙河	繁峙	亡	
六八八团一营	营长	刘国清	1938年1月	温塘	平山	亡	
六八八团二营	营长	冯志相	1938年7月6日	町店	阳城	伤	1939年2月于冀南香城固第二次负伤
六八八团	团长	陈锦秀	1938年1月	温塘	平山	亡	
六八八团	军医主任	吴大明	1938年4月28日	张度岭	高平	伤	
六八八团一营	副营长	童世明	1938年5月15日	威县		伤	是年9月15日于安阳二次负伤
六八八团三营	特派员	何传周	1938年7月	町店	阳城	亡	
六八八团	营长	张友支	1938年11月16日	徐草坡	汤阴	亡	
六八八团	营长	冯志中	1938年12月			伤	
六八八团三营	副营长	张志友	1939年2月			伤	
六八八团二营	营长	郭炳仁	1939年2月	香城固	曲周	伤	

（一）——五师

番号	六八九团三营	六八九团三营	六八九团三营	六八九团三营	六八九团三营	六八九团一营	六八九团一营	六八九二营
职别	营长	营长	教导员	营长	副营长	副营长	营长	营长
姓名	郭本营	余活龙	魏明伦	于占海	张知玉	李金安	何文清	龙世兴
战斗日期	1939年2月10日	1938年8月	1938年5月	1938年5月	1938年5月	1938年4月16日	1938年9月	1938年4月
地点	香城固镇	威县	威县	威县	威县	长乐村	安阳	李村
县属	曲周					武乡		武乡
伤或亡	伤	亡	伤	伤	亡	伤	伤	伤
备考							是年4月16于武乡长乐村已负伤一次	

（一）——五师

番号	晋西支队第一团	晋西支队第一团	晋西支队第一团	晋西支队	晋西支队	晋西支队	三四四旅独立团	三四四旅特务团二营	三四四旅特务团三营	三四四旅特务团	三四四旅司令部
职别	副团长	政委	团长	政治主任	支队长	营长	营长	营长	三营副营长	三营营长	通讯科长
姓名	王耀南	刘振球	杨尚儒	王麓水	陈士渠	卢大贵	彭承清	戴德贵	尚子松	王道平	詹仕山
战斗日期	1938年5月16日	1939年5月16日	1939年5月16日	1939年5月16日	1939年5月16日	1937年12月	1938年1月	1938年	1938年6月	1938年6月	1938年4月
地点	吕家庄	吕家庄	吕家庄	吕家庄	吕家庄	川口			临漳	临漳	张店
县属	灵石	灵石	灵石	灵石	灵石	隰县					长治
伤或亡	伤	伤	伤	伤	伤	伤	伤	伤	伤	伤	伤
备考		此为第二次负伤		此为第二次负伤							

(二) 一二〇师 (一)

旅别	番号	职别	姓名	战斗日期	地点	县属	伤或亡	备考
	工作团	主任	傅汲文	1939年5月5日	枯树	河间	亡	
	教育股	股长	王威戡	1939年5月17日	刘村	博野	亡	
	警卫团	政委	肖大明	1938年10月	阳明堡	代县	伤	
	警六团	营长	贺伟	1938年10月12日	红沙堤	丰镇	伤	中毒
三五八旅	旅部	政委	朱辉照	1939年5月13日	北魏镇	河间	伤	中毒
三五八旅		副政委	王尚荣	同左	同左	同	伤	
三五八旅	七一五团	营长	傅传作	1939年3月7日	彭耳湾		伤	
三五八旅	七一五团	营长	唐金龙	1939年3月30日	北魏镇	河间	伤	
三五八旅	七一五团	营长	刘国汉	1939年5月13日	同左	同	亡	
三五八旅	七一五团	教导员	陈云汉	同左	同左	同	伤	
三五八旅	七一六团游击队	队长	毛德意	1938年2月2日	三交镇	忻县	伤	
三五八旅	七一六团	营长	张秀	1938年5月22日	朔县		伤	
三五八旅	七一六团	政教	谢江运	同左	同左		伤	

(二) 一二〇师 (三)

旅别	番号	职别	姓名	战斗日期	地点	县属	伤或亡	备考
三五九旅	参谋处	参谋长		1939年2月4日	大曹村	河间	伤	
三五九旅	七一六团	营长		同左	同左	同	伤	
三五九旅	七一六团	教导员	黄新廷	同左	同左	同	伤	中毒
三五九旅	七一六团	团长	廖汉生	同左	同左	同	伤	中毒
三五九旅	七一六团	政委	刘忠	同左	同左	同	伤	中毒
三五八旅	同	参谋长	张自强	1939年4月28日	卧佛堂	河间	亡	
三五八旅	七一六团二营	营长	彭三秀	1939年5月15日	细腰涧	繁峙	亡	
三五八旅	同	教导员	罗端	1937年11月	阳武	崞县	伤	
三五八旅	锄奸科	科长	萧头生	1938年3月12日	三井	岢岚	伤	
三五八旅	七一六团	政委	田德明	1938年10月15日	乱岭关	洋源	伤	
三五八旅	游击队	队长	丰外生	1938年2月2日	平驿店		伤	
三五八旅	营团	营长	陈外欧	1937年10月15日	王鸭村		伤	
三五八旅	七一七团	副团长	彭振兴	1938年2月3日			伤	
三五八旅	七一七团民运股	股长	陈松岳	1938年3月12日	三井	岢岚	伤	

(二)一二〇师(二)

三五八旅

部队	职务	姓名	时间	地点	县	伤亡
七一六团	营长	黄新廷	1938年5月23日	桃花堡	蔚县	伤
同	政教	邹声宏	1938年11月3	裕岔片		伤
同	营长	彭家峙	1939年2月2日	曹家庄	河间	伤
同	营长	张云	1939年2月4日	大雪松	河间	伤
七一六团三营	教导员	金忠潘	1938年3月30日	宁武		伤
七一六团一营	副营长	郭文墨	1938年5月23日	赵安		伤
七一六团二营	营长	朱声大	1938年8月4日	岱岳	朔县	伤
七一六团三营	教导员	邹雄声	同左	同左		伤
七一六团	政治主任	张代吾	1938年9月12日	石矣顾		伤
七一六团卫生队	队长	吕邦候	1938年10月28日	邵家庄		亡
七一六团一营	教导员	彭清云	1938年11月28日	邵家庄		伤
七一六团教育股	股长	习炳极	1938年11月28日	同		伤
七一六团三营	营长	常修	1938年11月29日	南拾一岭		伤

(二)一二〇师(四)

三五九旅

部队	职务	姓名	时间	地点	县	伤亡
七一七团	主任	刘伟明	1938年3月12日	三井	岢岚	亡
七一七团政治	主任	刘礼平	1938年3月30日	阳方口	宁武	亡
七一七团二营	副营长	何福生	1938年10月6日	阜平		亡
同	教导员	王继朝	1938年10月23日	塔房山		亡
七一七团卫生队	队长	李华元	1938年10月25日	丁家峇		伤
七一七团三营	营长	鳌州	1938年10月	雁门关	代县	伤
同	营长	冯光生	1938年10月28日	白草会	偏关	伤
七一七团	二营长	李寿联	1938年	驼山		伤
七一七团三营	教导员		1938年	直峪	广灵	伤
七一七团	特派员	张序照	1938年10月	阳明堡	代县	伤
七一七团二营	副营长	周奎	1938年10月29日	白草会	偏关	伤
七一七团一营	副营长	闻广碧	1938年10月	阳明堡	代县	伤
七一七团教育股	股长	何宣泰	1938年10月17日	明堡	涞源	伤
七一七团	教导员	何家产	1938年10月20日			伤

(二) 一二〇师 (五)

三五九旅

单位	职别	姓名	时间	地点	籍贯	伤亡	备注
七一八团三营	教导员	胡振	1937年10月18日	厕山		伤	
同	特派员	黄光魄	1937年11月17日	邵家庄		伤	
七一八团	团长	陈冬尧	1938年4月3日	崔底		伤	
七一八团二营	营长	刘源远	1938年3月3日			亡	
七一八团军需处	处长	黄道元	1938年11月17日	常家庄		伤	
七一八团	副团长	徐国贤	1938年8月3日	五寨		伤	
同	营长		1938年8月7日	汲县		亡	
同	营长		1939年5月14日	上下细腰涧	繁峙	亡	
七一七团营	教导员	刘海	1939年5月10日	铜茂沟		伤	
七一七团	参谋长	陈嵩岳	1938年11月17日	明堡	蔚县	伤	
同	副营长	胡三益	1938年11月14日	丁家寨		伤	
七一七团	参谋长	左齐	1938年11月11日	阳明堡	代县	伤	右手锯丁
七一七团	主任	廖明	1938年11月14日			伤	
七一七团政治	主任	罗保连	1938年11月11日	白草会	偏关	伤	

（二）一二〇师（六）

三五九旅

单位	职别	姓名	时间	地点	籍贯	伤亡	备注
七一八团	教导员	叶杆德	1938年6月7日	下社村	应县	亡	
七一八团	特派员	贺头沪	1938年9月12日	石贤子	应县	伤	
七一八团	组织股长	王先臣	1938年9月9日	下社村	应县	伤	
七一八团一营	营长	刘光明	1938年9月27日	冯家沟	广灵	伤	
七一八团	特派员	肖仁德	1938年10月21日	义泉岭	灵丘	伤	
七一八团三营	营长		1938年10月29日	直峪	广灵	伤	
同	营长	刘三学	1938年11月29日	松仙寺		伤	
七一八团二营	教导员	温德	1938年11月17日	邱家庄		伤	
同	副营长	贺杞	1938年11月27日	青阳洞		伤	
七一九团政治处	主任	张文喜	1938年10月2日	石门子	涿鹿	伤	
七一九团	教导员		1938年10月28日	张家湾	广灵	伤	
师部	师长	贺龙	1939年4月22日	二十里铺	河间	伤	团级首长均中毒 中毒
独一支	二营长	吴书纲	1939年3月4日	王家码头	冀中	亡	
独三支	营长	周绍训	1939年3月23日	史各庄	同	伤	

（二）一二〇师（七）

番号	职别	姓名	战斗日期	地点县属	伤或亡
独立一旅 第三团	政委	朱吉昆	1939年4月22日	二十里铺 河间	亡
第二团	教导员	詹前进	1939年4月28日	卧佛堂 河间	亡
第四团	团长	王廷文	1939年4月28日	卧佛堂 河间	伤
同	政委	黎先炎	同右	同 同	伤
第五团	政治主任	徐光仁	1939年5月17日	刘村 博野	伤
旅部	副政委	辛世修	1939年4月22日	二十里铺 河间	伤
同	总支书	曾云花	1939年4月22日	二十里铺 河间	伤
第 团	营长		1939年4月22日	二十里铺 河间	伤
独立二旅	营长		1939年4月22日	二十里铺 河间	伤
独立二旅	教导员		1939年4月8日	麦阳村 高阳	亡

（三）一二九师（八）

番号	职别	姓名	战斗日期	地点县属	伤或亡	备考
选道支队三营	副营长	叶焕志	1939年5月23日	柳科 和顺	亡	
冀西游击支队	大队长		1939年5月16日	孤山 元氏	伤	
晋豫支第大队	教导员		1938年9月18日	武山 济源	亡	
冀南六区	专员	杨靖远	1938年12月1日	盐山	亡	被盐山汉奸孙仲文杀死
独支一营	政教	徐青山	1937年10月	榆次	伤	
旅部	特派员	黎武忠	1937年10月5日	广阳 昔阳	伤	
独立支队	副旅长	王近山	1937年12月	松塔 寿阳	伤	
独立支队	政治主任	赵彩银	1938年1月	栗塔 冀县	伤	
三八五旅 直属	教导员	孙泽高	1937年12月10日	松塔 平定	伤	
独立支队	一营副营长	赵万才	1937年10月	榆次	伤	
旅部	敌军科长	蒋洪钧	1938年3月24日	郭庄 获鹿	伤	
独立支队	一营长	肖永银	1938年4月11日	平松村 利顺	伤	
独立支队	二营副营长	李良臣	1938年7月1日		亡	

（三）一二九师（九）

三八五旅

单位	职务	姓名	时间	地点	籍贯	伤亡	备考
七六九团一营	教导员	罗学荣	1938年11月10日	泥澄口	平定	伤	11月口口日在水磨岭（沙河）负第二次伤
七六九团一营	营长	陶国清	1938年11月6日	黄道沟	昔阳北	伤	
七六九团二营	教导员	毛大洲	1938年9月23日	八里庄	柏乡	伤	
七六九团三营	教导员	赵南田	1938年9月23日	八里庄	柏乡	伤	
七六九团	营长		1938年9月23日	八里庄	柏乡	亡	
七六九团二营	政教	张天恕	1938年3月31日	响堂铺	同	伤	
七六九团三营	政教	潘寿才	1938年3月31日	响堂铺	同	伤	
七六九团	副营长	张以成	1938年3月31日	响堂铺	涉县	亡	
七六九团	副团长	郑国仲	1938年3月31日	响堂铺	涉县	伤	
七六九团	营长		1938年3月12日	庆城	榆次	亡	
七六九团三营	营长	马忠全	1938年2月22日	旧关	平定	伤	9月23日于柏乡八里庄第二次伤
七六九团民运股	股长	王益朝	1937年12月	西寨	昔阳	伤	
七六九团三营	营长	潘占魁	1938年1月22日	营头镇	邢台	亡	
七六九团三营	营长	赵宗德	1937年10月19日	阳明堡	代县	亡	

三八五旅

单位	职务	姓名	时间	地点	地点	伤亡	备注
七六九团一营	副营长	李德生	1938年11月12日	泥澄口	平定	伤	
政治处团	主任	任桂承	1939年1月29日	柳堤	巨鹿	伤	
七六九团	副营长		1938年12月20日	川口	昔阳	伤	
七六九团敌军股	股长	李德洪	1939年1月15日	鹿庄	临城	伤	
独立团一营	副营长	曹福邦	1937年10月	武安		伤	
独立团三营	教导员	张显扬	1938年3月10日	宋家庄	辽县	伤	
独立团一营	副营长	张九山	1938年4月5日	狸同铺	平定	亡	
旅部	旅长	陈锡联	1938年4月11日	平松林	利顺	伤	
独立团二营	营长	金正林	1938年4月	白庆	赞皇	伤	是年5月15日获鹿第二次负伤
独立团三营	副营长	邓正林	1938年5月5日	获鹿		伤	
独立团	特派员	刘德远	1938年8月20日	相次岭	井径	伤	
独立团二营	教导员	陶伦先	1938年10月3日	良台	井径	伤	
独立团三营	副营长	丁先发	1938年10月	南葛停	昔阳	伤	是年11月14日于白阳第二次负伤

三八五旅　三八六旅

部别	职别	姓名	时间	地点	乡镇	伤亡	备注
七七二团	团长	叶成焕	1938年4月16日	长乐村	武乡	亡	
七七二团二营	政教	罗明海	1938年8月6日	潞王坟	新乡	亡	
七七二团一营	政教	陈悦长	1938年6月	水冶镇	安阳	伤	
七七二团	营长		1938年5月5日	白壁村	榆社	伤	
七七二团三营	政教	吴隆主	1938年5月31日	彭城	磁县	伤	
七七一团一营	营长	曾纪云	1938年4月16日	长乐村	武乡	伤	
七七一团	政教	尹敌斌	1938年3月16日	神头村	潞城	亡	
七七一团二营	政教	熊德如	1938年12月27日	马荒村	临漳	伤	
七七一团三营	营长	张成宽	1938年	和顺			
七七一团	特派员	罗庆祥	1938年4月16日	长乐村	武乡	亡	
七七一团	政教	张明建	1937年11月	庙儿岩	昔阳	亡	
团营	副营长		1938年12月15日	柳园	彭德	亡	
第四支队晋冀察	副旅长司令	周建屏	1938年6月13日	洪子店	平山	病故	属三旅
二营独立团	副营长	李毕云	1939年1月15日	鹿庄	临城	伤	
一营独立团	教导员	吴光洪	1938年10月19日	黄龙店	昔阳	伤	

（三）一二九师（十二）

三八六旅　补充团　青纵

部别	职别	姓名	时间	地点	乡镇	伤亡
组织股	股长	余文伟	1938年	徐家楼		亡
总务科	科长	秦丁山	1938年	徐家楼		亡
司令部 教育股长		陈明春	1937年12月7日	左村		伤
司令部	特派员	傅本知	1937年10月	七亘村	平定	伤
补充团教育股	股长	沈钦尧	1939年2月	马坊营		伤
补充团一营	教导员	程道远	1939年1月27日	鸡泽		伤
敌军工作股	股长	贺占凯	1939年1月25日	鸡泽		亡
补充团	政教	洪德如	1938年1月			伤
补充团二营	分支书记	胡大鹏	1938年12月	马坊营		伤
七七二团三营	营长	郭国言	1937年12月	马坊镇	和顺	伤
补充团二营	二营长	查玉昇	1937年12月	文申村		伤
七七二团二营	政委	荀生训	1937年11月23日	广阳镇	平定	亡
补充团三营	营长	钟美科	1937年11月21日	马坊镇	和顺	伤
七七二团三营	营长	雷绍康	1938年9月21日	大召营	新乡	伤

（三）一二九师（十三）

纵队	部队	职务	姓名	时间	地点	伤亡	备注
青纵	一团一营	营长	吴宗先	1937年11月	广阳 平定	伤	
青纵	三团	参谋长	刘昌义	1938年3月16日	神头村 潞城	伤	
青纵	三团	营长	高厚伟	1938年	清河	伤	
青纵	三团	营长	刘细友	1938年	徐家楼	伤	
青纵	三团	团长	荆维德	1938年	徐家楼	伤	
青纵	三团	政教	朱希六	1938年	徐家楼	亡	
青纵	团营	政教	陈晨	1938年	徐家楼	伤	
青纵	二团	政委	桂成志	1939年1月30日	刘凹 巨鹿	伤	
青纵	团营	营长		1939年3月3日	孔家镇 德平	伤	
青纵	团营	营长	刘兴发	1939年5月12日	刘屯 巨鹿	伤	
青纵	三团	团长	陈耀元	1938年		伤	
东纵	二团三营	政教	向茂生	1938年11月	东阳关 黎城	伤	
东纵	二团三营	营长	李长宽	1938年4月16日	长乐村	伤	

（三）一二九师（十四）

纵队	部队	职务	姓名	时间	地点	伤亡	备注
东纵	司令部	参谋主任	荣子文	1938年4月16日	长乐村 武乡	伤	是年9月15日于安阳第二次负伤
东纵	政治部	特派员	张正超	1938年4月16日	长乐村 武乡	伤	
东纵	一团一营	营长	李洪南	1938年4月16日	长乐村 武乡	伤	
东纵	同	政教	陈梦禄	同左	同左 武乡	伤	
东纵	二团二营	副营长	刘玉兴	1938年8月	大营 临漳	伤	
东纵	司令部	一科长	肖显友	1938年8月31日	大营镇 临漳	亡	
东纵	一团一营	副营长	楚大明	1938年	内邱	伤	
东纵	司令部	参谋长	秦进乐	1938年9月23日	马厂 辽县	亡	
东纵	五支二团	营长	闫撤吕	1938年10月23日	安陵 德州	亡	
东纵	二团	团长	佘伦胜	1938年10月27日	大陆村 宁晋	伤	
东纵	二团一营	营长	冷赤哉	1938年10月27日	大陆村 宁晋	伤	
东纵	一团二营	副营长	李双庆	1938年11月	南宫	亡	
东纵	二团三营	副营长		1938年12月13日	宁晋	亡	
东纵	二团三营	副营长	黄清荣	1939年2月2日	李周田 巨鹿	伤	

（三）一二九师（十五）

先纵

单位	职别	姓名	时间	地点	籍贯	备注
团营	副营长	陈方贞			潞城	伤
政治部	锄奸股长	王银山	1938年3月16日	神头村	潞城	伤
团	特派员	曾永和	1938年4月26日	长乐村	武乡	伤
政治部	组织科长	李光	1938年4月16日	长乐村	武乡	伤
民运股	股长	刘连南	1938年		高唐	伤
司令		李聚奎	1938年	国村		伤
冀鲁支	队长	孙超	1938年11月15日	恩县		伤
冀豫支一团	副团长	黄光霞	1938年11月30日	尧台	宁晋	亡

东纵

单位	职别	姓名	时间	地点	籍贯	备注
冀豫支队	副营长		1938年12月10日	宁晋		亡
一团一营长		赵正奎	1939年4月1日	枣强		伤
司令部	一股长	张廷发	1939年3月6日	徐沙村	武邑	伤
五支	政委	邓永耀	1939年3月6日	徐沙村	武邑	亡
团营	政委	夏伯口	1939年2月14日		武邑	伤
三团二营	副营长	杨先义	1939年2月	曲周		伤

（三）一二九师（十六）

单位	职别	姓名	时间	地点	籍贯	备注
先纵供给处	处长	曹春芳	1938年3月31日	响堂铺	涉县	伤
先遣一支队独立大队	大队长	武伦佩	1938年9月9日	龙泉	邢台	亡
七一七团一营	营长	贺云生	1938年7月7日	北水泉		亡	属百二十师
三五八旅独二团一营	营长	刘明发	1938年4月10日	平松村	利顺	亡
山东纵队五支	副营长	陈显思	1938年10月16日	平度		伤	属山东纵队
苏鲁豫支	副营长	陈光勋	1939年3月5日	乌端集	归德	亡	属彭雪枫部
苏鲁豫支	六支团长	陈伯衡	1939年3月21日	同左		亡	属一一五师
苏鲁豫支	六支特营长	潘凤举	1939年3月21日	彭家集	东平	伤	属一一五师
三五九旅	旅长	王震	1938年10月29日	杏树咀	灵丘	伤	中毒七一七团团级首长均中毒属一二十师

（四）冀察晋边区游击队

番号	职别	姓名	战斗日期	地点	县属	伤或亡	备考
第三团	营长	陈开流	1937年11月	九峪关	浑源	伤	
第八大队	教导员	陈焱清	1937年10月	温汤	平山	伤	
第五团	教导员	杨春华	1937年	平型关	繁峙	伤	
特务营	教导员	杨起如	1938年1月				
五大队	营长	洪太平	1938年3月	上下邪山		亡	
第一支队	参谋长	陈其相	1938年4月5日	倥川	涞源	伤	
三支队	营长		1938年4月10日	萧家峪	涞源	亡	
第八大队	参谋长	蒋树	1938年5月	九峪		伤	
四支队特务营	营长	杨金辉	1938年6月			伤	
二支队十二团	团长	辛力生	1938年7月15日	定县		亡	
三纵队	大队长		1938年7月21日	安次		伤	
	营长		1938年7月21日	安次		亡	
第五团	副团长	刘万云	1938年7月	正定车站		伤	

（四）冀察晋边区

番号	职别	姓名	战斗日期	地点	县属	伤或亡	备考
冀察晋边特务营	副营长	李捷凯	1938年7月	平山	定县	伤	
冀察晋边三支队第十团	团长	朱仰兴	1938年8月11日	高门	定县	伤	
冀察晋边第三支队十团	营长		1938年8月11日	高门	定县	伤	
冀察晋边第七大队	特派员	段金清	1938年 月	腰站	灵丘	伤	
冀察晋边一支队	教导员	张向松	1938年8月	腰站	灵丘	亡	
冀察晋边二支队四团	教导员		1938年9月2日	王董堡	蔚县	亡	
冀察晋边二团二营	营长	徐德玖	1938年8月	坡底		伤	
冀察晋边三纵队	营长		1938年9月4日	新乐		伤	
冀察晋边	参谋长	唐延杰	1938年10月2日	联家庄	五台	伤	
冀察晋边第一团	营长	肖应堂	1938年5月	西合营	蔚县	伤	
冀察晋边游击支队	政委	郝正昌	1938年1月	平山		伤	
冀察晋边七大队二营	营长	谢明安	1938年10月	张齐		亡	
冀察晋边第一团	教导员	郭延林	1938年10月			伤	

（四）冀察晋边区

部队番号	职务	姓名	时间	地点	伤亡
冀察晋边第五团一营	营长	丁荣施	1938年11月	盂县	伤
冀察晋边第三支队	营长	刘兴汉	1938年12月18日	党城 曲阳	亡
冀察晋边三纵队便衣队	队长		1938年12月29日	砖河 沧州	伤
冀察晋边第十二大队	参谋长	袁崇安	1938年		伤
同左	副参谋长	田同春	1938年	高阳	伤
冀察晋边十二大队二团	营长	张守德	1938年	党城 曲阳	伤
冀察晋边第一大队	大队长	唐子安	1938年	望都	伤
冀察晋边四支队	参谋长	叶长庚	1938年11月	洪子店 平山	伤
冀察晋边五团	教导员	岳明	1938年	回舍 平山	伤
冀察晋边第二支队	总支书	谢明	1938年		伤
冀察晋边五团三营	营长	罗初斌	1938年	平山	伤
冀察晋边第七大队	政委	陈定相	1938年	盂县	亡
冀察晋边	政委	蔡顷利	1938年	保定	伤
冀察晋边五团	教导员	贺成建	1938年	回舍 平山	伤

（四）冀察晋边区

部队番号	职务	姓名	时间	地点	伤亡
三支队	政委	朱良才	1938年	灵山 曲阳	伤
三纵队大队	营长	田园	1939年1月1日	蠡县	亡
三纵队大队	教导员	刘园	1939年1月1日	蠡县	伤
第三支队	副营长	胡监	1939年1月10日	党城 曲阳	亡
第一支队	营长		1939年1月16日	姚村 定兴	伤
独立四团	团长	许攻坚	1939年1月26日	灵山镇 曲阳	亡
第五团	团长	陈柏林	1939年1月日	平定	伤
第六大队	政委	黄胜斌	1939年2月20日	北寨 灵寿	亡
第九大队	副营长	张崇元	1939年1月	温汤 平山	伤
第四支队	营长		1939年3月26日	上社镇 盂县	伤
第四分区游击支队	队长	陈生发	1939年3月	井陉	亡
同左	政委	冯书	1939年3月	井陉	亡
第三支队	营长		1939年3月26日	上社 盂县	伤

（五）山东纵队

番号	职别	姓名	战斗日期	地点	县属	伤或亡	备考
五支队	营长	魏颜	1938年2月6日	莱芜		伤	
支队	司令	洪涛	1938年2月			病故	
第五支队	副司令	赵杰	1938年3月15日	滕县		伤	
支队	政委	常健新	1938年7月6日	蓬莱		亡	
支队	政委	任和平	1938年7月30日	蓬莱		亡	
第八支队	大队长	李梅生	1938年8月	周村		亡	
同左	政治主任	王文一	1938年8月			亡	
同左	副主任	于夏营	1938年8月			亡	
同左	大队长	李	1938年8月			亡	
第五支队	营长	刘源明	1938年9月25日	博山		伤	
山东军政委员会	主席特委书记	李希平	1938年10月14日	牟平		亡	
第五支队	队长		1938年10月16日	平度		伤	
同左	政委	刘中华			同	伤	

（七）挺进纵队

番号	职别	姓名	战斗日期	地点	县属	伤或亡	备考
挺进队第五支队	教导员		1938年3月24日	泉村	平定	亡	
挺进纵队部	教导员	曾大燕	1938年	宁津		伤	
挺进纵队支队	政委	王育民	1938年5月9日	张马	南宫	亡	
挺进队邢支	副团长	卢风印	1939年1月21日	韩家集	盐山	伤	
挺进纵队七团	营长		1939年3月3日	官桥	德平	伤	
挺进纵队五团	团长	龙金书	1939年3月27日	大宗家	陵县	伤	
挺进纵队支队	政委	曾庆洪	1939年3月27日	同左	同左	亡	
挺进纵队	政治主任	朱归仙	同左	同左	同左	亡	
挺进纵队队团	政委	崔会南	1939年4月5日	召奉仁		伤	
挺进纵队第五支队	营长	谭瑞志	1939年4月2日	大王庄	德平	亡	

（五）山东纵队

第五支队	第五支队	
副营长	营教	
陈显思	张光耀	
1938 年 10 月 16 日	1938 年 10 月 16 日	
平度	平度	
伤	伤	

（六）挺进军

冀热察纵队
营长
宋英汉
1938 年 6 月 23 日
兴隆
亡

（八）总部特务团、通讯营

番　号	特务团一营	同左	通讯营	同左
职　别	营长	副营长	营长	副营长
姓　名	姚金芳	周德标	刘鹏	张兴发
战斗日期	1938 年 2 月 27 日	1939 年 4 月 22 日	1938 年 2 月 27 日	同左
地　点	尧店	南关镇	尧店	同左
县　属	安泽	武乡	安泽	同左
伤或亡	伤	亡	伤	伤
备　注				

（九）山东太和事件被顽固份子秦启荣杀害干部

山东纵队三支		总部特务团					
政治主任	宣传科长	团长	营长	保卫股长	油印股长	政指	同左
鲍辉	邓辅况	潘建军	吕乙债	张笑琴	徐效礼	陈大彩	张琳
1939年3月30日	同左	同左	同左	同左	同左	同左	同左
太和	同左	同左	同左	同左	同左	同左	同左
活埋	同左	同左	枪毙	活埋	同左	同左	同左

17. 八路军第120师2支队伤亡登记
(1939 年 7 月)

1939 年 3 月至 7 月止

部别	二支队三大队	同	一大队	同	二大队	同	三大队	同	同	同
阶级职别	分队长	同	战士	同	副班长	班长	同	同	战士	同
姓名	刘玉海	张汗卿	王廷新	刘福寿	高火生	潘二海	郭树林	张伍士	更学美	李吉狗
年龄	30	27	17	33	25	23	20	32	26	30
籍贯	山东省	山东省	山西省	河间县	山西省	山西省	山西省	湖北	任丘	高阳
负伤日期	3月20日	3月28日	4月20日	4月23日	5月1日	同	5月4日	5月3日	5月19日	同
地点	枚村	同	岳抗	齐会	岳抗	同	大邵村	同	于家务	同
负伤部位	腕关节	大腿擦过	肱部	股关节	股部	肩胛部	腹部	肾部	大腿	腰部
伤名	贯通	同	贯通	同	擦伤	贯通	同	擦伤	贯通	同
入院日期	3月21日	3月28日	4月20日	4月30日	5月1日	同	5月5日	5月4日	5月20日	同
备考				侦察敌情负伤			伤亡			

部别	三大队	同	同	同	一大队
阶级职别	班长	战士	同	排长	战士
姓名	孙富华	王乃芬	王明玉	张金生	刘吉祥
年龄	28	21	20	28	25
籍贯	任丘	高阳	任丘	高阳县	河间县
负伤日期	5月19日	同	同	同	5月30日
地点	于家务	同	同	同	回马营
负伤部位	下腿	腹部	大腿	胱部	下腿
伤名	贯通	同	同	同	同
入院日期	5月19日	同	同	同	5月30日
备考					

部　别	二支队直属警备队	二支队一大队第三连	同	同	同	同	同	同	同	同
阶级职别	战士	排长	同	副班长	班长	战士	同	同	同	同
姓　名	黄田文	殷志万	王志忠	韩全何	王玉珍	吉金生	宋麻钧	卢战厚	高顺成	梁春年
年　龄	23	27	28	19	25	27	28	21	22	34
籍　贯	河间县	山西岢岚县	贵州大定	山西岢岚县	河间县	山西岢岚县	河北新城	山西岢岚	河北河间	同
负伤日期	1939年6月28日	1939年6月29日	同	同	同	同	同	同	同	同
地点	东连子口	张家店	同	同	同	同	同	同	同	同
负伤部位	左腰内	腿部	臂部	肩胛部	腿部	肩部	臂部	胸部	臂部	中毒
伤　名	贯通	同	同	同	同	同	同	同	同	同
入院日期	6月28日	6月29日	同	同	同	同	同	同	同	同
备　考	6月28日转卫生部	6月29日转卫生部	同	同	同	同	同	同	同	同

部　别	一大队三连	同	同	同	同	同	四连	二支队三大队	同	同
阶级职别	通信员	班长	战士	同	同	同	同	中队长	班长	同
姓　名	麻国华	孙书成	陈凤悟	王锡福	张宗起	李植元	张常兴	林其云	李致其	张需志
年　龄	16	27	18	23	23	29	28	27	24	26
籍　贯	河北河间	同	同	同	同	同	同	湖南东川	山西神池县	同
负伤日期	1939年6月29日	同	同	同	同	同	同	同	同	同
地点	张家店	同	同	同	同	同	同	同	同	同
负伤部位	腿部	臂部	腰部	腿部	同	头部	臂部	上肢右手	下肢左腿	头部
伤　名	贯通	同	同	同	同	同	同	同	同	擦伤
入院日期	6月29日	同	同	同	同	同	同	同	同	同
备　注	本日转送卫生部	同	同	同	同	同	同	同	同	同

部别	二支队三大队	同	同	同	同	同	同
阶级职别	战士	同	同	同	同	同	同
姓名	孟先才	金凤生	张儒亭	魏才明	李国祥	李占元	魏文治
年龄	36	16	27	34	29	29	32
籍贯	河北大城县	河北任丘县	河北大城县	同	同	山西朔县	河北大城县
负伤日期	1939年6月29日	同	同	同	同	同	同
地点	张家店	同	同	同	同	同	同
负伤部位	腰部	下肢左腿	腰部	同	下肢右腿	头部	腰部
伤名	盲贯	贯通	盲贯	同	贯通	同	盲贯
入院日期	6月29日	同	同	同	同	同	6月30日
备考	本日转卫生部	同	同	同	同	同	开小差被打伤本日送卫生部

部别	二支队特务队	同	同	一大队二连	一大队三连	三大队五中队	三中队	同	三大队
阶级职别	通信员	战士	同	同	同	上士	战士	同	班长
姓名	王友忠	杨广文	李向荣	赵海龙	王春山	黄士林	张风亭	李俊岐	郭树林
年龄	17	28	19	26	23	38	25	28	20
籍贯	河北任丘	河北任丘	河北大城	河北河间	河北河间	河北任丘	河北大城	同	山西省
负伤日期	1939年6月29日	同	同	同	同	同	同	同	5月4日
负伤部位	腰部腿部	头部	同	腰部	头部	同	同	肚部	腹部
伤名	贯通	同	同	同	同	炸伤	同	贯通	贯通
阵亡地点	高阳县张家店	同	同	同	同	同	同	同	大邵村
备考									

18. 八路军第120师冀中部队战斗伤亡损耗统计表（1939年9月）

1939年1月至9月底

表内各列为"人员"（负伤、伤亡）分项。

队别	战斗次数	旅副政委	团长	团政委	团副政治主任	营长	副营长	教导员	特派干事	医生	连长	副连长	政指	支书	排长	副排长	工作员	文书	教育干事	青年干事	特派员	班长	战士	宣传员	卫生员	合计
师直	6									1	1				2							6	33			43
一支队	19										2	1	2		6	3						11	69			94
二支队	14					2																	67			68
三支队	8										3		3		4				1			12	67			89
四支队	8																						3			3
路西部队	3																									
独一旅	18	1		1		1	3				3	4	3	2	7	4	3					23	104			159
独二旅	8		1		1						2		2	1		2	2					9	9			14
七一五团	12					2		1			7		8	3	22							58	237			69
七一六团	16					3		2	1		11		8	12	31	20		3				95	438	2	1	343
六支队	4																						1			1
合计	116																									1509
统计	116	1	1	1	1	8	3	3	1	1	29	5	26	17	73	29	5	3	1			214	961	2	1	1509①

---

① 原文如此，计算有误。

区分类别数目项目 队别（战斗次数/数目）	团政委	总支书	教育股长	分支书	营长	教导员	连长	副连长	政指	支书	排长	副排长	文化教员	工作员	文书	班长	战士	宣传员	合计（阵亡）	班长（失联络）	战士（失联络）	合计（失联络）	步马枪	驳壳枪	手枪	重机枪	轻机枪	冲锋机枪	掷弹筒	合计（武器）
师直 6			1				1				2					5	23		32			3	5							5
一支队 19					1			2			6					4	25		40				11	2				1		14
二支队 14									1	1							33		35			23	29	1	1					31
三支队 8										1	2					5	25		34				2				2			4
四支队 8																	2		2											
路西部队 3														1					11											
独一旅 18	旅长 1						3		1	1	4					10	53		76			86	20	1	1		3			24
独二旅 8					1	2			2		4					7	48		65				33	1						35
七一五团 12		1		1	1		2	3	2	1	5		2		1	13	87	1	124			138	142	5			6			153
七一六团 16			1	1			3		3	4	16	12	2		2	41	197	1	282			9	32	2	1		2		1	37
六支队 4																														
合计 116	2	1	1	1	3	2	9	5	8	8	39	13	2	1	3	95	470	1	701			259	274	12	2		13	1	1	303
统计 116																			701			259								303

队别	战斗次数	步马弹	驳壳弹	手枪弹	重机枪弹	轻机枪弹	冲锋枪弹	合计	掷弹筒弹	迫击炮弹	手榴弹	合计	刺刀	马刀	圆锹	合计
		消耗 弹药											损失 其他			
师直	6	6559	460	10		1594		8623	4		92	96	2		2	4
一支队	19	11882	150			2100	380	14512			61	61				
二支队	14	9055				1093		10148			257	257				
三支队	8	25791	200		1000	8573		35564			351	351			4	4
四支队	8															
路西部队	3															
独一旅	18	42862	1430			7833	57	52182			930	930				
独二旅	8	30567	389			8297	285	39656		15	583	598	5	11		16
七一五团	12	41877	708		5596	25264	555	74000		97	1877	1974	68		21	89
七一六团	16	60172	597		6463	29399	20	96651	46	263	1407	1716	5		7	32
六支队	4	400						400			10	10				
合计	116	229165	3934	118	13059	84153	1297	331736	50	375	5568	5593	110	11	34	145
统计	116	331736	5593	145												

19. 八路军第120师3支队7、8团阵亡登记（1939年10月）

阵亡调查表

队职别	七团二营五连排长	七团二营五连班长	七团一营三连班长	七团一营二连班长	七团一营二连战士	七团二营五连战士	七团一营二连战士
姓名	杨增宇	王芝新	向子民	王福升	洪文山	刘云山	王世魁
年龄	25	25	23	23	22	22	23
籍贯	江西省永新县梅田市	山西省崞县第五区砖嘛镇	云南省宣威县老龙滩	山西省曲沃县张家店	山西省洪洞县赵家店	陕西省三原县九道口村	陕西省富平县杨家周村
家庭经济状况	家有人一口，房二间，地三亩欠债三百元	家有人三口房三间，地二十亩，欠债五十元	家有人三口房六间地三担山一座	家有人一口房地均无欠债百元	家有人二口房二间地十亩	家有人三口房四间地九十亩	家有人四口房七间地五亩欠债八十余元
永久通讯处	江西省永新县梅田市王三面馆	山西省忻县城内永兴隆商号			洪洞县城内永太和药店	三原县东北三十里九道口村王记鞋铺	富平北七里铺王老九收转
何时何地入伍	1932年在本县入伍	1937年9月在本地入伍	1932年在本县入伍	1937年在本县入伍	1937年在本县入伍	1936年在本地入伍	1936年在本县入伍
何时何地作战死亡	1938年2月在山西忻县三交镇阵亡	同	同	1938年在山西忻县三交镇阵亡	1938年2月在山西忻县三交镇阵亡	1938年2月在山西忻县三交镇阵亡	1938年2月在山西忻县三交镇阵亡
负伤部位	腹部	同	头部	颈部	腹部	头部	同左
负伤类别	贯通伤	盲贯	贯通	贯通伤	贯通伤	盲贯	同左
死亡日期	1938年2月25日	同	同	1938年2月25日死亡	1938年2月25日阵亡	1938年2月25日阵亡	1938年2月25日死亡
是否党员	党员	同	同	党员	非党	党员	非党
因何致死	手榴弹	步枪弹	手榴弹	步枪弹	手榴弹	手榴弹	步枪弹
葬埋地点及情形	当时就地葬埋	同	同	当场葬埋	当场葬埋	当场葬埋	当场葬埋
遗嘱物							
备考							

阵亡调查表

队职别	七团三营十一连战士	七团二营五连战士	七团一营三连战士	七团二营一连战士	七团一营二连排长	七团一营三连排长	七团一营二连班长
姓　名	刘国瑞	王保山	王双金	张永达	王静仙	刘全礼	乔玉成
年　龄	27	27	27	26	22	28	25
籍　贯	江西省永新县大安镇	河南省开封大王庄	湖北省长阳县滋利市	湖南省澧县池田村	江西省永新县田南村	江西省永新县直夏市	湖南省茶陵县九区莲台村
家庭经济状况	家有人三口房二间地一担欠债百元	家有人五口房三间地无欠债八十元	家有人三口房地无	家有人三口房一间地无欠债四十元	家有人三口房二间地三担	家有人一口房二间地无欠债三百余元	家有人五口房二间地无欠债二百余元
永久通讯处		河南开封大王庄王记馆收转	湖北长阳滋利市王双狗收转	湖南澧县池田村刘万民收	江西省永新县城内王木祥收		
何时何地入伍	1932年在本县入伍	1936年在湖北入伍	1933年在本县入伍	1932年在本县入伍	1935年在本地入伍	1932年在本地入伍	1935年在湖南本县入伍
何时何地作战死亡	1938年2月在山西省忻县三交阵亡	1938年2月在山西忻县三交阵亡	1938年2月在山西忻县三交阵亡	1938年3月在山西忻县平社阵亡	1938年在山西忻县平社阵亡	1938年3月在山西忻县平社阵亡	1938年3月在山西忻县平社阵亡
负伤部位	头部	颈部	腹部	头部	同	腹部	头部
负伤类别	盲贯	贯通	盲贯	盲贯	贯通	同	盲贯
死亡日期	1938年2月25日死亡	1938年2月25日	1938年2月25日	1938年3月2日	1938年2月2日	1938年2月2日	1938年2月2日
是否党员	非党	党员	非党	党员	同	同	同
因何致死	步枪弹	手榴弹	炮弹	步枪弹	手榴弹	同	步枪弹
葬埋地点及情形	当场葬埋	当场葬埋	当场葬埋	当场用棺木葬埋	当场用棺木葬埋	当场用棺木葬埋	当场葬埋
遗嘱物							
备　考							

阵亡调查表

队职别	七团二营三连班长	七团二营五连班长	七团一营一连班长	七团一营三连战士	七团一营一连战士	同	同
姓名	刘得胜	赵梦雨	王中良	白五小	杨全升	贾文山	胡振新
年龄	25	24	27	29	19	27	22
籍贯	陕西省贵阳县姚家湾	湖北松枝县南王坡村	陕西省富平县桑园村	山西省崞县田庄村	山西忻县东草沟村	山西忻县莲寺沟村	山西崞县大牛店村
家庭经济状况	家有人五口房二间地二亩欠债五十元	家有人三口房二间地三亩欠债五十元		家有人五口房三间地三亩欠债二百元	家有人五口房三间地九亩欠债四百元	家有人七口房三间地九亩欠债四十元	家有人二口房地均无欠债二十元
永久通讯处	陕西省贵阳城内万化朋收转	湖北松枝县南土坡村赵田收	陕西省富平县桑园村王记杂货庄收转	山西省崞县田庄村白六九收		山西忻县莲寺沟村公所收转	山西忻县野场王学斌收
何时何地入伍	1936年在本地入伍	1935年在本地入伍	1936年在本地入伍	1937年9月在本地入伍	1937年9月在本地入伍	1937年9月在本地入伍	1937年9月在忻县莲寺沟入伍
何时何地作战死亡	1938年2月2日在山西忻县平社阵亡	同	同	1938年在山西忻县平社阵亡	1938年在山西忻县平社阵亡	1938年在山西忻县平社阵亡	1938年在山西忻县平社阵亡
负伤部位	腹部	头部	腹部	头部	腹部	同	同
负伤类别	贯通	盲贯	盲贯	贯通	贯通	盲贯	同
死亡日期	1938年2月2日	1938年2月2日	1938年2月2日	1938年2月2日	1938年2月2日	1938年2月2日	1938年2月2日
是否党员	党员	党员	党员	党员	非党	非党	党员
因何致死	手榴弹	步枪弹	手榴弹	步枪弹	手榴弹	手榴弹	步枪弹
葬埋地点及情形	当场葬埋	当场葬埋	当场葬埋	当场葬埋	当场葬埋	当场葬埋	同
遗嘱物							
备考							

<h2>阵亡调查表</h2>

队职别	七团一营一连战士	同	七团一营三连战士	七团一营三连战士	同	七团二营五连战士	同
姓　名	李纪忠	王增月	孙有功	张天兴	刘世荣	焦喜成	刘福虎
年　龄	22	26	23	27	29	28	22
籍贯	四川省眉山县溪口村	云南绥江县抚基村	四川省长宁县巴溪市	陕西省镇巴县鼠溪吉口	湖北省松枝县野花官村	河北省平山县洪子店村	陕西省富平县南庄头村
家庭经济状况	家有人三口房三间地无欠债五十元	家有人五口房五间地二担欠债五十元	家有人四口房二间地五亩	家有人五口房六间地三担欠债四十元	家有人四口房地均无	家有人一口房地均无	
永久通讯处	四川省眉山县溪口村池会寺收转	云南绥江城内鼎记面馆				河北省平山县洪子店焦茂成收	
何时何地入伍	1934年在本地入伍	1935年在本地入伍	1934年在本地入伍	1935年在本地入伍	1933年在本地入伍	1937年8月在本县入伍	1935年8月在本县入伍
何时何地作战死亡	1938年3月在山西忻县平社阵亡	1938年3月在山西忻县平社阵亡	1938年3月2日在山西忻县平社阵亡	1938年3月在山西忻县平社阵亡	1938年3月在山西忻县平社阵亡	1938年3月在山西忻县平社阵亡	1938年3月在山西忻县平社阵亡
负伤部位	腹部	头部	胸部	头部	胸部	头部	颈部
负伤类别	贯通	盲贯	贯通	贯通	盲贯	贯通	盲贯
死亡日期	1938年3月2日	1938年3月2日	1938年3月2日	1938年3月2日	1938年3月2日	1938年3月2日	1938年3月2日
是否党员	非党	党员	党员	非党	非党	党员	非党
因何致死	手榴弹	步枪弹	手榴弹	步枪弹	手榴弹	同左	步枪弹
葬埋地点及情形	当场葬埋	当场葬埋	当场葬埋	当场葬埋	当场葬埋	当场葬埋	当场葬埋
遗嘱物							
备考							

阵亡调查表

队职别	七团二营五连战士	七团二营机关连连长	七团二营机关连排长	七团一营一连排长	七团二营副官	七团一营一连支部书记	七团一营一连班长
姓 名	王继民	张玉璞	王占胜	刘新田	张维金	刘福祥	柳文田
年 龄	22	29	27	25	23	24	23
籍 贯	湖南龙山县刘家溪	湖南龙山县米田市口	贵州省毕节县龙家沟口村	湖南龙山县刘家溪人	四川广田县小水溪	贵州省毕节县杨柳村	陕西省富平县杨家圪垯
家庭经济状况	家有人三口房五间地十担欠债不明	家有人三口房地皆无		家有人四口房二间地三担欠债一百余元	家有人三口房地皆无	家有人五口房七间地三担	家有人七口房三间地五亩欠债三百元
永久通讯处				湖南龙山县刘家溪刘安生收			富平县城隍庙街裕兴龙收转
何时何地入伍	1935年在本地入伍	1935年在本地入伍	1934年在本县入伍	1935年在本地入伍	1935年在本地入伍	1935年在本地入伍	1936年在本地入伍
何时何地作战死亡	1938年在山西忻县平社阵亡	1938年在山西忻县石岭关	1938年在山西忻县石岭关阵亡	1938年在山西忻县石岭关阵亡	1938年在山西忻县石岭关阵亡	1938年在山西忻县石岭关阵亡	1938年在山西忻县石岭关阵亡
负伤部位	腰部	头部	腹部	头部	腹部	头部	腹部
负伤类别	贯通	盲贯	贯通	贯通	盲贯	贯通	盲贯
死亡日期	1938年3月2日	1938年3月15日	1938年3月15日	1938年3月15日	1938年3月15日	1938年3月15日	1938年3月15日
是否党员	党员	党员	党员	党员	党员	党员	党员
因何致死	手榴弹	手榴弹	手榴弹	飞机弹伤	飞机弹伤	飞机弹伤	
葬埋地点及情形	当场葬埋	当时抬到后方五里用棺木葬埋	当场葬埋	当场葬埋	当场葬埋	当场葬埋	当场葬埋
遗嘱物							
备 考							

阵亡调查表

队职别	七团二营机关连班长	七团二营机关连战士	同	七团一营二连战士	七团一营三连战士	七团一营一连战士	七团一营二连战士
姓名	王振声	许玉先	秦向薛	刘衍贤	韩玉成	曾有轩	齐文远
年龄	20	22	28	25	25	25	29
籍贯	湖南永顺县澧涧村	江西吉安县直夏市榴园村	河南新野县王沟滩村人	山西忻县东许村	山西省夏县土塔村	山西闻喜县珠家市	山西省永河县水桥村
家庭经济状况	家有人三口房二间地十亩欠债八十元	家有人三口房三间地七亩欠债八十元	家有人三口房地均无欠债三四百元		家有人五口房三间地十亩	家有人九口房七间地七亩欠债四百元	家有人二十四口房二间地十九亩欠债三百元
永久通讯处	澧涧村野园地张芝田收	江西吉安直夏市榴园村许荣仙收转	河南新野城内石马巷刘登清收转		夏县土塔村韩老五收转	夏县城北五十里桃花板村刘瑞安收转	永河县城内广元兴得园收转
何时何地入伍	1935年在本地入伍	1934年在本地入伍	1936年在陕西三原县入伍	1937年在本县入伍	1937年在本县入伍	1937年在本县入伍	1937年在本地入伍
何时何地作战死亡	1938年在山西忻县石岭关阵亡	1938年在山西忻县石岭关阵亡	1938年在山西忻县石岭关阵亡	1938年在山西忻县石岭关阵亡	1938年在山西忻县石岭关阵亡	1938年在山西忻县石岭关阵亡	1938年在山西忻县石岭关阵亡
负伤部位	腰部兼下肢	头部	头部	腹部	头部	胸部	腹部
负伤类别	炸伤	炸伤	炸伤	盲贯	盲贯	盲贯	贯通
死亡日期	1938年3月15日	1938年3月15日	1938年3月15日	1938年3月15日	1938年3月15日	1938年3月15日	1938年3月15日
是否党员	党员	非党	党员	非党	党员	非党	非党
因何致死	飞机弹伤	飞机弹炸伤	飞机弹炸伤	手榴弹	步枪弹	手榴弹	步枪弹
葬埋地点及情形	当地葬埋	当场葬埋	当场葬埋	当场葬埋	当场葬埋	当场葬埋	当场葬埋
遗嘱物							
备考							

阵亡调查表

队职别	七团一营三连战士	七团一营一连战士	同左	八团三营十连连长	八团三营十连班长	八团三营十一连班长	八团三营十二连班长
姓 名	康如年	胡振山	牛聚才	王明仙	段世忠	武双保	赵广秀
年 龄	22	23	28	23	25	25	27
籍 贯	山西省崞县阳武村	山西省闻喜县果市街九号	山西省闻喜县大柳庄	湖南永顺县里桥镇	江西省永新县刘家坪村	山西夏县白塔村	山西乡宁县霍家沟村
家庭经济状况	家有人七口房五间地二十亩欠债七十元	家有人九口房三间地五亩	家有人三口房七间地五亩	家有人七口房三间地三亩欠债三百元	家有人七口房地均无		家有人三口房二间地十亩欠债五十元
永久通讯处	阳武村村公所康增起收转	果市街九号胡庭贵收		湖南永顺里桥镇王记粉厂收转	刘家坪段世魁收		乡宁城内北街聚盛当收转
何时何地入伍	1937年在本地入伍	1937年在本地入伍	1937年在本地入伍	1933年在本县入伍	1932年在本县入伍	1937年9月在本地入伍	1937年9月在本地入伍
何时何地作战死亡	1938年在山西忻县石岭关阵亡	1938年在山西忻县石岭关阵亡	1938年在山西忻县石岭关阵亡	1938年3月在山西崞县神山堡阵亡	1938年3月在山西崞县神山堡阵亡	1938年3月在山西崞县神山堡阵亡	1938年3月在山西崞县神山堡阵亡
负伤部位	腹部	腹部	胸部	胸部	头部	胸部	头部
负伤类别	贯通	贯通	贯通	贯通	盲贯	贯通	贯通
死亡日期	1938年3月15日	1938年3月15日	1938年3月15日	1938年3月21日	1938年3月21日	1938年3月21日	1938年3月21日
是否党员	党员	非党	党员	党员	党员	党员	党员
因何致死	步枪弹	步枪弹	手榴弹	步枪弹	手榴弹	步枪弹	步枪弹
葬埋地点及情形	当场葬埋	当场葬埋	当场葬埋	当战斗结束后用棺木葬埋	当时葬埋	当场葬埋	当场葬埋
遗嘱物							
备 考							

阵亡调查表

队职别	八团三营十连战士	八团三营营部通讯员	八团十连战士	八团三营十一连战士	八团三营九连战士	同	同
姓 名	于静方	杨增瑞	谷仪年	周世荣	李金山	王学山	郝恩贵
年 龄	23	22	20	23	21	22	27
籍 贯	甘肃沙市王池人	四川省万源县棉花岭口村	山西绛县新窑镇	山西襄陵县田寺村	广东龙泉县万安市	山西夏县李市镇三合村	山西省蒲城县西关杨家园村
家庭经济状况	家有人二口房七间地七亩欠债三百元	家有人五口房地均无欠债八十元	家有人三口房地均无	家有人四口房四间地四亩欠债九百余元	家有人八口房四间地五亩	家有人五口房二十间地无欠债五十元	家有人五口房地均无
永久通讯处		万源县新桥镇白记酒馆收转	绛县城南关谷仪远收		广东龙泉万安市草坡池李全明收	夏县城内聚仪永杂货铺转	蒲城县城内永胜恒饭馆收转
何时何地入伍	1935 年在本地入伍	1935 年在本地入伍	1937 年在本县入伍	1937 年在侯马入伍	1935 年在湘西入伍	1937 年在本地入伍	1937 年在本地入伍
何时何地作战死亡	1938 年 3 月在山西崞县神山堡阵亡	1938 年 3 月在山西崞县神山堡阵亡	1938 年 3 月在山西崞县神山堡阵亡	1938 年 3 月在山西崞县神山堡阵亡	1938 年 3 月在山西崞县神山堡阵亡	1938 年 3 月在山西崞县神山堡阵亡	1938 年 3 月在山西崞县神山堡阵亡
负伤部位	腰部	头部	腹部	腰部	腹部	腰部	头部
负伤类别	盲贯	贯通	盲贯	贯通	盲贯	贯通	盲贯
死亡日期	1938 年 3 月 21 日	1938 年 3 月 21 日	1938 年 3 月 21 日	1938 年 3 月 21 日	1938 年 3 月 21 日	1938 年 3 月 21 日	1938 年 3 月 21 日
是否党员	党员	党员	党员	非党	党员	非党	非党
因何致死	步枪弹	手榴弹	步枪弹	手榴弹	手榴弹	手榴弹	机枪弹
葬埋地点及情形	当场葬埋	当场葬埋	当场葬埋	当场葬埋	当场葬埋	当场葬埋	当场葬埋
遗嘱物							
备考							

阵亡调查表

队职别	八团三营九连战士	八团三营机关连连长	八团三营机关连排长	八团机关连班长	八团三营机关连战士	同左	八团三营十一连战士
姓 名	孙发义	许尚清	乔玉升	刘少云	刘国瑞	刘全有	王发秀
年 龄	28	24	27	27	27	22	25
籍贯	山西晋城县大树口村	湖南永顺县老水沟村	江西省吉安县小桃园村	湖南省龙山县池溪口	陕西三原县沙场人	山西省晋城县柳家湾	山西省永河县小水沟
家庭经济状况	家有人三口房七间地五亩	家有人五口房二间地三亩	家有人一口		家有人三口房五间地十亩欠债五元	家有人五口房五间地十亩欠债八十元	家有人五口房七间地十亩欠债五十元
永久通讯处	晋城县肉市刘铁匠收转	永顺县地汉镇许白应收			三原县沙场杨庭瑞收转	晋城县柳家湾刘礼收转	永河县小水沟王得山收转
何时何地入伍	1937年在侯马入伍	1935年在本地入伍	1934年在本地入伍	1932年在本地入伍	1936年在本县入伍	1937年在本县入伍	1937年在本地入伍
何时何地作战死亡	1938年3月在山西崞县神山堡阵亡	1938年在崞县崖底阵亡	1938年3月在山西崞县崖底阵亡	1938年3月在山西崞县崖底阵亡	1938年3月在山西崞县崖底阵亡	1938年3月在山西崞县崖底阵亡	1938年3月27日在山西崞县崖底阵亡
负伤部位	胸部	胸部	头部	胸部	头部	胸部	腹部
负伤类别	贯通	盲贯	盲贯	贯通	贯通	盲贯	盲贯
死亡日期	1938年3月21日	1938年3月27日	1938年3月27日	1938年3月27日	1938年3月27日	1938年3月27日	1938年3月27日
是否党员	非党	党员	党员	党员	非党	非党	非党
因何致死	机关枪弹	机关枪弹	机关枪弹	机关枪弹	手榴弹	步枪弹	步枪弹
葬埋地点及情形	当场葬埋	当即葬埋	当即葬埋	当即葬埋	当即葬埋	当即葬埋	当即葬埋
遗嘱物							
备 考							

阵亡调查表

队职别	八团三营十连战士	八团三营九连战士	同	七团政治主任	七团一营一连连长	七团一营一连排长	七团一营二连排长
姓 名	邓清山	邬春山	刘相荣	蒋鼎民	邓保山	彭岭轩	向桂□
年 龄	29	27	26	24	22	23	22
籍 贯	山西省洪洞县三家铺村	山西省赵城三山铺	山西省闻喜县南菜市	江西永新桃园村	江西奉新县边塘村	湖南石门县桑园村	江西永新县池溪村
家庭经济状况	家有人二口房五间地十亩	家有人八口房地均无		家有人三口房三间地二担欠债二百元	家有人二口房三间地四亩	家有人五口房八间地没有田二担山一块	家有人五口房三间地九担欠债四十余元
永久通讯处	洪洞县三家铺村邓起良收	赵城县三山铺邬世海收		永新桃园村刘礼明收	奉新县边塘村刘山书馆转	石门县半桥镇王口五茶叶庄收转	
何时何地入伍	1937年在侯马入伍	1937年在本地入伍	1937年在本地入伍	1930年在湖南入伍	1934年在江西永新入伍	1932年在本地入伍	1932年在本地入伍
何时何地作战死亡	1938年3月在山西崞县崖底阵亡	1938年在山西崞县崖底阵亡	1938年在山西崞县崖底阵亡	1938年3月17日在山西岢岚三井镇阵亡	1938年3月17日在山西岢岚三井镇阵亡	1938年3月17日在山西岢岚三井镇阵亡	1938年3月在山西岢岚三井镇阵亡
负伤部位	胸部	头部	胸部	头部	胸部	腹部	头部
负伤类别	盲贯	贯通	盲贯	炸伤	炸伤	盲贯	贯通
死亡日期	1938年3月27日	1938年3月27日	1938年3月27日	1938年3月17日	1938年3月17日	1938年3月17日	1938年3月17日
是否党员	非党	非党	非党	党员	党员	党员	党员
因何致死	手榴弹	机关枪弹	手榴弹	炮弹伤	炮弹伤	手榴弹	手榴弹
葬埋地点及情形	当场葬埋	当场葬埋	当场葬埋	战斗结束后担于三井将近棺木葬埋	当即葬埋	当即葬埋	当场即葬埋
遗嘱物							
备 考							

阵亡调查表

队职别	七团一营三连排长	七团一营一连班长	同	七团一营一连班长	七团一营三连班长	七团一营一连战士	同
姓 名	刘静波	刘芝美	李升元	孟清山	于五小	陈克强	王老五
年 龄	23	27	28	29	23	23	18
籍 贯	湖南永顺县莲台村	四川省广元县松溪口	贵州毕节县小店村	陕西蒲城县花伸堡	山西夏县义山村	山西安邑县陈家坪村	陕西省富平县田市
家庭经济状况	家有人三口房三间地五担欠债八十元	家有人一口房一间		家有人五口房五间地五亩	家有人五口房地均无	家有人五口房六间地三亩欠债四百元	家有人五口房二间地无欠债一百元
永久通讯处	永顺县莲台村刘静元收	广元县城内刘芝荣收		花伸堡孟清义收		安邑县陈家坪陈克发收	富平县县立小学王教员收
何时何地入伍	1932年在本地入伍	1935年在本地入伍	1934年在本县入伍	1937年在本县入伍	1937年在本地入伍	1937年在本县入伍	1935年在本省入伍
何时何地作战死亡	1938年在山西岢岚三井镇阵亡	1938年在山西岢岚三井镇阵亡	1938年在山西岢岚三井镇阵亡	1938年在山西岢岚三井镇阵亡	1938年在山西岢岚三井镇阵亡	1938年在山西岢岚三井镇阵亡	1938年在山西岢岚三井镇阵亡
负伤部位	腰部	头部	腰部	腹部	胸部	同	头部
负伤类别	盲贯	贯通	盲贯	贯通	盲贯	同	同
死亡日期	1938年3月17日	1938年3月17日	1938年3月17日	1938年3月17日	1938年3月17日	1938年3月17日	1938年3月17日
是否党员	党员	党员	党员	党员	党员	党员	党员
因何致死	手榴弹	机枪弹	手榴弹	手榴弹	步枪弹	步枪弹	步枪弹
葬埋地点及情形	当即葬埋	当即葬埋	当即葬埋	当即葬埋	当即葬埋	当即葬埋	当即葬埋
遗嘱物							
备 考							

阵亡调查表

队职别	七团一营一连战士	同	同	七团一营三连战士	七团二营十连战士	同	七团二营五连战士
姓　名	张广仁	田志芳	许兴先	刘殿英	齐文山	王绵远	吴仁远
年　龄	27	23	23	24	28	31	24
籍　贯	山西省翼城县东枣庄村	山西忻县莲四沟	山西崞县芳塘铺村	河南渭水县柳树岭村	山西崞县大牛店	甘肃庆阳县沙中堡	山西省河津县土岭
家庭经济状况	家有人八口房七间地七亩欠债四百元	家有八口人房五间地五亩欠债一百元	家有人三口房七间地十亩欠债一百元	家有人三口房七间地四亩	家有人三口房八间地十亩	家有人三口房八间地十亩欠债五十余元	家有人五口房八间地十亩欠债七十元
永久通讯处	翼城东枣庄张广山收	莲四沟村公所转	芳塘铺许兴春收	渭水县柳树岭村刘殿年收		甘肃省绵江堡王书琉收	河津县珠山市镇吴仁魁收
何时何地入伍	1937 年在本地入伍	1937 年在本地入伍	1937 年在本地入伍	1935 年在湖北松兹县入伍	1937 年在本县入伍	1937 年在本县入伍	1937 年在本县入伍
何时何地作战死亡	1938 年 3 月在岢岚阵亡	1938 年 3 月在岢岚阵亡	1938 年 3 月在岢岚阵亡	1938 年在山西岢岚阵亡	1938 年在山西岢岚阵亡	1938 年在山西岢岚阵亡	1938 年在山西岢岚三井镇阵亡
负伤部位	胸部	头部	胸部	腰部	腹部	头部	胸部
负伤类别	贯通	盲贯	同	盲贯	盲贯	盲贯	盲贯
死亡日期	1938 年 3 月 17 日	1938 年 3 月 17 日	1938 年 3 月 17 日	1938 年 3 月 17 日	1938 年 3 月 17 日	1938 年 3 月 17 日	1938 年 3 月 17 日
是否党员	非党	非党	非党	非党	非党	党员	非党
因何致死	步枪弹	机枪弹	同	手榴弹	步枪弹	手榴弹	步枪弹
葬埋地点及情形	当即葬埋	当即葬埋	当即葬埋	当即葬埋	当即葬埋	当即葬埋	当即葬埋
遗嘱物							
备　考							

阵亡调查表

队职别	七团二营十连战士	七团三营十连战士	七团三营十一连战士	七团三营十一连战士	同	同	七团三营十一连班长
姓　名	唐生肖	赵双狗	唐向南	邸庆中	杨新泉	汪恩田	孟绍先
年　龄	24	23	23	19	22	29	29
籍　贯	云南省威信县池溪口小塘村	山西省忻县齐家村	山西省忻县齐村	山西忻县刘家坪	山西蒲县黑龙关	山西绛县晋海镇	山西曲沃孟家屯
家庭经济状况	家有人三口房五间地五亩	家有人五口房五间地无欠债三百元	家有人四口房四间		家有人二口房二间地十九亩	家有人三口房五间地九亩欠债五百元	家有人五口房七间地十亩欠债八十元
永久通讯处		忻县齐家村赵应魁收	忻县齐村张家小铺收转			绛县城内刘记肉铺	太原北街三义合杂庄转
何时何地入伍	1934年在贵州入伍	1937年在本县入伍	1937年在本县入伍	1937年在本县入伍	1937年在本地入伍	1937年在本县入伍	1937年在本县入伍
何时何地作战死亡	1938年在山西岢岚三井镇阵亡	1938年在山西岢岚三井镇阵亡	1938年在山西神池三岔堡阵亡	1938年3月在山西神池三岔堡阵亡	1938年3月在山西神池三岔堡阵亡	1938年3月在山西神池三岔堡阵亡	1938年3月在山西神池三岔堡阵亡
负伤部位	胸部	头部	腹部	头部	腹部	头部	腹部
负伤类别	盲贯	贯通	盲贯	盲贯	贯通	盲贯	盲贯
死亡日期	1938年3月17日	1938年3月17日	1938年3月17日	1938年3月17日	1938年3月17日	1938年3月17日	1938年3月17日
是否党员	党员	非党	非党	非党	非党	非党	非党
因何致死	手榴弹	手榴弹	步枪弹	手榴弹	机枪弹	步枪弹	手榴弹
葬埋地点及情形	当即葬埋	当即葬埋	当即葬埋	当即葬埋	当即葬埋	当即葬埋	当即葬埋
遗嘱物							
备　考							

阵亡调查表

队职别	七团三营十一连班长	七团政治委员	七团一营一连连长	七团一营一连政指	七团一营四连连长	七团三营十连连长	七团一营三连排长
姓名	刘广辉	刘礼年	马凤岐	匡克辉	刘光道	杨进忠	王学仙
年龄	25	26	27	27	23	29	23
籍贯	贵州毕节龙山堡	湖南龙山县梅水堡	湖南龙山县许水泉	江西省永新县田芳村	湖南桑植县大礼市	江西省吉安县焦固村	湖北松滋县红花村
家庭经济状况		家有人二口房三间田四担欠债二百余元	家有人三口房三间地五担欠债一百元	家有人三口房二间田一担欠债二十元	家有人三口房五间田三担欠债九十元	家有人八口房五间田三斗欠债三百元	家有人三口房五间地七担欠债二百元
永久通讯处		龙山县梅水堡永记鞋铺收转		永新县田芳村匡克峰收		吉安直夏市王老唐面馆收转	湖北松滋县红花村王学温收转
何时何地入伍	1935年在湖南龙山县入伍	1934年在本县入伍	1933年在本县入伍	1933年在本县入伍	1932年在本县入伍	1933年在本县入伍	1935年在本县入伍
何时何地作战死亡	1938年在山西神池三岔堡阵亡	1938年在山西宁武石湖河阵亡	1938年在山西宁武石湖河阵亡	1938年在山西宁武县石湖河阵亡	1938年在山西宁武县石湖河阵亡	1938年在山西宁武县石湖河阵亡	1938年在山西宁武县石湖河阵亡
负伤部位	腹部	腹部	头部	腹部	腹部	头部	腹部
负伤类别	贯通	贯通	盲贯	盲贯	盲贯	贯通	贯通
死亡日期	1938年3月17日	1938年3月30日	1938年3月30日	1938年3月30日	1938年3月30日	1938年3月30日	1938年3月30日
是否党员	党员	党员	党员	党员	党员	党员	党员
因何致死	机关枪弹	机关枪弹	步枪弹	步枪弹	手榴弹	机关枪弹	步枪弹
葬埋地点及情形	当即葬埋	当战斗结束后用棺木葬埋宁武附近	战斗结束后用棺木葬埋宁武附近	战斗结束后用棺木葬埋宁武附近	战斗结束用棺木葬埋宁武附近	战斗结束用棺木葬埋宁武附近	战斗结束用棺木葬埋宁武附近
遗嘱物							
备考							

阵亡调查表

队职别	七团二营机关连排长	七团一营一连战士	同	七团一营一连战士	七团二营机关连战士	同	同
姓 名	蒋子胜	武进保	高自立	王自成	高世魁	段喜顺	王志忠
年 龄	25	27	25	25	26	25	27
籍 贯	湖南大庸县桥刘村	云南威信小溪滩	山西曲沃水塔村	福建省池溪县周家沟口村	陕西富平陈裴村	山西绛县城内	四川省纱町县城溪村
家庭经济状况	家有人五口房四间地五亩欠债五十元	家有人五口房七间田七担欠债八十元	家有人四口房五间地二亩欠债一百元	家有人九口房二间田三担欠债二百余元	家有人三口房二间地十亩	家有人三口房地皆无	
永久通讯处	大庸桥刘村蒋子玉收		曲沃安新店高顺成收		陕西富平陈家裴村高子英收		
何时何地入伍	1935年在本县入伍	1935年在本县入伍	1937年在本县入伍	1934年在江西永新入伍	1936年在本县入伍	1937年在本县入伍	1935年在本地入伍
何时何地作战死亡	1938年3月在山西宁武阵亡	1938年在山西宁武阵亡	1938年在山西宁武阵亡	1938年3月在山西宁武阵亡	1938年3月在山西宁武阵亡	1938年3月在山西宁武阵亡	1938年3月在山西宁武阵亡
负伤部位	头部	胸部	头部	腹部	胸部	头部	胸部
负伤类别	盲贯	炸伤	炸伤	贯通	盲通	同	贯通
死亡日期	1938年3月30日	1938年3月30日	1938年3月30日	1938年3月30日	1938年3月30日	1938年3月30日	1938年3月30日
是否党员	党员	非党	党员	党员	党员	非党	党员
因何致死	机关枪弹	炮弹伤	炮弹伤	步枪弹	手榴弹	步枪弹	步枪弹
葬埋地点及情形	战斗结束后用棺木葬埋宁武附近	当即葬埋	当即葬埋	当即葬埋	当即葬埋	当即葬埋	当即葬埋
遗嘱物							
备 考							

阵亡调查表

队职别	七团一营二连战士	七团一营三连战士	同	七团一营二连战士	七团二营五连战士	同	七团二营八连战士
姓 名	薛进保	许官金	张进业	刘学山	王芝盛	王庭俊	刘万平
年 龄	27	25	26	26	27	27	41
籍 贯	江西吉水县池塘东刘村	湖南大庸县官庙村	山西省绛县小塘村	山西洪洞县跑马场小树村	山西晋城县武家窑	山西河津县白水波	山西应县小石村
家庭经济状况	家有人三口房地均无		家有人三口房五间地无	家有人八口房七间地十亩欠债五十元	家有人八口房九间地五亩欠债八十元	家有人七口房地均无欠债四十余元	家有人二口房三间地七亩欠债五百元
永久通讯处			绛县城内李记肉铺收转	洪洞县内永记皮房收转		白水波王官士收转	
何时何地入伍	1933 年在本地入伍	1935 年在本县入伍	1937 年在本县入伍	1937 年在本县入伍	1937 年在本县入伍	1937 年在本县入伍	1937 年在本县入伍
何时何地作战死亡	1938 年 3 月在山西宁武阵亡	1938 年 3 月在山西宁武阵亡	1938 年 3 月在山西宁武阵亡	1938 年 3 月在山西宁武阵亡	1938 年 3 月在山西宁武阵亡	1938 年 3 月在山西宁武阵亡	1938 年 3 月在山西宁武阵亡
负伤部位	左腰	腹部	胸部	膀胱	同	腹部	头部
负伤类别	贯通	贯通	贯通	贯通	同	炸伤	贯通
死亡日期	1938 年 3 月 30 日	1938 年 3 月 30 日	1938 年 3 月 30 日	1938 年 3 月 30 日	1938 年 3 月 30 日	1938 年 3 月 30 日	1938 年 3 月 30 日
是否党员	党员	党员	非党	非党	非党	非党	非党
因何致死	步枪弹	步枪弹	手榴弹	步枪弹	机枪弹	炮弹伤	机枪弹
葬埋地点及情形	当即葬埋	当即葬埋	当即葬埋	当即葬埋	当即葬埋	当即葬埋	当即葬埋
遗嘱物							
备 考							

阵亡调查表

队职别	七团一营营部通讯班长	七团一营一连班长	七团一营二连班长	七团一营三连班长	七团二营机关连班长	同	七团二营五连班长
姓 名	杨世俊	周有胜	王继山	焦喜顺	刘桂民	项玉田	唐音培
年 龄	23	24	21	20	19	25	23
籍 贯	陕西富平杜家庄	山西临晋县黄乐村	湖南龙山县直溪口	江西永新田寺村	四川省营山县小里村	云南永善县江口关村	山西蒲县黑龙关
家庭经济状况	家有人三口房二间地十亩欠债四十元	家有人五口房二间地十亩欠债一百元	家有人三口房地均无	家有人三口房三间田二斗欠债五十元	家有人三口房三间田三斗	家有人一口房地均无	家有人七口房一间田四亩欠债五十元
永久通讯处	陕西省富平杜家庄杨世基收		直溪口王顺田收		营山县麻市刘桂向收		黑龙关唐记干货铺收转
何时何地入伍	1936 年在本县入伍	1937 年在本县入伍	1935 年在本地入伍	1933 年在本县入伍	1934 年在本县入伍	1935 年在本地入伍	1937 年在本县入伍
何时何地作战死亡	1938 年在山西宁武阵亡	1938 年在山西宁武阵亡	1938 年 3 月在宁武阵亡	1938 年 3 月山西宁武石湖河阵亡	1938 年 3 月在山西宁武石湖河阵亡	1938 年 3 月在山西宁武石湖河阵亡	1938 年 3 月在山西宁武石湖河阵亡
负伤部位	头部	胸部	腹部	腰部	头部	腹部	腹部
负伤类别	盲贯	盲贯	炸伤	炸伤	贯通	盲贯	盲贯
死亡日期	1938 年 3 月 30 日	1938 年 3 月 30 日	1938 年 3 月 30 日	1938 年 3 月 30 日	1938 年 3 月 30 日	1938 年 3 月 30 日	1938 年 3 月 30 日
是否党员	党员	党员	党员	党员	党员	党员	党员
因何致死	机关枪弹	步枪弹	炮弹伤	炮弹伤	步枪弹	机关弹	手榴弹
葬埋地点及情形	当即葬埋	当即葬埋	当即葬埋	当即葬埋	当即葬埋	当即葬埋	当即葬埋
遗嘱物							
备 考							

阵亡调查表

队职别	八团二营营长	八团二营九连排长	八团二营九连班长	八团二营六连班长	八团二营六连战士	八团二营九连战士	同
姓 名	胡广生	霍振双	王双玉	张玉田	王双狗	刘耀兴	刘炳东
年 龄	28	26	26	23	27	17	17
籍 贯	湖南茶陵县白土村	湖南永顺县芳莲村	江西连花县博山口	河南省内黄县太和村	山西夏县东皂村	山东省口县东城屯	陕西富平县王庄堡
家庭经济状况	家有人三口房七间田七斗欠债百元	家有人二口房五间田九斗欠债百元	家有人五口房五间田三斗欠债一百元	家有人五口房七间地五亩欠债三百元	家有人七口房二间地五亩欠债三百元	家有人八口房五间地十九亩	家有人五口房四间地十七亩欠债四百元
永久通讯处	白土村胡广元收	芳莲村霍振兴收		河南内黄县城内谷玉和酒馆收转	夏县东皂村王志中收	山东省东城屯刘耀先收	
何时何地入伍	1933年在本县入伍	1935年在本县入伍	1933年在本县入伍	1936年在陕西流曲入伍	1937年在本县入伍	1936年在陕西流曲入伍	1936年在本县入伍
何时何地作战死亡	1938年在山西五寨阵亡	1938年在山西五寨阵亡	1938年在山西五寨阵亡	1938年在山西五寨阵亡	1938年在山西五寨阵亡	1938年在山西五寨阵亡	1938年在山西五寨阵亡
负伤部位	胸部	头部	同	胸部	腰部	胸部	胸部
负伤类别	盲贯	贯通	同	贯通	盲贯	贯通	盲贯
死亡日期	1938年3月31日	1938年3月31日	同	1938年3月31日	1938年3月31日	1938年3月31日	1938年3月31日
是否党员	党员	党员	同	党员	非党	党员	党员
因何致死	机关枪弹	机枪弹	同	机枪弹	机枪弹	同	手榴弹
葬埋地点及情形	战斗结束后抬到小交村用棺木葬埋	同	当即葬埋	当即葬埋	当即葬埋	同	当即葬埋
遗嘱物							
备 考							

阵亡调查表

队职别	八团二营六连战士	同	八团一营一连战士	八团一营一连班长	八团一营一连排长	八团一营一连副排长	八团一营一连排长
姓　名	龙国征	耿相龙	汜继山	柴振民	胡文秀	田向礼	门有拴
年　龄	28	24	25	26	27	25	26
籍贯	河南省南阳县老龙庄	山西曲沃县耿家堡村	山西闻喜县野马场村	山西省闻喜县耿家堡	江西吉安县小桃园村	山西平陆县小圪垞村	江西永新县田溪村
家庭经济状况	家有人七口房五间地十亩	家有人一口房地均无		家有人五口房二间地四亩		家有人七口房五间地十一亩	
永久通讯处	南阳城内西马市街九十七号			耿家堡公立小学校收转			
何时何地入伍	1933 年在湖南桑植县入伍	1937 年在本县入伍	1937 年在本县入伍	1937 年在本县入伍	1933 年在本县入伍	1937 年在本省临汾入伍	1933 年在本县入伍
何时何地作战死亡	1938 年在山西五寨阵亡	1938 年在山西五寨阵亡	1938 年 5 月在龙全庄阵亡	1938 年 5 月在下王庄阵亡	1938 年 5 月在龙全庄阵亡	1938 年 5 月在田家庄阵亡	1938 年 5 月在山西崞县田家庄阵亡
负伤部位	腰部	头部	头部	头部	胸部	头部	腹部
负伤类别	盲贯	贯通	盲贯	贯通	盲贯	盲贯	炸伤
死亡日期	1938 年 3 月 31 日	1938 年 3 月 31 日	1938 年 5 月 18 日	1938 年 5 月 18 日	1938 年 5 月 18 日	1938 年 5 月 20 日	1938 年 5 月 20 日
是否党员	党员	非党	党员	非党	党员	党员	党员
因何致死	手榴弹	手榴弹	步枪弹	手榴弹	手榴弹	手榴弹	炮弹伤
葬埋地点及情形	当即葬埋	当即葬埋	当即葬埋	当即葬埋	战斗结束抬到后村用棺木葬埋	当即葬埋	因敌人增加兵力进攻未及收葬
遗嘱物							
备　考							

阵亡调查表

队职别	八团二营九连班长	八团一营营部通讯班长	八团一营一连班长	八团一营一连班长	八团二营九连班长	同	八团一营四连班长
姓 名	王自和	邵彬	柳志和	周进五	赵广和	韩维信	张子顺
年 龄	17	27	20	23	23	23	24
籍 贯	山西省闻喜县大麻底村	湖南大庸县塘房村	陕西三原县柳堡村	甘省正宁县小池塘村	山西省临汾县刘庄铺	山西平定县韩家窑村	山西盂县市果庄子村
家庭经济状况	家有人十口房五间地十九亩	家有人二口房一间田三斗欠债百元	家有人三口房三间地十七亩	家有人三口房二间地二亩	家有人三口房二间地二亩	家有人五口房五间地无欠债二十元	家有人七口房五间地七亩欠债二百元
永久通讯处	闻喜县城内永胜堂药铺收转		柳堡村柳玉和收		临汾孟家大园赵广兴收		盂县城内大运通粮店转
何时何地入伍	1937年在本县入伍	1933年在本县入伍	1936年在本县入伍	1936年在本县入伍	1937年在本县入伍	1935年在本县入伍	1937年在本县入伍
何时何地作战死亡	1938年在山西崞县田家庄阵亡	1938年在山西崞县田家庄阵亡	1938年在山西崞县田家庄阵亡	1938年5月在山西崞县田家庄阵亡	1938年5月在山西崞县田家庄阵亡	1938年5月在山西崞县田家庄阵亡	1938年5月在山西崞县田家庄阵亡
负伤部位	胸部	头部	胸部	头部	头部	胸部	腹部
负伤类别	盲贯	贯通	盲贯	盲贯	贯通	盲贯	贯通
死亡日期	1938年5月20日	1938年5月20日	1938年5月20日	1938年5月20日	1938年5月20日	1938年5月20日	1938年5月20日
是否党员	党员	党员	党员	党员	党员	党员	党员
因何致死	手榴弹	步枪弹	机关枪弹	手榴弹	步枪弹	手榴弹	步枪弹
葬埋地点及情形	当即葬埋	当即葬埋	当即葬埋	当即葬埋	因敌进攻未及葬埋	因敌进攻未及葬埋	因敌进攻未及葬埋
遗嘱物							
备 考							

阵亡调查表

队职别	八团团部通讯员	八团一营一连战士	八团一营营部通讯员	八团一营一连战士	同	八团一营二连战士	同
姓　名	刘尚金	薛来保	杨进声	高世五	阎田山	李顺先	胡永奎
年　龄	25	22	25	22	25	22	25
籍贯	湖南永顺县小豆村	江西省永新县小溪口	山西夏县普进村	山西安邑县明堂村	山西河津县佛塔村	山西安邑县中杞村	山西赵城县土家崖
家庭经济状况	家有人五口房八间地三斗欠债百元	家有人五口房五间地十斗	家有人五口房地均无	家有人三口房七间地五亩欠债九十元	家有人四口房五间地四亩欠债三百元	家有人四口房地均无	家有人四口房地均无
永久通讯处		小溪口薛普成收	普进村杨世民收	明堂村高老五收		中杞村李静堂收	
何时何地入伍	1935年在本县入伍	1933年在本县入伍	1937年在本县入伍	1937年在本县入伍	1937年在本县入伍	1937年在本县入伍	1936年在本县入伍
何时何地作战死亡	1938年5月在山西峄县田家庄阵亡	1938年5月在山西峄县田家庄阵亡	1938年5月在山西峄县田家庄阵亡	1938年5月在山西峄县田家庄阵亡	1938年5月在山西峄县田家庄阵亡	1938年5月在山西峄县田家庄阵亡	1938年5月在山西峄县田家庄阵亡
负伤部位	腰部	腹部	头部	腹部	胸部	腹部	腹部
负伤类别	盲贯	盲贯	贯通	盲贯	盲贯	贯通	盲贯
死亡日期	1938年5月20日	1938年5月20日	1938年5月20日	1938年5月20日	1938年5月20日	1938年5月20日	1938年5月20日
是否党员	党员	非党	非党	党员	非党	非党	党员
因何致死	手榴弹	手榴弹	机关枪弹	手榴弹	机关枪弹	步枪弹	手榴弹
葬埋地点及情形	因敌人进攻未及葬埋	当即葬埋	当即葬埋	当即葬埋	当即葬埋	因敌追击未及葬埋	因敌追击未及葬埋
遗嘱物							
备　考							

223

阵亡调查表

队职别	八团二营机关连战士	同	八团二营十连战士	八团二营十连战士	八团二营五连通讯员	八团一营一连战士	七团一营三连连长
姓　名	徐玉堂	白永温	侯延年	于丰达	温全义	卢畔祥	王云祥
年　龄	24	27	25	27	27	27	27
籍　贯	河南开封石堡村	山西安邑县卢家堡	河北蠡县太平庄	山东菏泽县唐家坪	山西晋城县小套村	湖北松滋县长堡屯	湖南茶陵县白堡屯
家庭经济状况	家有房三间		家有人九口房七间地八亩	家有七口人房三间地四十亩	家有人七口房五间地七亩	家有人五口房二间地十亩欠债五十元	家有人二口房五间地七亩
永久通讯处			蠡县城内鲜鱼市利通远钱庄收	唐家坪于丰瑞收	晋城内三义元茶食坊收转	长堡屯卢魁收	白堡屯王云五收
何时何地入伍	1935年在湖北入伍	1937年在山西临汾入伍	1937年在山西平阳入伍	1937年在山西临汾入伍	1935年在湖南入伍	1934年在本地入伍	1935年在本县入伍
何时何地作战死亡	1938年5月在山西崞县田家庄阵亡	1938年5月在山西崞县田家庄阵亡	1939年5月在山西崞县田家庄阵亡	1938年5月在山西崞县田家庄阵亡	1938年5月在山西崞县田家庄阵亡	1938年5月在山西崞县田家庄阵亡	1938年5月在忻县高村站阵亡
负伤部位	头部	头部	头部	胸部	腰部	头部	胸部
负伤类别	盲贯	贯通	贯通	盲贯	贯通	盲贯	炸伤
死亡日期	1938年5月20日	1938年5月20日	1938年5月20日	1938年5月20日	1938年5月20日	1938年5月20日	1938年5月15日
是否党员	党员	非党	非党	非党	党员	党员	党员
因何致死	机关枪弹	机关枪弹	步枪弹	机关枪弹	步枪弹	机关枪弹	炮弹伤
葬埋地点及情形	当即葬埋	当即葬埋	当即葬埋	因敌进攻未及葬埋	因敌进攻未及葬埋	因敌进攻未及葬埋	战斗结束后用棺木葬埋
遗嘱物							
备　考							

阵亡调查表

队职别	七团一营一连连长	七团一营二连班长	七团一营二连卫生员	七团一营一连班长	七团一营三连班长	七团一营二连班长	七团一营三连班长
姓名	汪连忠	刘增瑞	肖中林	吴进忠	张瑞林	张狗娃	赵武锁
年龄	28	23	21	25	25	25	27
籍贯	江西永新县连花村	江西省莲花池溪村	湖南永顺县肖家庄	山西神池县班井村	河北省平山县洪子店	山西忻县碾子沟	山西安邑县大王豆村
家庭经济状况	家有人五口房四间地七亩	家有人三口房一间地无欠债三百元	家有人一口房二间地九斗欠债一百元	家有人二口房七间地无	家有人五口房七间地十亩	家有人五口房七间地十亩	家有人三口房五间地七亩
永久通讯处		池溪村刘增雪收		神池义井镇吴进仙收转	洪子店张进叶收	碾子沟张拴锁收	
何时何地入伍	1932年在本县入伍	1933年本县入伍	1933年在本县入伍	1937年在本县入伍	1937年在本县入伍	1937年在本县入伍	1937年在本县入伍
何时何地作战死亡	1938年5月在忻县高村站阵亡	1938年5月在忻县高村站阵亡	1938年5月在山西忻县高村站阵亡	1938年5月在山西忻县高村站阵亡	1938年5月在山西忻县高村站阵亡	1938年5月在山西忻县高村站阵亡	1938年5月在山西忻县高村站阵亡
负伤部位	头部	胸部	胸部	胸部	腹部	腹部	头部
负伤类别	盲贯	盲贯	贯通	盲贯	盲贯	盲贯	盲贯
死亡日期	1938年5月15日	1938年5月15日	1938年5月15日	1938年5月15日	1938年5月15日	1938年5月15日	1938年5月15日
是否党员	党员	党员	党员	非党	党员	非党	非党
因何致死	手榴弹	手榴弹	机关枪弹	机关枪弹	机关枪弹	机关枪弹	机关枪弹
葬埋地点及情形	战斗结束后用棺木葬埋	当即葬埋	战斗结束后抬到高村附近用棺木葬埋	当即葬埋	当即葬埋	当即葬埋	当即葬埋
遗嘱物							
备考							

阵亡调查表

队职别	七团一营一连战士	同	七团一营三连战士	七团一营三连通讯员	七团一营二连战士	七团一营三连战士	七团三营十连班长
姓 名	张尚贤	氾保牛	白根保	王俊发	关云凯	赵玉珍	杜瑞英
年 龄	28	27	27	18	25	23	23
籍 贯	山西阳曲土城头村	山西安邑县三山镇	山西大同县小保山村	山西绛县白银村	山西忻县莲寺沟	山西曲沃白马镇	山西安邑县下水村
家庭经济状况	家有人四口房三间地七亩	家有人四口房五间地二亩	家有人四口房五间地七亩欠债百元	家有人五口房三间地十亩	家有人三口房二间地十亩	家有人四口房三间地五亩	家有人八口房七间地五亩欠债五十元
永久通讯处		三山镇张兽医房收转		白银村王关鱼收	莲寺沟关松凯收		下水村福安镇杜如肖收
何时何地入伍	1937 年在本地入伍	1937 年在本地入伍	1937 年在山西临汾入伍	1937 年在本县入伍	1937 年在本地入伍	1937 年在临汾入伍	1937 年在临汾入伍
何时何地作战死亡	1938 年在山西忻县高村站阵亡	1938 年在山西忻县高村站阵亡	1938 年在山西忻县高村站阵亡	1938 年在山西忻县高村站阵亡	1938 年在山西忻县高村站阵亡	1938 年在山西忻县高村站阵亡	1938 年5月在播明阵亡
负伤部位	头部	腹部	头部	腹部	头部	腹部	头部
负伤类别	盲贯	盲贯	贯通	贯通	盲贯	盲贯	盲贯
死亡日期	1938 年 5 月 15 日	1938 年 5 月 15 日	1938 年 5 月 15 日	1938 年 5 月 15 日	1938 年 5 月 15 日	1938 年 5 月 15 日	1938 年 5 月 15 日
是否党员	非党	非党	非党	非党	非党	非党	党员
因何致死	手榴弹	机关枪弹	机关枪弹	步枪弹	机关枪弹	机关枪弹	机关枪弹
葬埋地点及情形	当即葬埋	当即葬埋	当即葬埋	当即葬埋	当即葬埋	当即葬埋	当即葬埋
遗嘱物							
备考							

阵亡调查表

队职别	七团三营营部通讯员	七团三营十连战士	八团三营九连战士	八团三营九连战士	同	八团三营十连战士	同
姓 名	王廷英	周俊发	周大永	谢冠有	刘海青	白毛小	刘宗保
年 龄	22	23	24	23	25	23	27
籍 贯	山西翼城县蒲柳村	山西省浑源县干谷口	山西崞县石家庄	湖南永顺石桥镇	山西崞县阳武村	山西忻县石家庄	山西应县广仁村
家庭经济状况		家有人八口房五间地三亩	家有人八口房五间地十亩欠债四百元	家有人八口房五间地七亩欠债三百元	家有人七口房七间地五亩欠债三百元	家有人七口房十间地十亩欠债百元	
永久通讯处		干谷口周家庄周大庸收	石家庄右新村周世仁收	石桥镇谢有年收	阳武村刘万春收	石家庄白老五收	
何时何地入伍	1937年在陕西潼关入伍	1937年在崞县入伍	1937年在本县入伍	1935年在本县入伍	1937年在山西本县入伍	1937年在本县入伍	1937年在崞县入伍
何时何地作战死亡	1938年5月在播明阵亡	1938年5月在播明阵亡	1938年5月在下社阵亡	1938年5月在应县下社阵亡	1938年5月山西应县下社阵亡	1938年5月在山西应县下社阵亡	1938年5月在山西应县下社阵亡
负伤部位	腰部	头部	腰部	腹部	头部	腹部	腹部
负伤类别	炸伤	贯通	盲贯	盲贯	贯通	盲贯	贯通
死亡日期	1938年5月15日	1938年5月15日	1938年5月15日	1938年5月15日	1938年5月15日	1938年5月15日	1938年5月15日
是否党员	非党	非党	非党	党员	非党	非党	非党
因何致死	炮弹伤	机关枪弹	机关枪弹	机关枪弹	手榴弹	步枪弹	手榴弹
葬埋地点及情形	因敌进攻未及葬埋	因敌进攻未及葬埋	因敌进攻未及葬埋	当即葬埋	当即葬埋	当即葬埋	当即葬埋
遗嘱物							
备 考							

阵亡调查表

队职别	八团二营五连班长	八团二营五连战士	八团二营六连通讯员	八团二营六连战士	同	八团一营机关连排长	八团一营一连排长
姓名	阎先前	关向春	白侯小	侯凤春	许玉祥	田嘉和	王立世
年龄	23	23	23	28	27	23	24
籍贯	陕西富平县东圪码村	山西绛县白罗村	山西忻县大古寺村	山西蒲县旧社村	山西忻县莲寺沟	四川省西昌县铁牛堡	江西吉水县兰芳村
家庭经济状况	家有人五口房四间地五亩欠债三百元	家有人七口房九间地十一亩	家有人八口房地均无欠债二百元	家有人四口房二间地十亩欠债八十元	家有人五口房八间地十亩	家有人八口房四间田八担	家有人三口房五间田十担
永久通讯处	富平县东圪码村阎世奎收		忻县城内永丰源酒房转	蒲县旧社村侯太收	莲寺沟许老二收	西昌县城内老方铁铺收转	
何时何地入伍	1936年在本县入伍	1937年在侯马入伍	1937年在本县入伍	1937年在本县入伍	1937年在本县入伍	1934年在云南入伍	1933年在本县入伍
何时何地作战死亡	1938年6月在山西浑源县罗庄阵亡	1938年6月在山西浑源罗庄阵亡	1938年6月在山西浑源罗庄阵亡	1938年6月在山西浑源罗庄阵亡	1938年6月在山西浑源罗庄阵亡	1938年6月在山西广灵上下林关阵亡	1938年6月在山西广灵上下林关阵亡
负伤部位	腰部	腹部	腹部	头部	胸部	腹部	头部
负伤类别	盲贯	盲贯	贯通	盲贯	盲贯	盲贯	炸伤
死亡日期	1938年6月3日	1938年6月3日	1938年6月3日	1938年6月3日	1938年6月3日	1938年6月5日	1938年6月5日
是否党员	党员	非党	非党	非党	非党	党员	党员
因何致死	手榴弹	机关枪弹	手榴弹	机关枪弹	机关枪弹	机关枪弹	机关枪弹
葬埋地点及情形	因敌进攻未及葬埋	当即葬埋	因敌进攻未及葬埋	当即葬埋	因敌进攻未及葬埋	当即葬埋	当即葬埋
遗嘱物							
备考							

阵亡调查表

	八团一营机关连班长	八团三营十连班长	八团一营机关连战士	八团一营一连班长	同	八团三营十连班长	八团一营一连战士
队职别							
姓名	孟心田	常道远	张廷道	张新有	邢有元	陈忠和	李纪忠
年龄	23	24	24	22	17	23	25
籍贯	陕西富平流曲镇米粮村	陕西三原县梅盘村	山西忻县三交镇	山西夏县普进村	山西安邑县蒙头村	甘省沙必市	山西洪洞县李家窑村
家庭经济状况	家有人五口房四间地十亩欠债一百元	家有人七口房十间地十亩	家有人七口房十间地五亩欠债五十元	家有人五口房四间地九亩	家有人七口房五间地九亩	家有人八口房五间地二亩	家有人七口房五间地无欠债五十元
永久通讯处		三原城内广恒久成衣局转		普进村张贵方收			
何时何地入伍	1935年在本县入伍	1936年在本县入伍	1937年在本村入伍	1937年在本县入伍	1937年在本县入伍	1935年在本县入伍	1937年在本县入伍
何时何地作战死亡	1938年在山西广灵上下林关阵亡	1938年在山西广灵上下林关阵亡	1938年6月在山西广灵上下林关阵亡	1938年6月在山西广灵上下林关阵亡	1938年6月在山西广灵上下林关阵亡	1938年6月在山西广灵上下林关阵亡	1938年6月在山西广灵上下林关阵亡
负伤部位	腰部	头部	胸部	腹部	头部	腹部	腹部
负伤类别	炸伤	炸伤	炸伤	盲贯	炸伤	盲贯	盲贯
死亡日期	1938年6月5日	同	1938年6月5日	1938年6月5日	1938年6月5日	1938年6月5日	1938年6月5日
是否党员	党员	同	非党	党员	党员	党员	非党
因何致死	炮弹伤	同	炮弹伤	机关枪弹	炮弹伤	机关枪弹	手榴弹
葬埋地点及情形	当即葬埋	同	当即葬埋	当即葬埋	当即葬埋	当即葬埋	当即葬埋
遗嘱物							
备考							

阵亡调查表

队职别	八团三营十连战士	八团三营十一连战士	八团一营一连战士	八团三营十一连战士	八团一营一连战士	七团二营六连排长	七团二营六连班长
姓 名	潘景民	刘衍	方振华	高潮英	李自成	胡明	齐云山
年 龄	24	28	29	25	21	23	25
籍 贯	河北平山县任家庄	河北平山县东黄尼村	山西绛县明土村	山西晋城县孙太村	山西蒲县黑龙关小家沟	江西新华县方台村	云南威信县古树镇
家庭经济状况	家有人七口房四间地十亩欠债四十元	家有人七口房八间地十四亩	家有人五口房四间地六亩	家有人五口房四间地无		家有人七口房五间田四斗欠债百元	家有人五口房七间田一垧欠债五十元
永久通讯处	平山县城内玉记鞋铺转		绛县明土村方左秀收			新华珠市口方台村胡田收	古树镇齐凯收
何时何地入伍	1937年在本县入伍	1937年在本县入伍	1937年在本县入伍	1937年在本县入伍	1937年在本县入伍	1933年在本县入伍	1935年在本县入伍
何时何地作战死亡	1938年6月在山西广灵上下林关阵亡	1938年6月在山西广灵上下林关阵亡	1938年6月在山西广灵上下林关阵亡	1938年6月在山西广灵上下林关阵亡	1938年6月在山西广灵上下林关阵亡	1938年6月在山西广灵上下林关阵亡	1938年6月在山西广灵上下林关阵亡
负伤部位	腰部	腰部	腹部	腹部	腹部	腹部	腰部
负伤类别	盲贯	贯通	盲贯	盲贯	贯通	盲贯	盲贯
死亡日期	1938年6月5日	1938年6月5日	1938年6月5日	1938年6月5日	1938年6月5日	1938年6月5日	1938年6月5日
是否党员	非党	非党	非党	非党	非党	党员	党员
因何致死	机关枪弹	手榴弹	机枪弹	步枪弹	机枪弹	手榴弹	机关枪弹
葬埋地点及情形	当即葬埋	当即葬埋	当即葬埋	当即葬埋	当即葬埋	当即葬埋	当即葬埋
遗嘱物							
备 考							

阵亡调查表

队职别	七团二营六连班长	同	七团三营十连班长	七团二营六连战士	同	七团一营四连战士	同
姓 名	贾世齐	耿世荣	白狗坡	贾文山	方振江	洪励	刘汉清
年 龄	23	24	24	22	27	27	29
籍 贯	山西平定县怀仁村	山西闻喜县东花廊村	山西忻县齐村镇	河北平山县洪子店	山西省忻县砖碾镇	山西省阳曲县洪水湾	山西盂县红津桥
家庭经济状况	家有人八口房十间地七亩	家有人七口房五间地七亩欠债四百元	家有房五间地十亩欠债八十元	家有人三口房地均无	家有人三口房十间地十八亩欠债五十元	家有人三口房五间地七亩	家有人七口房五间地七亩欠债五十元
永久通讯处	平定县怀仁村贾老虎收	东花廊耿会堂收	齐村邮局转白银奎收		砖碾镇方红世收		红津桥刘春和收
何时何地入伍	1937年在本县入伍	1937年在本县入伍	1937年在本县入伍	1937年在本县入伍	1937年在本县入伍	1937年在本县入伍	1937年在本县入伍
何时何地作战死亡	1938年在山西广灵上下林关阵亡	1938年6月在广灵上下林关阵亡	1938年6月在广灵上下林关阵亡	1938年6月在广灵上下林关阵亡	1938年6月在广灵上下林关阵亡	1938年6月在广灵上下林关阵亡	1938年6月在广灵上下林关阵亡
负伤部位	头部	腰部	头部	腹部	胸部	腹部	胸部
负伤类别	炸伤	贯通	盲贯	盲贯	盲贯	盲贯	盲贯
死亡日期	1938年6月5日	1938年6月5日	1938年6月5日	1938年6月5日	1938年6月5日	1938年6月5日	1938年6月5日
是否党员	非党	非党	非党	非党	非党	非党	非党
因何致死	炮弹伤	机关枪弹	机枪弹	机枪弹	机枪弹	手榴弹	机枪弹
葬埋地点及情形		当即葬埋	当即葬埋	当即葬埋	当即葬埋	当即葬埋	当即葬埋
遗嘱物							
备 考	全尸炸没未能收葬						

阵亡调查表

队职别	七团一营二连战士	七团一营三连战士	七团一营六连战士	七团二营六连战士	七团一营一连战士	七团一营二连战士	七团三营十一连排长
姓　名	普海山	刘道儒	韩世俊	王克恭	刘建魁	刘应喜	王景民
年　龄	25	27	24	21	24	27	27
籍　贯	山西盂县旧羊庄	山西省河津县山岔村	河北平山县东黄尼村	山西崞县大牛店	山西忻县碾子沟	山西神池义井黑老挖村	河北平山县洪子店
家庭经济状况	家有人五口房八间地七亩	家有人三口房八间地七亩	家有人三口房八间地十亩	家有人三口房四间地五亩	家有人三口房四间地十亩	家有人七口房地均无欠债四十元	家有人三口房二间地十亩欠债三十元
永久通讯处	旧羊庄普进士收	山岔村刘应如收	东黄尼村韩家车马店收	崞县原平镇王开鱼油房转	忻县城内梅老九酒房转	义井镇中和兴炭铺收转	洪子店王五十九收
何时何地入伍	1937 年在本县入伍	1937 年在侯马入伍	1937 年在本县入伍	1937 年在本县入伍	1937 年在本县入伍	1937 年在本县入伍	1937 年在本地入伍
何时何地作战死亡	1938 年在山西广灵上下林关阵亡	1938 年在山西广灵上下林关阵亡	1938 年在山西广灵上下林关阵亡	1938 年在山西广灵上下林关阵亡	1938 年在山西广灵上下林关阵亡	1938 年在山西广灵上下林关阵亡	1938 年在山西浑源县五峰关阵亡
负伤部位	腰部	头部	腰部	头部	腹部	腰部	腹部
负伤类别	盲贯	盲贯	盲贯	盲贯	盲贯	盲贯	盲贯
死亡日期	1938 年 6 月 5 日	1938 年 6 月 5 日	1938 年 6 月 5 日	1938 年 6 月 5 日	1938 年 6 月 5 日	1938 年 6 月 5 日	1938 年 6 月 10 日
是否党员	非党	非党	非党	非党	非党	非党	党员
因何致死	手榴弹	步枪弹	手榴弹	步枪弹	步枪弹	步枪弹	机枪弹
葬埋地点及情形	当即葬埋	当即葬埋	当即葬埋	当即葬埋	当即葬埋	当即葬埋	当即葬埋
遗嘱物							
备　考							

阵亡调查表

队职别	七团三营十一连班长	七团三营十一连战士	七团三营十一连班长	七团三营十一连战士	七团三营九连班长	七团三营九连战士	七团二营五连排长
姓名	刘永福	马四虎	翟云山	毛运山	胡双保	吕万山	郑谷山
年龄	28	25	28	24	24	27	27
籍贯	山西河津县佛塔村	甘省摇池镇	山西省定襄县南坡头村	湖南岳阳县毛堡镇	江西新华县右庙村	山西夏县南土窑堡村	云南绥江县龙谭溪
家庭经济状况	家有人七口房五间地四亩欠债九十元		家有人五口房四间地五亩欠债五十元	家有人七口房三间地十亩	家有人七口房地均无	家有人四口房地均无欠债七十元	家有人五口房八间地三亩欠债百元
永久通讯处	河津县城内顺和铁工厂收转		定襄县南坡头翟秀收	毛堡镇毛三连收	新华县监水滩胡忠山转	南土窑堡村吕万山家中	龙谭溪郑家窑郑喜山收
何时何地入伍	1937 年在侯马入伍	1937 年陕西入伍	1937 年在侯马入伍	1936 年在陕西入伍	1933 年在本县入伍	1937 年在本县入伍	1935 年在本县入伍
何时何地作战死亡	1938 年 6 月在浑源五峰关阵亡	1938 年 6 月在浑源五峰关阵亡	1938 年 6 月在浑源五峰关阵亡	1938 年 6 月在浑源大仁庄阵亡	1938 年 6 月在浑源大仁庄阵亡	1938 年 6 月在浑源大仁庄	1938 年 6 月在大同王汗庄阵亡
负伤部位	腰部	腰部	腹部	头部	头部	腹部	腹部
负伤类别	盲贯	贯通	盲贯	盲贯	盲贯	盲贯	盲贯
死亡日期	1938 年 6 月 10 日	1938 年 6 月 10 日	1938 年 6 月 10 日	1938 年 6 月 10 日	1938 年 6 月 10 日	1938 年 6 月 10 日	1938 年 6 月 11 日
是否党员	党员	党员	党员	非党	党员	非党	党员
因何致死	手榴弹	手榴弹	机枪弹	机枪弹	手榴弹	手榴弹	机枪弹
葬埋地点及情形	当即葬埋	当即葬埋	当即葬埋	当即葬埋	当即葬埋	当即葬埋	战斗结束用棺木葬埋
遗嘱物							
备考							

233

阵亡调查表

队职别	七团二营五连班长	同	七团二营机关连班长	七团二营机关连战士	七团二营五连战士	同	同
姓名	罗增福	高建平	郭延年	郭玉堂	薛福森	王进保	于世芳
年龄	26	25	29	27	26	25	23
籍贯	云南威信县巴固堡	四川省巴县溪谭平	湖南石门县田窑堡	山西崞县石家庄柳条沟	陕西富平县流曲薛家堡	山西绛县野车堡	山西崞县大牛店
家庭经济状况	家有人五口房三间山一坏欠债一百元	家有人五口房二间欠债八十元	家有人七口房三间田十担	家有人一口房二间地无	家有人三口房八间地七亩	家有人五口房七间地十亩	家有人七口房八间地四亩欠债
永久通讯处	巴固堡罗增寿收	溪谭平高奎中收			薛家堡薛福明收		崞县大牛店于老保收
何时何地入伍	1935 年在本县入伍	1935 年在本县入伍	1935 年在本县入伍	1937 年在本县入伍	1936 年在本县入伍	1937 年在本县入伍	1937 年在本县入伍
何时何地作战死亡	1938 年 6 月在大同王汗庄阵亡	1938 年 6 月在山西大同王汗庄阵亡	1938 年 6 月在山西大同王汗庄阵亡	1938 年 6 月在山西大同王汗庄阵亡	1938 年 6 月在山西大同王汗庄阵亡	1938 年 6 月在山西大同王汗庄阵亡	1938 年 6 月在山西大同王汗庄阵亡
负伤部位	头部	头部	腰部	腹部	头部	腹部	头部
负伤类别	盲贯	贯通	盲贯	盲贯	贯通	盲贯	炸伤
死亡日期	1938 年 6 月 11 日	1938 年 6 月 11 日	1938 年 6 月 11 日	1938 年 6 月 11 日	1938 年 6 月 11 日	1938 年 6 月 11 日	1938 年 6 月 11 日
是否党员	党员	党员	党员	非党	党员	非党	非党
因何致死	机枪弹	机枪弹	机枪弹	机枪弹	步枪弹	机枪弹	炮弹伤
葬埋地点及情形	当即葬埋	当即葬埋	当即葬埋	当即葬埋	当即葬埋	当即葬埋	因敌追击未及葬埋
遗嘱物							
备考							

阵亡调查表

队职别	七团一营营部通讯员	七团团部通讯员	七团团部电话员	七团三营九连连长	七团三营九连班长	同	七团三营十一连连长
姓名	魏文保	张文田	刘明成	许有清	王秀卿	李文良	项鸿泉
年龄	21	25	27	24	25	27	24
籍贯	山西绛县瑞士村	河北平山县洪子店西黄尼村	山西安邑台芳村	江西新华县芳池村	江西永新县花市村	湖南永顺县石桥村	四川省屏山县小江边村
家庭经济状况	家有人四口房二间地十一亩	家有人三口房二间地五亩欠债四百元	家有人四口房地均无	家有人二口房地均无欠债五十元	家有人九口房七间田三斗欠债八十元	家有人九口房八间地十一亩	家有人二口房五间地十亩
永久通讯处	绛县瑞士村魏进芝收	平山县西黄尼村张明收		芳池村许茂元收	花市村王达贤收	石桥村李庆增收	小江边村项桂山收
何时何地入伍	1937年在侯马入伍	1937年在本县入伍	1937年在本县入伍	1933年在本县入伍	1933年在本县入伍	1933年在本县入伍	1934年在本县入伍
何时何地作战死亡	1938年7月在山西广灵洗马庄阵亡	1938年7月在广灵洗马庄阵亡	1938年7月在山西广灵洗马庄阵亡	1938年7月在山西广灵洗马庄阵亡	1938年7月在山西广灵洗马庄阵亡	1938年7月在山西广灵洗马庄阵亡	1938年7月在山西广灵洗马庄阵亡
负伤部位	脑部	头部	腹部	腹部	胸部	头部	腹部
负伤类别	盲贯	炸伤	炸伤	炸伤	盲贯	盲贯	盲贯
死亡日期	1938年7月1日	1938年7月1日	1938年7月1日	1938年7月1日	1938年7月1日	1938年7月1日	1938年7月1日
是否党员	党员	党员	非党	党员	党员	党员	党员
因何致死	机枪弹	炮弹伤	炮弹伤	炮弹伤	机枪弹	机枪弹	机枪弹
葬埋地点及情形	当即葬埋	当即葬埋	尸骨炸碎未能收葬	尸骨炸碎未能收葬	当即葬埋	当即葬埋	战斗后用棺木葬埋
遗嘱物							
备考							

阵亡调查表

队职别	七团三营十一连班长	同	七团三营十一连战士	七团三营十一连战士	同	七团一营三连班长	同
姓 名	靳鸿基	周进叶	王向中	蒋鼎新	雷发玉	赵洪宇	郭换灵
年 龄	24	27	26	27	27	23	24
籍 贯	山西盂县虎坡村	河北平山县三岔口	山西崞县阳武村	山西崞县下阳武村	陕西西安古林村	山西忻县碾子沟	山西省夏县太极村
家庭经济状况	家有人三口房五间地三亩欠债四十元	家有人二口房七间地三亩欠债三十元	家有人八口房五间地十亩	家有人五口房十间地七亩欠债五十元	家有人五口房十间地七亩欠债四十元	家有人七口房七间地十一亩欠债九十元	家有人五口房八间地十六亩欠债九十元
永久通讯处	虎坡村靳鸿叶收	三岔口周有河收	阳武村王向银收	下阳武村蒋兴成收	古林村雷家和收	碾子沟赵家祥收	太极村郭保灵收
何时何地入伍	1937 年在本县入伍	1937 年在本县入伍	1937 年在本县入伍	1937 年在本地入伍	1937 年在本县入伍	1937 年在本县入伍	1937 年在侯马入伍
何时何地作战死亡	1938 年在山西广灵洗马庄阵亡	1938 年在山西广灵洗马庄阵亡	1938 年在山西广灵洗马庄阵亡	1938 年在山西广灵洗马庄阵亡	1938 年在山西广灵洗马庄阵亡	1938 年 7 月 1 日在广灵洗马庄阵亡	1938 年在洗马庄阵亡
负伤部位	腹部	腹部	腹部	头部	腹部	腹部	腹部
负伤类别	盲贯	盲贯	盲贯	贯通	盲贯	贯通	盲贯
死亡日期	1938 年 7 月 1 日	1938 年 7 月 1 日	1938 年 7 月 1 日	1938 年 7 月 1 日	1938 年 7 月 1 日	1938 年 7 月 1 日	1938 年 7 月 1 日
是否党员	党员	党员	非党	非党	党员	党员	党员
因何致死	手榴弹	机枪弹	手榴弹	机枪弹	机枪弹	机枪弹	步枪弹
葬埋地点及情形	因敌进攻未及葬埋	因敌追击未及葬埋	因敌追击未及葬埋	因敌追击未及葬埋	因敌追击未及葬埋	因敌追击未及葬埋	因敌追击未及葬埋
遗嘱物							
备 考							

阵亡调查表

队职别	七团一营一连班长	七团一营一连战士	同	七团一营一连战士	同	七团一营三连战士	同
姓　名	罗银山	王奎顺	高耀基	白文彬	侯五小	关汝毅	于秀峰
年　龄	27	22	23	24	31	27	23
籍　贯	海北省松滋县鼠溪村	山西忻县莲四沟	山西应县吴家窑	山西省安邑保泉村	山西神池县万山铺村	山西神池义井镇	山西宁武县虎口村
家庭经济状况	家有人二口房一间田三斗欠债五十元	家有人三口房三间地十亩欠债五十元	家有人三口房二间地十亩欠债五十元	家有人九口房八间地七亩欠债八十元	家有人三口房七间地十一亩	家有人二口房三间地五亩	家有人二口房八间地十亩
永久通讯处	松滋鼠溪罗和山收转	莲四沟王奎拴山收	吴家窑高富收	保全村白四小收		神池义井镇关和兴收	宁武三山镇利亨通收转
何时何地入伍	1934年在本县入伍	1937年在本县入伍	1937年在崞县入伍	1937年在侯马入伍	1937年在本县入伍	1937年在本县入伍	1937年在本县入伍
何时何地作战死亡	1938年7月在山西广灵洗马庄阵亡	1938年7月在山西广灵洗马庄阵亡	1938年7月在山西广灵洗马庄阵亡	1938年7月在山西广灵洗马庄阵亡	1938年7月在山西广灵洗马庄阵亡	1938年7月在山西广灵洗马庄阵亡	1938年7月在山西广灵洗马庄阵亡
负伤部位	腹部	腹部	腹部	腹部	头部	腹部	头部
负伤类别	盲贯	盲贯	盲贯	盲贯	盲贯	贯通	盲贯
死亡日期	1938年7月1日	1938年7月1日	1938年7月1日	1938年7月1日	1938年7月1日	1938年7月1日	1938年7月1日
是否党员	党员	非党	非党	非党	非党	非党	非党
因何致死	手榴弹	机枪弹	机枪弹	步枪弹	手榴弹	步枪弹	机枪弹
葬埋地点及情形	当即葬埋	当即葬埋	当即葬埋	当即葬埋	当即葬埋	当即葬埋	当即葬埋
遗嘱物							
备　考							

阵亡调查表

队职别	七团一营三连战士	同	七团二营八连排长	七团二营八连班长	七团二营八连战士	同	同
姓　名	田相云	毕玉珍	王顺福	文洪毅	马洪雾	潘云峰	宁云山
年　龄	24	27	27	27	23	27	24
籍　贯	山西神池县班井镇	山西左玉县城内玉皇阁巷七号	湖南石门县王家庄	云南新台县土园村	山西夏县田水村	河北平山县斯洪尼园村	山西朔县东圪村
家庭经济状况	家有人七口房五间地七亩欠债八十元	家有人三口房三间地无欠债八十元	家有人三口房五间地九斗欠债五十元	家有人三口房一间田二斗欠债五十元	家有人三口房一间地四亩	家有人七口房五间地没有	家有人五口房六间地七亩
永久通讯处			王家庄王敏叶收	土园村文洪奎收	田水村马如珍收		东圪村宁有香收
何时何地入伍	1937年在本县入伍	1937年在大同入伍	1937年在侯马入伍	1934年在本县入伍	1937年在本县入伍	1937年在本县入伍	1937年在本县入伍
何时何地作战死亡	1938年7月在广灵洗马庄阵亡	1938年7月在广灵洗马庄阵亡	1938年7月在广灵洗马庄阵亡	1938年7月在广灵洗马庄阵亡	1938年7月在广灵洗马庄阵亡	1938年7月在广灵洗马庄阵亡	1938年7月在广灵洗马庄阵亡
负伤部位	胸部	腹部	腹部	头部	腹部	腹部	同
负伤类别	盲贯	贯通	炸伤	盲贯	盲贯	同	贯通
死亡日期	1938年7月1日	1938年7月1日	1938年7月1日	1938年7月1日	1938年7月1日	1938年7月1日	1938年7月1日
是否党员	非党	非党	党员	党员	非党	同	非党
因何致死	手榴弹	机枪弹	炮弹伤	机枪弹	机枪弹	机枪弹	步枪弹
葬埋地点及情形	当即葬埋	当即葬埋	战斗结束后抬于后方用棺木葬埋	当即葬埋	当即葬埋	当即葬埋	当即葬埋
遗嘱物							
备　考			此人原系红四方面军任班长因龙山战斗时被中央军俘虏过去当兵抗战发动后该军北上山西抗战此人在侯马回到本军来				

阵亡调查表

队职别	七团三营九连排长	七团三营九连战士	同	七团三营九连战士	同	同	同
姓 名	张凤岭	常松志	侯凤臣	杜要文	魏保三	郭振海	孙广元
年 龄	25	23	24	27	18	23	24
籍 贯	福建省长町县梅竹镇	湖南龙山县宁溪口	山西洪洞县菜市场	陕西富平县侯家镇	山西朔县冯锁村	山西海阳县车素村	河南内黄县野鸡岗
家庭经济状况	家有人五口房十一间地九亩欠债三十元	家有人二口房五间田二担欠债九十元	家有人一口房地均无	家有人四口房八间	家有人四口房八间地七亩	家有人三口房五间地十一亩	家有人七口房五间地四亩
永久通讯处	长町县城内大康煤炭厂收转	龙山县宁溪口常如光收		侯家镇杜保玉收	冯锁村魏智和收		内黄县孙广秀收
何时何地入伍	1934 年在江西永新县入伍	1935 年在本县入伍	1937 年在本县入伍	1936 年在本县入伍	1937 年在本县入伍	1935 年在湖北松滋入伍	1935 年在湖南入伍
何时何地作战死亡	1938 年在山西广灵洗马庄阵亡	1938 年在山西广灵洗马庄阵亡	1938 年在山西广灵洗马庄阵亡	1938 年在山西广灵洗马庄阵亡	1938 年在山西广灵洗马庄阵亡	1938 年在广灵洗马庄阵亡	1938 年在广灵洗马庄阵亡
负伤部位	头部	腹部	腹部	腹部	腰部	背部	头部
负伤类别	盲贯	贯通	盲贯	盲贯	盲贯	炸伤	盲贯
死亡日期	1938 年 7 月 1 日	1938 年 7 月 1 日	1938 年 7 月 1 日	1938 年 7 月 1 日	1938 年 7 月 1 日	1938 年 7 月 1 日	1938 年 7 月 1 日
是否党员	党员	党员	非党	党员	非党	非党	非党
因何致死	机枪弹	机枪弹	机枪弹	手榴弹	机枪弹	炮弹伤	机枪弹
葬埋地点及情形	因敌追击未及葬埋	因敌追击未及葬埋	因敌追击未及葬埋	当即葬埋	当即葬埋	当即葬埋	当即葬埋
遗嘱物							
备 考							

阵亡调查表

队职别	七团一营四连排长	七团一营四连班长	同	七团一营四连战士	同	同	同
姓 名	吴保山	郝安桂	杜发文	高有定	万恒元	孙富美	孙山让
年 龄	23	27	24	22	29	23	23
籍贯	山西朔县马家园	江西永新县莲台村	四川省巴中县小楼村	山西曲沃花堡庄	山西神池县班黑老扰村	湖北松滋县小山坊	河北平山县东黄尼村
家庭经济状况	家有房二间地二亩人一口	家有人三口房九间田十担欠债五百元	家有人七口房一间地十亩	家有人五口房七间地三十亩	家有人五口房三间地十亩	家有人四口房八间田二担	家有人四口房八间地十三亩欠债百元
永久通讯处		莲台村郝安民收	小楼村杜如正收	山西曲沃城内广盛兴烟厂收转	山西神池班井大康油房收		东黄尼村孙康年收
何时何地入伍	1935年在湖南入伍	1933年在本县入伍	1934年在本县入伍	1937年在本县入伍	1937年在本县入伍	1935年在湖南石门入伍	1937年在本县入伍
何时何地作战死亡	1938年在广灵洗马庄阵亡	1938年在山西广灵洗马庄阵亡	1938年在山西广灵洗马庄阵亡	1938年在山西广灵洗马庄阵亡	1938年在山西广灵洗马庄阵亡	1938年在山西广灵洗马庄阵亡	1938年在山西广灵洗马庄阵亡
负伤部位	腹部	头部	腰部	头部	腰部	腰部	头部
负伤类别	盲贯	贯通	盲贯	盲贯	盲贯	炸伤	炸伤
死亡日期	1938年7月1日	1938年7月1日	1938年7月1日	1938年7月1日	1938年7月1日	1938年7月1日	1938年7月1日
是否党员	党员	党员	党员	非党	非党	党员	党员
因何致死	手榴弹	手榴弹	机枪弹	手榴弹	手榴弹	炮弹伤	炮弹伤
葬埋地点及情形	当即葬埋	当即葬埋	当即葬埋	当即葬埋	当即葬埋	当即葬埋	当即葬埋
遗嘱物							
备 考							

阵亡调查表

队职别	七团一营四连班长	七团一营三连战士	七团二营七连战士	七团二营七连战士	七团三营十连战士	七团二营机关连战士	七团三营十二连战士
姓 名	冯云山	白秀升	孟和祥	刘嘉太	耿纪山	祁洪玉	白进喜
年 龄	22	23	24	25	23	23	24
籍 贯	湖南石门县竹溪滩	山西崞县大牛店	山西五台县方堡镇	山西盂县门山镇	河北阜平县沙凹村	山西绛县东山寺	山西省太谷县红山口村
家庭经济状况	家有人五口房三间地十亩	家有人三口房五间地十亩欠债百元	家有人三口房五间地十亩欠债百元	家有人五口房五间地八亩欠债九十元	家有人七口房八间地三十亩欠债四十元	家有人四口房三间地十二亩	家有人一口房五间地三亩
永久通讯处	竹溪滩冯有才收	崞县原平镇鼎盛兴转	五台方堡镇孟世奎收	盂县门山镇刘嘉奎收		绛县城南关斯子肉铺	
何时何地入伍	1935年在本县入伍	1937年在本县入伍	1937年在本县入伍	1937年在本县入伍	1937年在本县入伍	1937年在本县入伍	1936年在陕西富平县入伍
何时何地作战死亡	1938年在山西广灵洗马庄阵亡	1938年在山西广灵洗马庄阵亡	1938年在广灵洗马庄阵亡	1938年在广灵洗马庄阵亡	1938年在广灵洗马庄阵亡	1938年在山西广灵洗马庄阵亡	1938年在山西广灵洗马庄阵亡
负伤部位	腹部	腹部	腹部	头部	腰部	腹部	腰部
负伤类别	贯通	盲贯	盲贯	盲贯	贯通	盲贯	贯通
死亡日期	1938年7月1日	1938年7月1日	1938年7月1日	1938年7月1日	1938年7月1日	1938年7月1日	1938年7月1日
是否党员	党员	非党	非党	非党	非党	非党	非党
因何致死	手榴弹	机枪弹	步枪弹	机枪弹	步枪弹	机枪弹	机枪弹
葬埋地点及情形	当即葬埋	当即葬埋	当即葬埋	当即葬埋	当即葬埋	当即葬埋	当即葬埋
遗嘱物							
备 考							

阵亡调查表

队职别	七团三营营部通讯员	七团侦察队侦察员	同	七团二营八连班长	七团二营八连战士	同	同
姓 名	白广生	许维山	何凯	邓凯	吴文远	刘殿发	魏志山
年 龄	23	22	25	27	23	24	23
籍 贯	河北省清苑县黎树村	山西夏县安定村	山西朔县枣林村	江西省吉安县凤堂村	山西盂县桃树园	山西闻喜县树百村	陕西华阴县沙树村
家庭经济状况		家有人三口房一间地十亩	家有人八口房五间地七亩	家有人四口房八间田五担欠债百元		家有人五口房八间地四亩欠债九十元	家有人三口房二间地十亩欠债一百元
永久通讯处		夏县安定村	枣林村何合山收	凤堂村邓真保收		树百村刘殿年收	
何时何地入伍	1937年在山西平阳入伍	1937年在本县入伍	1937年在本县入伍	1933年在本县入伍	1937年在本县入伍	1937年在本县入伍	1937年在山西临汾入伍
何时何地作战死亡	1938年在山西广灵洗马庄阵亡	1938年在山西广灵洗马庄阵亡	1938年在山西广灵洗马庄阵亡	1938年在河北阳原揣骨瞳阵亡	1938年在河北阳原县揣骨瞳阵亡	1938年在河北阳原县揣骨瞳阵亡	1938年在河北阳原县揣骨瞳阵亡
负伤部位	腰部	腰部	腹部	头部	腹部	头部	腹部
负伤类别	贯通	贯通	盲贯	贯通	盲贯	贯通	盲贯
死亡日期	1938年7月1日	1938年7月1日	1938年7月1日	1938年7月8日	1938年7月8日	1938年7月8日	1938年7月8日
是否党员	非党	党员	党员	党员	非党	非党	非党
因何致死	手榴弹	步枪弹	步枪弹	机关弹	机枪弹	机枪弹	机枪弹
葬埋地点及情形	当即葬埋	当即葬埋	当即葬埋	当即葬埋	当即葬埋	当即葬埋	当即葬埋
遗嘱物							
备 考							

阵亡调查表

队职别	七团一营营长	七团一营三连连长	七团二营十连连长	七团政治处统计干事	七团一营三连排长	同	七团三营十连排长
姓 名	贺云生	谭文轩	胡登明	肖明远	薛根深	高耀新	邓忠臣
年 龄	27	27	26	23	24	24	22
籍 贯	江西永新县梅田镇小焦村	湖南石门县松溪口	四川省营山县西沙竹市村	湖南茶陵县桃筹口	江西吉安县焦园村	湖南永顺县高花岭	云南罗平县关峰口
家庭经济状况	家有人三口房三间田五担欠债八十元	家有人五口房三间田九担欠债八十元	家有人五口房三间田五担欠债三百余元	家有人五口房三间田四担欠债二百余元	家有人七口房四间地九亩欠债二百元	家有人七口房四间地一亩田二担	家有人四口房五间地二亩欠债五百元
永久通讯处	梅田镇小焦村贺康年收	松溪口谭文邦收	营山县西沙竹市村胡峰云收		吉安县直夏市永太和收转	高花岭高保臣收	云南宣威县龙条镇永顺毛铺收转
何时何地入伍	1933年在本县入伍	1935年在本县入伍	1935年在本县入伍	1935年在本县入伍	1933年在本县入伍	1935年在本县入伍	1935年在本县入伍
何时何地作战死亡	1938年在察省蔚县白水泉阵亡	1938年在察省蔚县白水泉阵亡	1938年在察省蔚县白水泉阵亡	1938年在察省蔚县白水泉阵亡	1938年在察省蔚县白水泉阵亡	1938年在察省蔚县白水泉阵亡	1938年在察省蔚县白水泉阵亡
负伤部位	胸部	腹部	头部	胸部	头部	腹部	腹部
负伤类别	贯通	贯通	盲贯	盲贯	盲贯	贯通	盲贯
死亡日期	1938年7月7日	1938年7月7日	1938年7月7日	1938年7月7日	1938年7月7日	1938年7月7日	1938年7月7日
是否党员	党员	党员	党员	党员	党员	党员	党员
因何致死	机枪弹	机枪弹	机枪弹	机关弹	手榴弹	机枪弹	机枪弹
葬埋地点及情形	战斗结束后用棺木葬埋	战斗结束后用棺木葬埋	战斗结束后抬后方用棺木葬埋	战斗后抬方用棺木葬埋	当即葬埋	当即葬埋	当即葬埋
遗嘱物							
备 考							

阵亡调查表

队职别	七团侦察队班长	七团一营一连班长	七团一营三连班长	七团团部通讯班长	七团一营一连班长	七团一营三连班长	七团二营七连班长
姓 名	杜玉清	向贵生	关荣升	邵力士	李市	何廷和	胡关东
年 龄	23	25	23	24	21	23	24
籍 贯	湖南龙山县蒋鼎村	贵州毕节县挠溪村	江西省吉安县焦园村	贵州毕节县乌水堡	河南省桐柏县襄宁堡	湖南永顺县白山罗村	贵州威宁县江溪町村
家庭经济状况	家有人三口房五间地九担		家有人三口房三间田九担欠债一百元	家有人三口房七间地十亩四五斗	家有人五口房二间地十五亩	家有人三口房三间地十亩	家有人三口房三间田十担
永久通讯处			焦园村关于升收	乌水堡邵力臣	襄宁堡李堡收		威宁县江溪町村胡六收
何时何地入伍	1938 年在本县入伍	1935 年在本县入伍	1933 年在本县入伍	1935 年在本县入伍	1937 年在山西入伍	1935 年在本县入伍	1934 年在本县入伍
何时何地作战死亡	1938 年在察省蔚县白水泉阵亡	1938 年在察省蔚县白水泉阵亡	1938 年在察省蔚县白水泉阵亡	1938 年在察省蔚县白水泉阵亡	1938 年在察省蔚县白水泉阵亡	1938 年在察省蔚县白水泉阵亡	1938 年在察省蔚县白水泉阵亡
负伤部位	腹部	腹部	头部	胸部	腹部	腹部	头部
负伤类别	盲贯	贯通	贯通	盲贯	贯通	盲贯	贯通
死亡日期	1938 年 7 月 7 日	1938 年 7 月 7 日	1938 年 7 月 7 日	1938 年 7 月 7 日	1938 年 7 月 7 日	1938 年 7 月 7 日	1938 年 7 月 7 日
是否党员	党员	党员	党员	党员	党员	党员	党员
因何致死	手榴弹	手榴弹	步枪弹	机枪弹	机枪弹	机枪弹	机枪弹
葬埋地点及情形	当即葬埋	当即葬埋	当即葬埋	当即葬埋	当即葬埋	当即葬埋	当即葬埋
遗嘱物							
备 考							

阵亡调查表

队职别	七团二营八连班长	七团一营一连战士	同	七团一营一连战士	同	同	同
姓　名	周冠魁	李得勇	耿秋山	边红美	耿福来	董成耀	甘谷义
年　龄	24	23	23	25	25	27	23
籍贯	陕西省洛南县田家积	山西夏县左庄村	山西朔县耿家铺	山西右玉县田庄铺	山西蒲县邵家庄	河北清苑县殖凹村	河北平山县岔山口村
家庭经济状况	家有人五口房二间地八亩欠债三百元	家有人七口房二间地七亩		家有人二口房二间地七亩	家有人三口房三间地四亩	家有人三口房二间地无	
永久通讯处	洛南县田家积周家河村周裴收				蒲县城南关外耿家园	清苑城内大校场五道庙巷九号王成收	
何时何地入伍	1936年在三原县入伍	1937年在本县入伍	1937年在本县入伍	1937年在本县入伍	1937年在本县入伍	1937年在山西入伍	1937年在本县入伍
何时何地作战死亡	1938年在察省蔚县白水泉阵亡	1938年在察省蔚县白水泉阵亡	1938年在察省蔚县白水泉阵亡	1938年在察省蔚县白水泉阵亡	1938年在察省蔚县白水泉阵亡	1938年在察省蔚县白水泉阵亡	1938年在察省蔚县白水泉阵亡
负伤部位	腹部	头部	头部	腹部	腹部	头部	腹部
负伤类别	炸伤	盲贯	盲贯	炸伤	炸伤	炸伤	炸伤
死亡日期	1938年7月7日	1938年7月7日	1938年7月7日	1938年7月7日	1938年7月7日	1938年7月7日	1938年7月7日
是否党员	党员	党员	非党	非党	非党	非党	非党
因何致死	炮弹伤	手榴弹	步枪弹	炮弹伤	炮弹伤	炮弹伤	炮弹伤
葬埋地点及情形	当即葬埋	当即葬埋	当即葬埋	当即葬埋	当即葬埋	当即葬埋	当即葬埋
遗嘱物							
备　考							

阵亡调查表

队职别	七团一营四连战士	同	同	七团一营四连战士	同	同	同
姓 名	张成喜	刘天吉	王玉香	马世吉	刘吉相	左乡吉	安生魁
年 龄	22	20	23	23	24	23	23
籍 贯	山西神池东沟	山西绛县南关	山西神池班井村	山西崞县石家庄	山西洪洞县南高村	山西临猗县田瓜营	山西广灵县上白羊村
家庭经济状况	家有人三口房二间地一亩欠债五十元	家有人二口房四间地二亩		家有人二口房二间地五亩	家有人二口房二间地七亩	家有人四口房三间地十七亩	家有人二口
永久通讯处				崞县原平永和祥收转	洪洞县城内火神庙巷七号王兴田收转	临猗县东长镇太和永收转	上白羊村安凯俊收
何时何地入伍	1937年在本县入伍	1937年10月在本地入伍	1937年在本县入伍	1937年在本县入伍	1937年在本县入伍	1937年在侯马入伍	1937年在本县入伍
何时何地作战死亡	1938年7月在察省蔚县白水泉阵亡	1938年7月在察省蔚县白水泉阵亡	同	1938年在察省蔚县白水泉阵亡	1938年7月在察省蔚县白水泉阵亡	1938年7月在察省蔚县白水泉阵亡	1938年7月在察省蔚县阵亡
负伤部位	腹部	头部	腰部	腹部	头部	腰部	头部
负伤类别	贯通	盲贯	盲贯	炸伤	炸伤	盲贯	盲贯
死亡日期	1938年7月7日	1938年7月7日	1938年7月7日	1938年7月7日	1938年7月7日	1938年7月7日	1938年7月7日
是否党员	非党	非党	非党	党员	非党	非党	非党
因何致死	机枪弹	机枪弹	同	手榴弹	炮弹伤	机枪弹	手榴弹
葬埋地点及情形	当即葬埋	当即葬埋	当即葬埋	当即葬埋	当即葬埋	当即葬埋	当即葬埋
遗嘱物							
备 考							

阵亡调查表

队职别	七团二营五连战士	同	同	七团二营五连战士	七团二营八连战士	同	同
姓　名	何子民	孙相	韩韦	康培英	胡向贤	顾国民	李世信
年　龄	22	23	23	23	23	24	23
籍贯	湖南省茶陵县人	河北平山县白马头村	山西雁北右玉县陈高村	山西山阴县吴家窑上圪垯村	山西崞县上阳武村	山西省应县吴家窑	山西崞县董家庄白塔村
家庭经济状况	家有人九口房二间地三亩欠债二百余元	家有人三口房二间地九亩欠债二百元	家有人五口房七间地五亩欠债一百元	家有人三口房五间地四亩欠债四十元	家有人四口房二间地七亩欠债三十元	家有人四口房二间地七亩欠债二十元	家有人三口房二间地六亩欠债一百元
永久通讯处	湖南茶陵米田庄永宁村	平山县城内大庙院后巷七号转	右玉城内冯家车马店收转	吴家窑刘清和收转	上阳武刘凯年收转	吴家窑顾家碗厂收	白塔村李应臣收
何时何地入伍	1935年在本县入伍	1938年在本县入伍	1938年在本县入伍	1937年在本县入伍	1937年在本县入伍	1937年在本县入伍	1937年在本县入伍
何时何地作战死亡	1938年7月在察省蔚县白水泉阵亡	1938年7月在察省蔚县白水泉阵亡	1938年在察省蔚县白水泉阵亡	1938年在察省蔚县白水泉阵亡	1938年在察省蔚县白水泉阵亡	1938年在察省蔚县白水泉阵亡	1938年在察省蔚县白水泉阵亡
负伤部位	腹部	腹部	头部	腹部	头部	腹部	腹部
负伤类别	盲贯	盲贯	盲贯	盲贯	贯通	盲贯	盲贯
死亡日期	1938年7月7日	1938年7月7日	1938年7月7日	1938年7月7日	1938年7月7日	1938年7月7日	1938年7月7日
是否党员	党员	非党	非党	非党	非党	非党	非党
因何致死	机枪弹	机枪弹	机枪弹	机枪弹	步枪弹	机枪弹	机枪弹
葬埋地点及情形	当即葬埋	当即葬埋	当即葬埋	当即葬埋	当即葬埋	当即葬埋	当即葬埋
遗嘱物							
备　考							

阵亡调查表

队职别	七团二营九连战士	同	七团三营十连战士	七团三营九连战士	同	七团三营十连战士	同
姓 名	韩应宣	阎五小	白用小	徐万山	何安贵	董发仪	王洪
年 龄	27	23	23	23	23	22	18
籍 贯	山西广灵县下白罗村	山西省山阴县北罗树村	山西浑源县白坡头村	山西省忻县碾子沟	山西省忻县碾子沟	山西夏县城岗村	山西崞县石家庄
家庭经济状况	家有人一口房五间地二亩	家有人七口房地均无欠债一百元	家有人七口房八间地十亩欠债一百元	家有人五口房五间地九亩欠债一百元	家有人五口房五间地十亩欠债一百元	家有人五口房五间地十亩·	
永久通讯处		山阴城内官房子巷阎九保收				城岗村董耀真收	
何时何地入伍	1937 年在本县入伍	1937 年在本县入伍	1937 年在本县入伍	1937 年在本县入伍	1937 年在本县入伍	1937 年在侯马入伍	1937 年在本县入伍
何时何地作战死亡	1938 年在察省蔚县白水泉阵亡	1938 年在察省蔚县白水泉阵亡	1938 年在察省蔚县白水泉阵亡	1938 年在察省蔚县白水泉阵亡	1938 年在察省蔚县白水泉阵亡	1938 年在察省蔚县白水泉阵亡	1938 年7月在察省蔚县白水泉阵亡
负伤部位	腹部	头部	腹部	头部	腹部	头部	头部
负伤类别	盲贯	盲贯	盲贯	贯通	贯通	贯通	贯通
死亡日期	1938 年7月7日	1938 年7月7日	1938 年7月7日	1938 年7月7日	1938 年7月7日	1938 年7月7日	1938 年7月7日
是否党员	非党	非党	非党	非党	非党	非党	非党
因何致死	手榴弹	机枪弹	机枪弹	步枪弹	机枪弹	机枪弹	机枪弹
葬埋地点及情形	当即葬埋	当即葬埋	当即葬埋	当即葬埋	当即葬埋	当即葬埋	当即葬埋
遗嘱物							
备 考							

阵亡调查表

队职别	七团一营三连战士	七团二营营部通讯员	七团一营三连战士	七团一营三连战士	七团一营一连战士	七团二营八连通讯员	七团二营九连通讯员
姓 名	宿世吉	马如福	马玉祥	王田山	王廷山	杨保泉	何培
年 龄	23	23	23	24	22	22	23
籍 贯	山西忻县于家野场村	山西神池县班井镇虎瓜村	山西省绛县东台家庄	山西崞县上阳武村	山西神池县义井村	陕西富平县刘村镇	湖南石门县鼠溪村
家庭经济状况	家有人七口房三间地五亩欠债五百元	家有人七口房九间地五亩欠债三百元	家有人七口房九间地五亩欠债三百元	家有人七口房九间地五亩欠债二百元			家有人五口房二间田五担欠债四百元
永久通讯处	忻县莲寺沟王守山收	神池县班井镇老龙滩收转				刘村镇杨来拴收	鼠溪村何贵林收转
何时何地入伍	1937年在本县入伍	1937年在本县入伍	1937年在本县入伍	1937年在本县入伍	1937年在本县入伍	1937年在本县入伍	1935年在本县入伍
何时何地作战死亡	1938年在察省蔚县白水泉阵亡	1938年在察省蔚县白水泉阵亡	1938年在察省蔚县白水泉阵亡	1938年在察省蔚县白水泉阵亡	1938年在察省蔚县白水泉阵亡	1938年在察省蔚县白水泉阵亡	1938年在察省蔚县白水泉阵亡
负伤部位	头部	腹部	头部	头部	腹部	腹部	头部
负伤类别	盲贯	盲贯	贯通	炸伤	炸伤	炸伤	炸伤
死亡日期	1938年7月7日	1938年7月7日	1938年7月7日	1938年7月7日	1938年7月7日	1938年7月7日	1938年7月7日
是否党员	非党	非党	非党	非党	非党	党员	非党
因何致死	机枪弹	机枪弹	步枪弹	炸弹伤	炮弹伤	炮弹伤	炮弹伤
葬埋地点及情形	当即葬埋	当即葬埋	当即葬埋	因敌追击未及葬埋	因敌追击未及葬埋	因敌追击未及葬埋	因敌追击未及葬埋
遗嘱物							
备 考							

阵亡调查表

队职别	七团二营八连司号员	七团二营五连战士	七团二营七连战士	七团二营七连战士	七团三营九连班长	同	七团三营九连战士
姓 名	恩培茂	王占标	张振五	李魁顺	贺士魁	王得山	郝贵贵
年 龄	23	23	23	27	27	27	27
籍 贯	湖南石门县郑家庄	河北雄县岳山白得胜庄	山西太原阳曲县南城堡辛店村	山西大同县六保村	山西崞县上阳武村	山西崞县安果庄	山西崞县大牛店
家庭经济状况	家有人三口房五间地七亩欠债二百元	家有人五口房五间地没有		家有人三口房五间地十亩	家有人三口房二间地三亩欠债二百元		家有人三口房五间地七亩
永久通讯处	郑家庄恩生多收				上阳武村贺太标收		崞县城南关顶家清云峰巷八号
何时何地入伍	1935年在本县入伍	1936年7月在陕西流曲入伍	1937年在侯马入伍	1937年在崞县上阳武村入伍	1937年在本县入伍	1937年在本县入伍	1937年在本县入伍
何时何地作战死亡	1938年在察省蔚县白水泉阵亡	1938年在察省蔚县白水泉阵亡	1938年在察省蔚县白水泉阵亡	1938年在察省蔚县白水泉阵亡	1938年7月在山西大同南徐堡阵亡	1938年7月在山西大同南徐堡阵亡	1938年在大同南徐堡阵亡
负伤部位	腰部	腹部	腹部	头部	腹部	腹部	腹部
负伤类别	盲贯	贯通	盲贯	盲贯	盲贯	贯通	炸伤
死亡日期	1938年7月7日	1938年7月7日	1938年7月7日	1938年7月7日	1938年7月20日	1938年7月20日	1938年7月20日
是否党员	党员	党员	非党	非党	非党	非党	非党
因何致死	手榴弹	机枪弹	机枪弹	机枪弹	机枪弹	机枪弹	机枪弹
葬埋地点及情形	因敌追击未及葬埋	当即葬埋	当即葬埋	当即葬埋	当即葬埋	当即葬埋	当即葬埋
遗嘱物							
备 考							

阵亡调查表

队职别	七团三营九连战士	同	同	七团三营九连战士	八团二营七连连长	八团二营七连排长	七团二营八连排长
姓 名	顶向荣	徐国良	班文元	刘鸿强	徐耀南	王明远	龚国华
年 龄	23	22	28	22	27	24	27
籍 贯	山西曲沃县顶家堡	绥远省武川县加拉图村	山西应县魁元村	山西省文水县刘家河村	江西新华县柴山堡芳田村	湖南茶陵县大官溪庄	云南新霍县套溪姑溪
家庭经济状况	家有人五口房七间地十亩欠债五百元	家有房二间地七亩欠债八十元	家有房五间地七亩欠债九十元	家有人二十五口房十间地七亩欠债九十元	家有人八口房二间田十担欠债百元	家有人五口房二间田七担欠债百元	家有人一口
永久通讯处	顶家堡顶田山收	武川县隆盛口源义号收转	魁元村班壁收		芳田村徐明元收		
何时何地入伍	1937年在侯马入伍	1937年在山西崞县上阳武村入伍	1937年在本县入伍	1937年在侯马入伍	1934年在本县入伍	1935年在本县入伍	1935年在本县入伍
何时何地作战死亡	1938年在山西大同南徐堡阵亡	1938年在山西大同南徐堡阵亡	1938年在山西大同南徐堡阵亡	1938年在山西大同南徐堡阵亡	1938年在山西大同阁老山阵亡	1938年在山西大同阁老山阵亡	1938年在山西大同阁老山阵亡
负伤部位	头部	腹部	头部	腰部	腹部	腹部	头部
负伤类别	炸伤	盲贯	贯通	炸伤	盲贯	盲贯	盲贯
死亡日期	1938年7月20日	1938年7月20日	1938年7月20日	1938年7月20日	1938年7月20日	1938年7月20日	1938年7月20日
是否党员	非党	非党	非党	非党	党员	党员	党员
因何致死	炮弹伤	手榴弹	机枪弹	炮弹伤	机枪弹	机枪弹	机枪弹
葬埋地点及情形	当即葬埋	当即葬埋	当即葬埋	当即葬埋	战斗结束用棺木收葬	战斗后用棺木收葬	战斗后用棺木收葬
遗嘱物							
备 考							

阵亡调查表

队职别	七团二营八连战士	七团二营七连班长	八团二营八连连长	八团二营五连连长	八团二营八连排长	八团二营五连排长	八团二营八连班长
姓 名	刘洪套	汪洪达	刘树荣	孙福胜	王明春	张殿臣	吴进先
年 龄	27	23	26	27	34	23	22
籍 贯	山西绛县洪道口	江西新华县莲池村	四川省巴县汜福村	贵州毕节县梅塘沽	山东海阳县周家店新营村	湖南永顺县张新店溪怀村	山西荣河教民堡新樟村
家庭经济状况	家有人七口房九间地三亩欠债五十元		家有人二口房五间田七担欠债一百元	家有人一口		家有人二口房五间地五亩田一担	家有人二口
永久通讯处						溪怀村张魁收	
何时何地入伍	1937年在本县入伍	1933年在本县入伍	1934年在本县入伍	1935年在本县入伍	1935年在湖南入伍	1935年在湖南本县入伍	1937年在陕西米脂县入伍
何时何地作战死亡	1938年在大同阁老山阵亡	1938年在大同阁老山阵亡	1938年在大同小石庄阵亡	1938年在大同小石庄阵亡	1938年在山西大同小石庄阵亡	1938年在山西大同小石庄阵亡	1938年在山西大同小石庄阵亡
负伤部位	腰部	头部	头部	头部	腹部	头部	头部
负伤类别	炸伤	炸伤	盲贯	盲贯	盲贯	贯通	盲贯
死亡日期	1938年7月20日	1938年7月20日	1938年7月28日	1938年7月28日	1938年7月28日	1938年7月28日	1938年7月28日
是否党员	非党	党员	党员	党员	党员	党员	党员
因何致死	炮弹伤	炮弹伤	手榴弹	机枪弹	机枪弹	机枪弹	机枪弹
葬埋地点及情形	因尸骨炸碎无踪未能收葬	尸骨炸碎未能收葬	战斗结束后用棺木收葬于小石庄附近	战斗后用棺木葬埋	战斗后用棺木葬埋	战斗后用棺木葬埋	当即葬埋
遗嘱物							
备 考							

阵亡调查表

队职别	八团二营五连班长	八团二营八连班长	八团二营六连班长	八团二营六连班长	八团二营七连班长	八团二营五连战士	同
姓　名	谢兢明	赵登科	匡国辉	谢介石	柴友清	刘市	尹洪泉
年　龄	27	27	28	24	24	22	23
籍　贯	河北平山东会社村	山西崞县大牛店	四川省眉山县小阳村	甘省合水县小谢平村	陕西富平县原上村	河北平山县东黄尼村	山西大同卧虎湾
家庭经济状况	家有人七口房五间地七亩欠债五十元	家有人七口房五间地七亩	家有房五间地四亩田三担	家有人五口房三间田五担	家有人一口房一间		家有人三口房一间地十亩
永久通讯处	东会社谢达收		小阳村匡田梅收				
何时何地入伍	1937 年 9 月在本县入伍	1937 年在本地入伍	1935 年在本县入伍	1935 年在本县入伍	1936 年在本县入伍	1937 年在本县入伍	1937 年在本县入伍
何时何地作战死亡	1938 年在大同小石庄阵亡	1938 年在大同小石庄阵亡	1938 年在大同小石庄阵亡	1938 年在大同小石庄阵亡	1938 年在大同小石庄阵亡	1938 年在大同小石庄阵亡	1938 年在大同小石庄阵亡
负伤部位	腹部	胸部	头部	腹部	头部	腹部	头部
负伤类别	盲贯	贯通	贯通	盲贯	盲贯	炸伤	炸伤
死亡日期	1938 年 7 月 28 日	1938 年 7 月 28 日	1938 年 7 月 28 日	1938 年 7 月 28 日	1938 年 7 月 28 日	1938 年 7 月 28 日	1938 年 7 月 28 日
是否党员	党员	党员	党员	党员	党员	非党	非党
因何致死	机枪弹	机枪弹	机枪弹	机枪弹	机枪弹	炮弹伤	炮弹伤
葬埋地点及情形	当即葬埋	当即葬埋	当即葬埋	当即葬埋	当即葬埋	当即葬埋	当即葬埋
遗嘱物							
备　考							

阵亡调查表

队职别	八团二营五连战士	同	同	八团二营六连战士	同	同	同
姓 名	王景泉	刘保元	胡圣贵	蒋贵新	关恩泽	何柿民	于文广
年 龄	22	22	22	27	27	24	29
籍 贯	陕西富平县	河北平山县洪子店	山西蒲县黑龙关	河北平山县西会社村	河北平山县西黄尼村	绥远省归绥县城内庙宇巷九号	河北省阜平县邹家庄
家庭经济状况		家有人七口房三间地五亩	家有人三口房五间地七亩	家有人五口房五间地三亩欠债五十元	家有人一口	家有人三口	家有人二口房三间地十亩
永久通讯处		洪子店刘根元收		西会社蒋玉成收		归化城大南街恒和泰收转	
何时何地入伍	1936 年在本县入伍	1937 年在本县入伍	1937 年在本县入伍	1937 年在本县入伍	1937 年在本县入伍	1937 年在侯马入伍	1937 年在平山入伍
何时何地作战死亡	1938 年在山西大同小石庄阵亡	1938 年在山西大同小石庄阵亡	1938 年在山西大同小石庄阵亡	1938 年在山西大同小石庄阵亡	1938 年在山西大同小石庄阵亡	1938 年在山西大同小石庄阵亡	1938 年在山西大同小石庄阵亡
负伤部位	头部	腹部	腰部		腹部	头部	腹部
负伤类别	盲贯	盲贯	炸伤	炸伤	盲贯	贯通	贯通
死亡日期	1938 年 7 月 28 日	1938 年 7 月 28 日	1938 年 7 月 28 日	1938 年 7 月 28 日	1938 年 7 月 28 日	1938 年 7 月 28 日	1938 年 7 月 28 日
是否党员	党员	非党	非党	党员	非党	非党	非党
因何致死	手榴弹	机枪弹	炮弹伤	炮弹伤	机枪弹	手榴弹	机枪弹
葬埋地点及情形	当即葬埋	当即葬埋	尸骨未见故未收葬	尸骨未见未收葬	当即葬埋	当即葬埋	当即葬埋
遗嘱物							
备 考							

阵亡调查表

队职别	八团二营七连战士	同	同	八团二营七连战士	八团二营八连战士	同	同
姓 名	王怀朱	贾保珠	段玉明	刘相龙	耿秋安	刘全	郑云祥
年 龄	24	23	22	24	24	25	27
籍 贯	山西省曲沃县大油豆村	山西闻喜县璃河村	山西五寨白山口村	山西五台豆村镇	山西忻县原平镇	山西神池县班井镇	山西省应县锦阳村
家庭经济状况	家有人七口房八间地十亩	家有人七口房五间地七亩	家有人三口房五间地九亩	家人一口房五间地十亩	家有人二口房五间地五亩	家有人三口	
永久通讯处		璃河村贾喜绩收			原平镇耿秋连收		
何时何地入伍	1937年在本县入伍	1937年在侯马入伍	1937年在神池县入伍	1937年在崞县上阳武入伍	1937年在上阳武入伍	1937年在本地入伍	1937年在神池入伍
何时何地作战死亡	1938年在大同小石庄阵亡	1938年在山西大同小石庄阵亡	1938年在山西大同小石庄阵亡	1938年在山西大同小石庄阵亡	1938年在大同小石庄阵亡	1938年在大同小石庄阵亡	1938年在大同小石庄阵亡
负伤部位	胸部	头部	腹部	头部	腹部	头部	腹部
负伤类别	贯通	盲贯	盲贯	盲贯	盲贯	盲贯	盲贯
死亡日期	1938年7月28日	1938年7月28日	1938年7月28日	1938年7月28日	1938年7月28日	1938年7月28日	1938年7月28日
是否党员	非党	非党	非党	非党	非党	非党	非党
因何致死	手榴弹	手榴弹	机枪弹	手榴弹	手榴弹	机枪弹	手榴弹
葬埋地点及情形	当即葬埋	当即葬埋	当即葬埋	当即葬埋	当即葬埋	当即葬埋	当即葬埋
遗嘱物							
备 考							

阵亡调查表

队职别	八团二营六连战士	同	同	七团二营八连连长	七团二营八连班长	同	七团二营八连战士
姓 名	计有香	王景山	王海拴	彭振江	刘瑞元	张明喜	甘和忠
年 龄	23	23	24	24	24	25	22
籍贯	山西太谷县安定村	山西应县岔海镇和合村	山西忻县三交镇	湖北松滋县定宁村	山西夏县油竹圪村	山西临汾县南聚庄	湖南石门县边溪村
家庭经济状况	家有人一口其他不详	家有人二口房八间地九亩	家有人三口房八间地七亩	家有人三口房八间地七亩田二担	家有人二口房五间地十亩欠债二百元	家有人五口房地均无	
永久通讯处	不详		忻县三交镇王普云收	定宁彭岭轩收	油竹圪村刘进囵收	临汾县城北街永和昌杂货庄收转	
何时何地入伍	1937年在侯马入伍	1937年在神池县入伍	1937年在本县入伍	1933年在本县入伍	1937年7月在本县入伍	1937年在本县入伍	1935年在本县入伍
何时何地作战死亡	1938年7月在小石庄阵亡	1938年在大同小石庄阵亡	1938年在山西大同小石庄阵亡	1938年在河北阜平阵亡	1938年在河北阜平阵亡	1938年在河北阜平阵亡	1938年在河北阜平阵亡
负伤部位	头部	腹部	头部	腹部	腹部	头部	腹部
负伤类别	贯通	贯通	炸伤	盲贯	贯通	贯通	贯通
死亡日期	1938年7月28日	1938年7月28日	1938年7月28日	1938年8月5日	1938年8月5日	1938年8月5日	1938年8月5日
是否党员	非党	非党	非党	党员	党员	党员	非党
因何致死	手榴弹	手榴弹	机枪弹	机枪弹	机枪弹	机枪弹	机枪弹
葬埋地点及情形	当即葬埋	当即葬埋	当即葬埋	战斗后用棺木葬埋	当即葬埋	当即葬埋	当即葬埋
遗嘱物							
备 考							

阵亡调查表

队职别	七团二营八连战士	同	七团一营四连战士	七团一营四连战士	七团三营九连排长	七团三营九连班长	同
姓名	周建章	张海僧	铁泉	白嘉章	任得福	任凯俊	何海武
年龄	25	24	25	27	22	24	27
籍贯	江西省新华县白溪村	山西晋城县明聚堡新化村	贵州毕节县田里村	山西大同东侯山小井铺	山东成武县官家屯	山西省夏县冯士村	河北平山县东黄尼村
家庭经济状况	家有人七口房五间田二担	家有人七口房五间地九亩欠债三十元	家有人三口	家有人二口房五间地九亩欠债一百元	家有人三口房地全无	家有人三口房八间地九亩欠债三百元	家有人五口房七间地三亩
永久通讯处	白溪村周迎喜收	明聚堡永和堂中药铺马进更先生收转		小井铺白云停收		冯士村任茂元收	东黄尼何明德收
何时何地入伍	1933年在本县入伍	1937年在本县入伍	1935年在本县入伍	1937年在本县入伍	1937年在河北平山县入伍	1937年在本县入伍	1937年在本县入伍
何时何地作战死亡	1938年在河北阜平阵亡	1938年在河北省阜平县阵亡	1938年在王快阵亡	1938年在王快阵亡	1938年在桃花堡阵亡	1938年在桃花堡阵亡	1938年在桃花堡阵亡
负伤部位	腹部	胸部	头部	头部	头部	头部	头部
负伤类别	盲贯	盲贯	盲贯	贯通	贯通	盲贯	盲贯
死亡日期	1938年8月5日	1938年8月5日	1938年8月5日	1938年8月5日	1938年9月8日	1938年9月8日	1938年9月8日
是否党员	非党	非党	非党	非党	党员	党员	党员
因何致死	手榴弹	机枪弹	机枪弹	机枪弹	手榴弹	机枪弹	机枪弹
葬埋地点及情形	当即葬埋	当即葬埋	当即葬埋	当即葬埋	当即葬埋	当即葬埋	当即葬埋
遗嘱物							
备考							

阵亡调查表

队职别	七团三营十连班长	七团三营十连战士	同	七团二营八连班长	七团二营八连战士	同	同
姓　名	魏连山	张明海	李纪善	关汝毅	马培英	唐得保	韩达
年　龄	24	28	23	23	24	22	25
籍　贯	山东海阳县曹川屯	河北平山县东黄尼村	山西省文水县胡村	山西省河津县边党村	山西忻县于家野场村	江西省万载县菏折村	河北平山县洪子店
家庭经济状况	家有人三口房五间地十亩	家有人五口房二间地七亩	家有人三口	家有人五口房二间地七亩	家有人七口房八间地七亩欠债二百元	家有人七口房七间地五亩欠债二百元	家有人四口房三间地五亩欠债百元
永久通讯处		河北平山县城内东街财神庙巷九号		河津县城内教堂巷八号		万载县菏折村唐奎元收	洪子店韩银福收
何时何地入伍	1937 年在河北平山县入伍	1937 年在本县入伍	1937 年在侯马入伍	1937 年在侯马入伍	1937 年在本县入伍	1937 年在本县入伍	1937 年在本县入伍
何时何地作战死亡	1938 年 9 月在桃花堡阵亡	1938 年 9 月在桃花堡阵亡	1938 年 9 月在桃花堡阵亡	1938 年 9 月在任家沟阵亡	1938 年 9 月在任家沟阵亡	1938 年 9 月在任家沟阵亡	1938 年 9 月在任家沟阵亡
负伤部位	腹部	头部	腹部	腹部	腹部	头部	头部
负伤类别	盲贯	盲贯	盲贯	盲贯	盲贯	贯通	盲贯
死亡日期	1938 年 9 月 8 日	1938 年 9 月 8 日	1938 年 9 月 8 日	1938 年 9 月 13 日	1938 年 9 月 13 日	1938 年 9 月 13 日	1938 年 9 月 13 日
是否党员	党员	非党	非党	党员	非党	党员	党员
因何致死	手榴弹	机枪弹	机枪弹	机枪弹	机枪弹	机枪弹	机枪弹
葬埋地点及情形	当即葬埋	当即葬埋	当即葬埋	当即葬埋	当即葬埋	当即葬埋	当即葬埋
遗嘱物							
备　考							

阵亡调查表

队职别	七团二营八连战士	七团一营一连战士	八团二营五连排长	八团二营五连战士	七团一营三连班长	七团一营三连战士	七团二营六连连长
姓 名	杜保山	赵志成	段志英	刘进先	蔡玉保	凌受新	林汝梅
年 龄	23	24	24	24	25	23	28
籍 贯	江西永新县米南村	山西盂县向阳镇	江西吉安县小江边	山西省曲沃县田寺庄	江苏昆山县邹梅镇陇右村	山西山阴县吴家窑	广东省云孚县罗口龙水溪村
家庭经济状况		家有人七口房八间地十亩	家有人五口房八间地十亩田二担山一圤	家有人五口房八间地四亩	家有人五口房五间地七亩	家有人二口房五间地七亩	家有人三口茅屋二间田三担山一圤
永久通讯处		盂县城内文庙利丰照像馆收转	小江边段得山收	田寺庄刘荣收	陇右蔡子民收		罗定口周家河湾林汝树收
何时何地入伍	1933年9月在本地入伍	1937年在侯马入伍	1933年在本县入伍	1937年在本县入伍	1937年在河北平山入伍	1937年在本县入伍	1934年在湖南入伍
何时何地作战死亡	1938年9月在任家沟阵亡	1938年9月在河北涿唐二县附近阵亡	1938年9月在广灵黄花岭阵亡	1938年9月在广灵黄花岭阵亡	1938年10月1日在烧车阵亡	1938年10月1日在烧车阵亡	1938年10月在明堡阵亡
负伤部位	头部	头部	腹部	腹部	头部	头部	腰部
负伤类别	炸伤	炸伤	盲贯	炸伤	炸伤	盲贯	炸伤
死亡日期	1938年9月13日	1938年9月15日	1938年9月13日	1938年9月13日	1938年10月1日	1938年10月1日	1938年10月12日
是否党员	党员	非党	党员	非党	党员	非党	党员
因何致死	手榴弹	炮弹伤	机枪弹	炮弹伤	炮弹伤	机枪弹	炮弹伤
葬埋地点及情形	当即葬埋	当即葬埋	当即葬埋	当即葬埋	当即葬埋	当即葬埋	战斗结束用棺木葬埋
遗嘱物							
备 考							

阵亡调查表

队职别	七团一营机关连排长	七团一营机关连班长	七团一营机关连战士	七团一营一连排长	七团一营一连班长	七团一营一连战士	同
姓 名	沈公许	王道业	王云田	周建魁	郭声	狄秋坡	于进瑞
年 龄	23	24	24	23	24	24	22
籍 贯	江西永新县白渡村	江西永新县米田庄	陕西潼关人	江西莲花县田梅村	山西河津县边塘村	河北平山县洪子店	山西神池县班井镇虎爪村
家庭经济状况	家有人五口房二间地七亩	家有人五口房二间地七亩	家有人五口房三间地四亩	家有人五口房三间地五亩	家有人八口房五间地四亩	家有人八口房五间地四亩	家有人四口房一间地七亩
永久通讯处	白渡村沈玉清收	米田庄王道仙收			边塘村郭仁收	洪子店耿青收	神池县班井镇瑞丰祥收转
何时何地入伍	1930 年在本县入伍	1933 年在本县入伍	1935 年在本地入伍	1935 年在本县入伍	1937 年在本县入伍	1937 年在本县入伍	1937 年在本县入伍
何时何地作战死亡	1938 年在明堡阵亡	1938 年在明堡阵亡	1938 年在明堡阵亡	1938 年在明堡阵亡	1938 年在明堡阵亡	1938 年在明堡阵亡	1938 年在明堡阵亡
负伤部位	头部	头部	腰部	头部	腹部	腹部	腹部
负伤类别	盲贯	贯通	盲贯	盲贯	贯通	盲贯	贯通
死亡日期	1938 年 10 月 12 日	1938 年 10 月 12 日	1938 年 10 月 12 日	1938 年 10 月 12 日	1938 年 10 月 12 日	1938 年 10 月 12 日	1938 年 10 月 12 日
是否党员	党员	党员	党员	党员	党员	非党	非党
因何致死	机枪弹	机枪弹	机枪弹	机枪弹	机枪弹	手榴弹	机枪弹
葬埋地点及情形	战斗后用棺木葬埋	当即葬埋	当即葬埋	当即葬埋	当即葬埋	当即葬埋	当即葬埋
遗嘱物							
备 考							

阵亡调查表

队职别	七团一营一连战士	同	八团一营三连班长	八团一营一连班长	八团一营一连战士	同	同
姓 名	张福锦	吴海升	翟振顺	霍生魁	张锁子	冯仁平	张新泉
年 龄	24	25	24	23	24	25	24
籍 贯	河北平山县东会社村	山西忻县于家野场	山西省夏县于家堡翟柱村	河北省平山县西会社村	山西省神池县酸枣窝村	山西宁武新同堡冯家沟	山西崞县石家庄
家庭经济状况	家有人三口房五间地十四亩	家有人三口房二间地五亩	家有人七口房三间地九亩欠债五十元	家有人八口房五间地七亩	家有人三口房五间地五亩	家有人五口房七间地八亩	家有人五口房八间地五亩
永久通讯处	东会社张福元收	原平张瑞星收转	于家堡刘钢方收转		义井镇三合盛油房收转	新同堡冯家店内冯大有收转	石家庄张国忠收
何时何地入伍	1937 年在本县入伍	1937 年在本县入伍	1937 年在本县入伍	1937 年在本县入伍	1937 年在本县入伍	1938 年 4 月在本村入伍	1937 年在本县入伍
何时何地作战死亡	1938 年在明堡阵亡	1938 年在明堡阵亡	1938 年在灵丘聂家沟阵亡	1938 年在灵丘聂家沟阵亡	1938 年在灵丘聂家沟阵亡	1938 年 10 月在灵丘吉利沟阵亡	1938 年 10 月在灵丘吉利沟阵亡
负伤部位	腹部	头部	腹部	腹部	头部	腹部	头部
负伤类别	盲贯	盲贯	盲贯	贯通	盲贯	盲贯	盲贯
死亡日期	1938 年 10 月 12 日	1938 年 10 月 12 日	1938 年 10 月 17 日	1938 年 10 月 17 日	1938 年 10 月 17 日	1938 年 10 月 17 日	1938 年 10 月 17 日
是否党员	非党	非党	党员	党员	非党	非党	非党
因何致死	机枪弹	手榴弹	机枪弹	机枪弹	手榴弹	手榴弹	机枪弹
葬埋地点及情形	当即葬埋	当即葬埋	当即葬埋	当即葬埋	当即葬埋	当即葬埋	当即葬埋
遗嘱物							
备 考							

队职别	八团一营一连战士	同	同	八团一营一连战士	八团一营三连战士	同	同
姓名	苗玉方	孙中胜	佐向臣	韩殿康	何中里	武彬	岳世忠
年龄	22	22	23	23	24	24	23
籍贯	河北平山县洪尼村	山西省闻喜县西刘村	山西蒲县黑龙关佐家营子	陕西甘泉下寺湾	河北平山县小觉镇巴明村	山西盂县太王庄	河北平山县小觉镇
家庭经济状况	家有人八口房五间地五十亩	家有人八口房五间地四十亩	家有人五口房三间地没有	家有人五口房五间地九亩	家有人三口房五间地十亩	家有人二口房地均无	家有人五口房地均无欠债四十元
永久通讯处	西会社赵田玉收	闻喜县城内刘村饭馆收转	蒲县城老爷庙内僧人佐向贤收	甘泉下寺湾韩贵贵收		太王庄武嘉绿收	小觉镇岳家巷八号
何时何地入伍	1937年在本县入伍	1937年在本县入伍	1937年在本县入伍	1936年在本县入伍	1937年在本县入伍	1937年在本县入伍	1937年在本县入伍
何时何地作战死亡	1938年10月在灵丘吉利沟阵亡	1938年10月在灵丘吉利沟阵亡	1938年10月在灵丘吉利沟阵亡	1938年10月在灵丘吉利沟阵亡	1938年10月在灵丘吉利沟阵亡	1938年10月在灵丘吉利沟阵亡	1938年10月在灵丘吉利沟阵亡
负伤部位	腹部	腹部	胸部	胸部	头部	腹部	头部
负伤类别	贯通	盲贯	炸伤	炸伤	贯通	炸伤	盲贯
死亡日期	1938年10月17日	1938年10月17日	1938年10月17日	1938年10月17日	1938年10月17日	1938年10月17日	1938年10月17日
是否党员	非党	非党	非党	党员	党员	非党	非党
因何致死	机枪弹	手榴弹	机关炮弹	机关炮弹	手榴弹	机关炮弹	步枪弹
葬埋地点及情形	当即葬埋	当即葬埋	全体上身炸碎只收葬下半截身体	全胸及腹碎烂当即葬埋	当即葬埋	当即葬埋	当即葬埋
遗嘱物							
备考							

阵亡调查表

队职别	八团一营二连连长	八团一营二连排长	同	八团一营二连班长	八团一营二连战士	同	同
姓 名	王梅方	胡嘉宾	王子通	刘忠	王庆曾	张树森	白保会
年 龄	23	24	23	22	24	23	28
籍 贯	江西省永新县	湖南大庸县溪芳村	江西省吉安县直夏村	河北省望都县牛镇村	河北省平山县白岭村	河北省平山县牛皮塔	河北省平山县白怀村
家庭经济状况	家有人五口房五间地五亩田三担欠债五十元	家有人五口房二间地三亩田六担欠债七十元	家有人五口房五间地三亩田六担	家有人一口房五间地五亩田五担	家有人七口房五间地四亩欠债三百元	家有人七口房五间地四亩欠债五十元	家有人二口房七间地十七亩欠债三十元
永久通讯处				北平内城菅花蝶胡同二十号	洪子店王虎坡收转		白怀白秃子收
何时何地入伍	1933年在本县入伍	1935年在本县入伍	1933年在本县入伍	1937年在山西五台入伍	1937年在本县入伍	1937年在本县入伍	1937年在本县入伍
何时何地作战死亡	1938年在灵丘义泉岭阵亡	1938年在灵丘义泉岭阵亡	1938年在灵丘义泉岭阵亡	1938年在灵丘义泉岭阵亡	1938年在灵丘义泉岭阵亡	1938年在灵丘义泉岭阵亡	1938年在灵丘义泉岭阵亡
负伤部位	头部	腹部	头部	腹部	头部	胸部	胸部
负伤类别	贯通	贯通	盲贯	盲贯	盲贯	盲贯	盲贯
死亡日期	1938年10月20日	1938年10月20日	1938年10月20日	1938年10月20日	1938年10月20日	1938年10月20日	1938年10月20日
是否党员	党员	党员	党员	党员	党员	非党	非党
因何致死	手榴弹	机枪弹	机枪弹	手榴弹	手榴弹	机枪弹	步枪弹
葬埋地点及情形	战斗后用棺木葬埋	当即葬埋	当即葬埋	当即葬埋	当即葬埋	当即葬埋	当即葬埋
遗嘱物							
备 考							

阵亡调查表

队职别	八团一营二连战士	八团一营一连战士	八团一营三连班长	八团一营三连战士	同	同	同
姓 名	康自齐	王奇	孙广全	邓华兴	张应华	周振海	陈永达
年 龄	23	24	24	24	23	22	23
籍 贯	河北省平山县康家庄	山西省夏县新乐村	江西省吉安县万溪乡小东庄	山西省蒲县万民村	山西省朔县	山西省五台县豆村	山西省绛县三区四乡新乐村
家庭经济状况	家有人二口房五间地四亩欠债三十元		家有人二口房三间地五亩欠债五十元	家有人七口房三间地五亩欠债三十元	家有人三口房三间地五亩欠债三百元	家有房二间地五亩欠债四十元	家有人七口房五间地十亩欠债八十元
永久通讯处	康家庄康全收			蒲县南关鼎玉和收转	朔县城内永丰泰收转		新乐村陈敏收
何时何地入伍	1937年在本县入伍	1937年在本县入伍	1933年在本县入伍	1937年在本县入伍	1937年在本县入伍	1937年在本县入伍	1937年在本县入伍
何时何地作战死亡	1938年在灵丘义泉岭阵亡	1938年在灵丘义泉岭阵亡	1938年在灵丘义泉岭阵亡	1938年在灵丘义泉岭阵亡	1938年在灵丘义泉岭阵亡	1938年在灵丘义泉岭阵亡	1938年在灵丘义泉岭阵亡
负伤部位	头部	腹部	头部	头部	腹部	胸部	头部
负伤类别	盲贯	盲贯	贯通	盲贯	贯通	盲贯	盲贯
死亡日期	1938年10月20日	1938年10月20日	1938年10月20日	1938年10月20日	1938年10月20日	1938年10月20日	1938年10月20日
是否党员	非党	非党	党员	非党	非党	非党	非党
因何致死	机枪弹	手榴弹	手榴弹	机枪弹	机枪弹	手榴弹	机枪弹
葬埋地点及情形	当即葬埋	当即葬埋	当即葬埋	当即葬埋	当即葬埋	当即葬埋	当即葬埋
遗嘱物							
备 考							

阵亡调查表

队职别	八团一营三连战士	八团一营一连排长	八团一营四连排长	八团一营一连班长	八团一营四连班长	八团一营四连战士	同
姓　名	鲁晋	白普绪	赵恩贵	郭太云	胡凤安	刘志贤	王仲良
年　龄	24	24	23	27	27	22	23
籍　贯	山西省晋城县方田庄	河北省平山县曲家庄	河南睢县胡子村	陕西省富平县焦家庄	山西省洪洞县胡家寨	山西省绛县故里村	山西曲沃县镇宁村
家庭经济状况	家有人五口房八间地十五亩欠债百元	家有人七口房四间地五亩欠债八十元	家有七口房四间地五亩欠债八十元	家有人七口房四间地五亩欠债三百元	家有人三口房五间地五亩欠债百元	家有人三口房五间地十四亩欠债百元	家有四口房五间地二十亩欠债百元
永久通讯处	方田庄村鲁昌收	曲家庄白恩田收	胡子村赵民田收		胡家寨胡广收	运城内泌批市和记收转	
何时何地入伍	1937年在本县入伍	1937年在本县入伍	1937年在山西入伍	1937年在本县入伍	1937年在本县入伍	1937年在本县入伍	1937年在本县入伍
何时何地作战死亡	1938年在灵丘义泉岭阵亡	1938年在灵丘贾庄阵亡	1938年在灵丘贾庄阵亡	1938年在灵丘贾庄阵亡	1938年在灵丘贾庄阵亡	1938年在山西灵丘贾庄阵亡	1938年在山西灵丘贾庄阵亡
负伤部位	头部	腹部	腹部	头部	头部	腹部	腹部
负伤类别	盲贯	盲贯	盲贯	贯通	贯通	盲贯	盲贯
死亡日期	1938年10月20日	1938年10月20日	1938年10月20日	1938年10月20日	1938年10月20日	1938年10月20日	1938年10月20日
是否党员	非党	党员	党员	党员	非党	非党	非党
因何致死	手榴弹	机枪弹	手榴弹	机枪弹	手榴弹	机枪弹	手榴弹
葬埋地点及情形	当即葬埋	当即葬埋	当即葬埋	当即葬埋	当即葬埋	当即葬埋	当即葬埋
遗嘱物							
备　考		因该战地附近无棺木买故未入棺即葬	同				

阵亡调查表

队职别	八团一营四连战士	同	同	八团一营营部通讯员	八团一营一连战士	同	同
姓　名	李奎顺	刘全堂	郭四小	安四小	郝安波	关凯俊	张玉春
年　龄	23	24	23	20	21	23	22
籍　贯	山西省神池县班井镇	山西省安邑县宁远村	山西崞县大牛店	陕西富平县于家湾	河北省平山县西必雷村	山西省平陆县边河村	河北省平山县西会社村
家庭经济状况	家有人四口房五间地二十亩欠债百元	家有人四口房六间地十亩欠债百元	家有人五口房三间地五亩欠债百元	家有人七口房三间地九亩欠债百元	家有人三口房七间地三十亩欠债五十元	家有五口人房四间地三十亩欠债四十元	家有人二口
永久通讯处		宁远村刘全礼收	大牛店郭宝玉收	于家湾安和子收	平山洪子店王明车马店收转	平陆县边河村	
何时何地入伍	1937年在本县入伍	1937年在本县入伍	1937年在本县入伍	1936年在本县入伍	1937年在本县入伍	1937年在本县入伍	1937年在本县入伍
何时何地作战死亡	1938年在山西灵丘贾庄阵亡	1938年在山西灵丘贾庄阵亡	1938年在山西灵丘贾庄阵亡	1938年在山西灵丘贾庄阵亡	1938年在山西灵丘贾庄阵亡	1938年在山西灵丘贾庄阵亡	1938年在灵丘贾庄阵亡
负伤部位	头部	胸部	头部	腹部	腹部	头部	腰部
负伤类别	盲贯	盲贯	贯通	盲贯	盲贯	盲贯	炸伤
死亡日期	1938年10月20日	1938年10月20日	1938年10月20日	1938年10月20日	1938年10月20日	1938年10月20日	1938年10月20日
是否党员	非党	非党	非党	非党	非党	非党	非党
因何致死	机枪弹	机枪弹	步枪弹	机枪弹	步枪弹	机枪弹	炮弹伤
葬埋地点及情形	当即葬埋	当即葬埋	当即葬埋	当即葬埋	当即葬埋	当即葬埋	当即葬埋
遗嘱物							
备　考							

阵亡调查表

队职别	八团一营一连战士	同	同	七团二营机关连连长	七团二营机关连政指	七团二营七连政指	七团二营七连排长
姓 名	白德宗	郭全	刘振声	岑洪迈	高洪岭	董玉祥	欧阳修
年 龄	23	23	23	24	23	27	24
籍 贯	陕西省临晋县土瓦村	陕西省三原县沙凹村	河北省昌平县狼窑村	江西省吉水县田家乡溪瓦村	湖南省茶陵县田山村	云南省先威县巴提镇	江西省永新县田里市村
家庭经济状况	家有人五口房四间地十二亩欠债三十元	家有人三口房三间地十二亩欠债四十元	家有人五口房四间地二十亩欠债五十元	家有人三口房五间地三亩田三担欠债二百元	家有人五口房二间地二亩田六担欠债五百元	家有人五口房三间地二亩田四担山一坏欠债五十元	家有人五口房三间地二亩欠债一百五十元
永久通讯处	土瓦村白德山收	三原县城内郭瑾礼收转	北平市西珠市口八号	吉水县瓦市详永连杂货铺转	茶陵田山镇高桥收	巴提永宁茶叶铺收	田里市欧阳宝收
何时何地入伍	1937年在临汾入伍	1937年在延安入伍	1937年在山西临汾入伍	1933年在本县入伍	1935年在本县入伍	1935年在本县入伍	1935年在本县入伍
何时何地作战死亡	1938年在灵丘贾庄阵亡	1938年在灵丘贾庄阵亡	1938年在灵丘贾庄阵亡	1938年在灵丘康家楼阵亡	1938年11月在灵丘康家楼阵亡	1938年11月在灵丘康家楼阵亡	1938年11月在灵丘康家楼阵亡
负伤部位	头部	腹部	腹部	头部	腹部	头部	头部
负伤类别	炸伤	炸伤	炸伤	贯通	盲贯	盲贯	盲贯
死亡日期	1938年10月20日	1938年10月20日	1938年10月20日	1938年11月10日	1938年11月10日	1938年11月10日	1938年11月10日
是否党员	非党	非党	非党	党员	党员	党员	党员
因何致死	炮弹伤	炮弹伤	炮弹伤	机枪弹	机枪弹	机枪弹	机枪弹
葬埋地点及情形	当即葬埋	当即葬埋	当即葬埋	当即葬埋	当即葬埋	当即葬埋	当即葬埋
遗嘱物							
备 考				因敌追击未能用棺木收葬	同	同	

阵亡调查表

队职别	七团二营八连排长	七团二营机关连班长	七团二营七连班长	七团二营七连战士	同	同	七团二营机关连战士
姓 名	丁振彪	洪迈	张润先	刘殿华	杜根拴	徐占泉	关世元
年 龄	23	25	24	23	23	23	23
籍 贯	四川省巴县溪夏口村	河北省雄县五区西乡洪土湾村	山西省平陆县糊说挖村	山西省稷山县临河村	山西省安邑县临州堤村	山西省稷山县临童关托村	陕西省临晋县向河村
家庭经济状况	家有人五口房地均无欠债五十元	家有人七口房三间地六亩欠债五十元	家有人三口房五间地二亩欠债三百元	家有人三口房五间地二亩欠债二百元	家有人三口房五间地三亩欠债三百元	家有人三口房五间地四亩欠债三百元	家有人五口房五间地三十五亩欠债四百元
永久通讯处	溪夏口丁顺收	雄县城内洪记酱肉铺收转				临潼关托堡徐世贤收	向河村关凯收
何时何地入伍	1935 年在本县入伍	1937 年在太原入伍	1937 年在临汾入伍	1937 年在本县入伍	1937 年在本县入伍	1937 年在本县入伍	1937 年在本县入伍
何时何地作战死亡	1938 年 11 月在灵丘康家楼阵亡	1938 年 11 月在灵丘康家楼阵亡	1938 年 11 月在灵丘康家楼阵亡	1938 年 11 月在灵丘康家楼阵亡	1938 年 11 月在灵丘康家楼阵亡	1938 年 11 月在灵丘康家楼阵亡	1938 年 11 月在灵丘康家楼阵亡
负伤部位	头部	腹部	头部	腹部	头部	腹部	头部
负伤类别	盲贯	盲贯	盲贯	盲贯	盲贯	盲贯	盲贯
死亡日期	1938 年 11 月 10 日	1938 年 11 月 10 日	1938 年 11 月 10 日	1938 年 11 月 10 日	1938 年 11 月 10 日	1938 年 11 月 10 日	1938 年 11 月 10 日
是否党员	党员	党员	党员	非党	非党	党员	非党
因何致死	机枪弹	手榴弹	机枪弹	手榴弹	机枪弹	手榴弹	机枪弹
葬埋地点及情形	当即葬埋	当即葬埋	当即葬埋	当即葬埋	当即葬埋	当即葬埋	当即葬埋
遗嘱物							
备 考							

阵亡调查表

队职别	七团二营机关连战士	七团二营八连战士	同	七团二营八连战士	八团一营二连排长	八团一营二连班长	八团一营二连战士
姓 名	何永福	李奎	武起顺	孟全标	岳中升	朱绍兰	王云山
年 龄	24	27	21	23	27	23	24
籍 贯	山西省安邑县晋明村	河北省平山县庄国村	河北省平山县白岭村	山西省崞县石家庄	湖南省永顺县溪坪村	福建省汀州河汀镇	山西省神池县王老阁村
家庭经济状况	家有人五口房五间地三十亩	家有人三口房一间地五亩欠债五百元	家有人五口房一间地五亩欠债五百元	家有人一口	家有人一口房四间地五亩欠债五百元	家有人五口房七间地五亩欠债百元	家有人三口房五间地五亩欠债百元
永久通讯处	晋明何永升收	庄国村李纪忠收	白岭村武松官后台铺武灵收		溪坪村岳俭山收		
何时何地入伍	1937 年在本县入伍	1937 年在本县入伍	1937 年在本县入伍	1937 年在本县入伍	1935 年在本县入伍	1935 年在本县入伍	1937 年在本县入伍
何时何地作战死亡	1938 年 11 月在灵丘康家楼阵亡	1938 年 11 月在灵丘康家楼阵亡	1938 年 11 月在灵丘康家楼阵亡	1938 年 11 月在灵丘康家楼阵亡	1938 年 11 月在广灵邵家庄阵亡	1938 年 11 月在广灵邵家庄阵亡	1938 年 11 月在广灵邵家庄阵亡
负伤部位	腹部	头部	头部	头部	腹部	头部	腹部
负伤类别	炸伤	炸伤	炸伤	盲贯	盲贯	盲贯	盲贯
死亡日期	1938 年 11 月 10 日	1938 年 11 月 10 日	1938 年 11 月 10 日	1938 年 11 月 10 日	1938 年 11 月 10 日	1938 年 11 月 10 日	1938 年 11 月 10 日
是否党员	非党	非党	非党	非党	党员	党员	非党
因何致死	炮弹伤	炮弹伤	炮弹伤	手榴弹	机枪弹	机枪弹	机枪弹
葬埋地点及情形	当即葬埋	当即葬埋	当即葬埋	当即葬埋	当即葬埋	当即葬埋	当即葬埋
遗嘱物							
备 考							

阵亡调查表

队职别	八团一营二连战士	同	八团三营九连班长	八团三营十一连班长	八团三营九连战士	同	同
姓名	韩贵仙	周华山	郑雪山	毕玉珍	谷明德	史明奎	傅洪宾
年龄	24	21	27	27	24	23	24
籍贯	河北省平山县康家庄	山西省河津县向田村	湖南省大庸县桑池村	山西省崞县石家庄	山西省大同县梅全村	河北省平山县小觉镇	河北省平山县白岭村
家庭经济状况	家有人三口房五间地七亩欠债百元	家有人二口房五间地七亩	家有人二口房五间地七亩田五担山一圤	家有人二口房地均无欠债五十元	家有人五口房五间地五亩欠债一百五十余元	家有人七口房五间地九亩欠债五百元	家有人五口房五间地九亩欠债百元
永久通讯处	康家庄韩四收	向田村周仁收	桑池村郑肃收	石家庄毕鸿基收	梅全村谷颜德收	小觉镇福和永药铺收转	
何时何地入伍	1937年在本县入伍	1937年在本县入伍	1935年在本县入伍	1937年在本县入伍	1937年在崞县入伍	1937年在本县入伍	1937年在本县入伍
何时何地作战死亡	1938年11月在广灵邵家庄阵亡	1938年11月在广灵邵家庄阵亡	1938年11月在广灵直峪阵亡	1938年11月在广灵直峪阵亡	1938年在直峪阵亡	1938年在直峪阵亡	1938年在直峪阵亡
负伤部位	头部	腹部	头部	头部	腹部	头部	腹部
负伤类别	炸伤	炸伤	盲贯	盲贯	盲贯	盲贯	盲贯
死亡日期	1938年11月10日	1938年11月10日	1938年11月10日	1938年11月10日	1938年11月10日	1938年11月10日	1938年11月10日
是否党员	非党	非党	党员	党员	非党	非党	非党
因何致死	炮弹伤	手榴弹	机枪弹	机枪弹	手榴弹	机枪弹	机枪弹
葬埋地点及情形	当即葬埋	当即葬埋	当即葬埋	当即葬埋	当即葬埋	当即葬埋	当即葬埋
遗嘱物							
备考							

阵亡调查表

队职别	八团三营十一连战士	同	同	八团三营十一连战士	八团一营一连排长	八团一营一连班长	八团一营二连班长
姓 名	贺宰吾	何瑞东	何海南	焦金泉	耿来祥	王景秀	康嘉和
年 龄	27	27	25	20	24	21	25
籍 贯	河北省平山县小觉镇	河北省平山县小觉镇	河北省平山县小觉镇	山西省晋城县柳家庄	江西省莲花县芳塘村	山西省绛县蒲柳村	河北省平山县东柏槐村
家庭经济状况	家有人五口房七间地五十亩	家有人九口房七间地三亩欠债百元	家有人五口房五间地五十亩欠债五十元	家有人三口	家有人一口房五间地五亩欠债九十元		家有人四口房九间地五十亩欠债八十元
永久通讯处	小觉镇万和通村				芳塘耿原平收		
何时何地入伍	一九三七年在本县入伍	一九三七年在本县入伍	一九三七年在本县入伍	一九三七年在侯马入伍	一九三三年在本县入伍	一九三七年在本县入伍	一九三七年在本县入伍
何时何地作战死亡	一九三八年十一月直峪阵亡	一九三八年十一月在直峪阵亡	一九三八年十一月在直峪阵亡	一九三八年十一月在直峪阵亡	一九三八年十二月二十五日在灵丘青尼涧阵亡	一九三八年十二月在灵丘青尼涧阵亡	一九三八年十二月在灵丘青尼涧阵亡
负伤部位	腹部	腹部	头部	腹部	头部	腹部	头部
负伤类别	盲贯	炸伤	炸伤	炸伤	盲贯	贯通	盲贯
死亡日期	一九三八年十一月十日	一九三八年十一月十日	一九三八年十一月十日	一九三八年十一月十日	一九三八年十二月二十五日	一九三八年十二月二十五日	一九三八年十二月二十五日
是否党员	非党	非党	非党	非党	党员	党员	党员
因何致死	机枪弹	炮弹伤	炮弹伤	炮弹伤	机枪弹	步枪弹	机枪弹
葬埋地点及情形	当即葬埋	当即葬埋	当即葬埋	当即葬埋	当即葬埋	当即葬埋	当即葬埋
遗嘱物							
备 考					因敌人袭击青尼涧适我军正在此休息故未能收葬		

阵亡调查表

队职别	八团二营九连班长	八团二营六连班长	八团一营一连战士	八团一营一连战士	八团一营二连战士	同	八团二营九连战士
姓　名	汪静波	徐明月	张喜成	韩德明	胡广文	谢金吾	杨德民
年　龄	25	24	22	23	27	24	23
籍　贯	山西省安邑县池凤村	湖北省松滋县桃园官村	河北省平山县西米窑村	河北省雄县康平庄	河北省徐水县王井村	河北省平山县高脚村	山西省河津县小河塘村
家庭经济状况	家有人七口房五间地三十亩欠债五百元	家有人七口房十间田十担	家有人八口房五间地三亩欠债百元	家有人五口房五间地四亩欠债五十元	家有人三口房七间地五亩欠债七十元	家有人五口房七间地五亩欠债五十元	家有人七口房七间地五亩欠债五十元
永久通讯处	安邑县池凤村汪世五收			康平庄韩文彬收			小河塘杨如福收
何时何地入伍	一九三七年在本县入伍	一九三五年本县入伍	一九三七年在本县入伍	一九三八年在本县入伍	一九三八年六月在高阳入伍	一九三七年在本县入伍	一九三七年在侯马入伍
何时何地作战死亡	一九三八年十二月在灵丘青尼涧阵亡	一九三八年月在灵丘青尼涧阵亡	一九三八年在灵丘青尼涧阵亡	一九三八年在灵丘青尼涧阵亡	一九三八年在灵丘青尼涧阵亡	一九三八年在灵丘青尼涧阵亡	一九三八年在灵丘青尼涧阵亡
负伤部位	腰部	头部	胸部	胸部	腹部	头部	腹部
负伤类别	炸伤	盲贯	炸伤	盲贯	盲贯	盲贯	贯通
死亡日期	一九三八年十二月二十五日	一九三八年十二月二十五日	一九三八年十二月二十五日	一九三八年十二月二十五日	一九三八年十二月二十五日	一九三八年十二月二十五日	一九三八年十二月二十五日
是否党员	党员	党员	非党	非党	非党	非党	非党
因何致死	炮弹伤	机枪弹	步枪弹	步枪弹	机枪弹	步枪弹	机枪弹
葬埋地点及情形	当即葬埋	当即葬埋	当即葬埋	当即葬埋	当即葬埋	当即葬埋	当即葬埋
遗嘱物							
备　考							

阵亡调查表

队职别	八团二营六连战士	同	七团一营一连战士	七团一营三连排长	七团一营三连班长	七团一营三连战士	同
姓　名	尹宗保	雷志恒	张培珍	向横田	岳世魁	石有山	岑瑞轩
年　龄	24	23	23	24	23	23	24
籍贯	山西省盂县河泽村	山西省忻县碾子沟村	山西省崞县清水村	湖南省龙山县梅桥村	山西省崞县石家庄	山西省忻县野场村	河北省雄县康山庄村
家庭经济状况	家有人七口房七间地五亩欠债五十元	家有人七口房七间地五亩欠债四十元	家有人七口房七间地五亩欠债三十元	家有人七口房五间地六亩欠债五十元	家有人七口房七间地五亩欠债五十元	家有人七口房七间地五亩欠债五十元	家有人二口房七间地五亩欠债五十元
永久通讯处				梅桥村向仙波收	原平镇张铁匠收转	野场石虎子收	康山庄岑国保收
何时何地入伍	一九三七年在侯马入伍	一九三七年在忻县入伍	一九三七年在本县入伍	一九三五年在本县入伍	一九三七年在本县入伍	一九三七年在本县入伍	一九三八年在本县入伍
何时何地作战死亡	一九三八年在灵丘清尼涧阵亡	一九三八年在灵丘清尼涧阵亡	一九三九年在蛾口阵亡	一九三九年在山西五台豆村阵亡	一九三九年在山西五台豆村阵亡	一九三九年在山西五台豆村阵亡	一九三九年在山西五台豆村阵亡
负伤部位	胸部	头部	头部	腹部	腹部	腹部	头部
负伤类别	盲贯	盲贯	贯通	盲贯	贯通	炸伤	盲贯
死亡日期	一九三八年十二月二十五日	一九三八年十二月二十五日	一九三九年一月二日	一九三九年一月二日	一九三九年一月二日	一九三九年一月二日	一九三九年一月二日
是否党员	非党	非党	非党	非党	党员	非党	非党
因何致死	机枪弹	机枪弹	机枪弹	机枪弹	机枪弹	炮弹伤	机枪弹
葬埋地点及情形	当即葬埋	当即葬埋	当即葬埋	当即葬埋	当即葬埋	当即葬埋	当即葬埋
遗嘱物							
备　考							

阵亡调查表

队职别	七团二营五连战士	同	同	七团一营四连班长	七团一营四连战士	同	同
姓 名	李德明	冯海山	冯明海	薛明	杜敏	王祥元	吕二畔
年 龄	24	23	24	24	25	24	23
籍 贯	河北省饶阳县高果村	山西省神池县班井镇	山西省宁武县丘家庄	河北省平山县西米庄村	陕西省三原县流村镇	江西省永新县梅竹沟	四川省眉山县唐家窑村
家庭经济状况	家有人五口房八间地七亩欠债五十元	家有人七口房八间地七亩欠债五十元	家有人二口	家有人五口房五间地十亩欠债四百元	家有人七口房五间地七亩欠债三百元	家有人二口房二间地七亩欠债三百元	
永久通讯处	高果庄李海收	班井镇老阁富村冯建收转		平山城内鼎盛昌收转	三原县流村镇杜岗收转	梅竹沟王贵章收转	
何时何地入伍	一九三八年在本县入伍	一九三八年在本县入伍	一九三七年在崞县入伍	一九三七年在本县入伍	一九三六年在本县入伍	一九三三年在本县入伍	一九三四年在本县入伍
何时何地作战死亡	一九三九年在山西五台辛庄阵亡	一九三九年在山西五台辛庄阵亡	一九三九年在山西五台辛庄阵亡	一九三九年一月在五台铜钱沟阵亡	一九三九年在五台铜钱沟阵亡	一九三九年在五台铜钱沟阵亡	一九三九年在山西五台铜钱沟阵亡
负伤部位	腹部	头部	胸部	胸部	胸部	腹部	头部
负伤类别	盲贯	盲贯	贯通	盲贯	贯通	盲贯	盲贯
死亡日期	一九三九年一月二日	一九三九年一月二日	一九三九年一月二日	一九三九年一月二日	一九三九年一月二日	一九三九年一月二日	一九三九年一月二日
是否党员	非党	非党	非党	党员	党员	党员	党员
因何致死	机枪弹	步枪弹	机枪弹	机枪弹	机枪弹	机关枪弹	机枪弹
葬埋地点及情形	当即葬埋	当即葬埋	当即葬埋	当即葬埋	当即葬埋	当即葬埋	当即葬埋
遗嘱物							
备 考							

阵亡调查表

队职别	八团二营五连战士	八团二营六连战士	同	八团二营六连战士	八团警备连战士	八团二营六连战士	同
姓　名	曹恩贵	曹来雪	边海潮	白云峰	丁运开	白景宗	唐元清
年　龄	24	24	25	27	23	24	23
籍　贯	河北省蠡县新桥沟	河北省任丘县	河北省定县	河北省饶阳县白家屯	河北省武强县丁山堡村	山西省曲沃县仁义庄	山西省神池县班井虎爪村
家庭经济状况	家有人三口房五间地六亩欠债二百元	家人五口房五间地六亩欠债三百元	家有人七口房三间地五亩欠债二百元	家有人一口	家有人五口房九间地三十亩	家有人七口房五间地四亩欠债百元	家有人二口房七间地七亩欠债百元
永久通讯处	蠡县城内曹恩山收	任丘城内龙泉宫巷八号	定县南关玉家巷七号		丁山堡丁万珍收	仁义庄白顺元收	班井镇王和和店收转
何时何地入伍	一九三八年在本县入伍	一九三八年六月在本县入伍	一九三八年在高阳入伍	一九三八年七月在高阳入伍	一九三八年在本县入伍	一九三七年在本县入伍	一九三七年在本县入伍
何时何地作战死亡	一九三九年在灵丘古树村阵亡	一九三九年在灵丘张庄阵亡	一九三九年在灵丘张庄阵亡	一九三九年在灵丘张庄阵亡	一九三九年七月在灵丘张庄阵亡	一九三九年七月在灵丘张庄阵亡	一九三九年在灵丘张庄阵亡
负伤部位	胸部	头部	胸部	头部	腹部	胸部	胸部
负伤类别	盲贯	炸伤	盲贯	贯通	贯通	盲贯	贯通
死亡日期	一九三九年三月三日	一九三九年七月二十二日	一九三九年七月二十二日	一九三九年七月二十二日	一九三九年七月二十二日	一九三九年七月二十二日	一九三九年七月二十二日
是否党员	非党	党员	非党	非党	非党	非党	非党
因何致死	机枪弹	炮弹伤	机枪弹	机枪弹	机枪弹	步枪弹	手榴弹
葬埋地点及情形	当即葬埋	当即葬埋	当即葬埋	当即葬埋	当即葬埋	当即葬埋	当即葬埋
遗嘱物							
备　考							

阵亡调查表

队职别	八团二营六连战士	七团特务连连长	八团工兵连连长	八团二营五连连长	八团二营五连政指	八团三营九连政指	八团三营十连连长
姓　名	王锦云	王明宗	王建清	彭南峰	张明臣	陈光的	胡静开
年　龄	25	28	29	28	27	24	25
籍贯	山西省大同县牛鼻湾	湖南大庸县南溪堡村	河北省北平市	湖南省永顺县沙溪堡村	江西省永新县白渡村	湖南省茶陵县小井泉村	四川省巴中县田利村
家庭经济状况	家有人二口	家有人八口房二间田七担	家有人三口房五间	家有人三口房八间田十担欠债四百余元	家有人三口房八间地三亩欠债百元	家有人三口房五间地三亩欠债百元	家有人三口房五间地三亩欠债百元
永久通讯处			北平市西单牌楼头条十八号	沙溪堡彭振星收	白渡村张明山收	小井村陈凯收	田利村胡虎收
何时何地入伍	一九三七年在崞县阳武入伍	一九三五年在本县入伍	一九三七年在山西盂县入伍	一九三五年在本县入伍	一九三三年在本县入伍	一九三五年在本县入伍	一九三五年在云南入伍
何时何地作战死亡	一九三九年在灵丘张庄阵亡	一九三九年六月在五台上下细腰涧阵亡	一九三九年六月在五台上下细腰涧阵亡	一九三九年在上下细腰涧阵亡	一九三九年在上下细腰涧阵亡	一九三九年在上下细腰涧阵亡	一九三九年在上下细腰涧阵亡
负伤部位	头部	头部		头部	腰部	胸部	腰部
负伤类别	盲贯	贯通	炸伤	盲贯	盲贯	贯通	盲贯
死亡日期	一九三九年七月二十二日	一九三九年六月十八日	一九三九年六月十八日	一九三九年六月十八日	一九三九年六月十八日	一九三九年六月十八日	一九三九年六月十八日
是否党员	非党	党员	党员	党员	党员	党员	党员
因何致死	机枪弹	机枪弹	地雷伤	机枪弹	机枪弹	机枪弹	机枪弹
葬埋地点及情形	当即葬埋	战斗后用棺木葬埋	尸骨炸碎无踪系地雷走火伤	战斗后用棺木葬埋	战斗后用棺木收葬	战斗后用棺木收葬	战斗后用棺木葬埋
遗嘱物							
备　考							

阵亡调查表

队职别	八团二营五连排长	八团三营九连排长	八团工兵连排长	八团工兵连班长	八团三营九连班长	八团二营五连班长	八团一营二连班长
姓 名	张广元	邓明凯	张玉珍	霍嘉祥	魏振双	黄云山	郑保元
年 龄	24	26	24	27	25	23	27
籍 贯	江西省永新县节墟污市村	江西省吉水县海进村	河北省清苑县合和桥村	山西省河津县小水沟村	河北省平山县东会社村	山西省绛县麻石池村	河北省博野县焦池村
家庭经济状况	家有人三口房五间	家有人七口房地均无	家有人七口房八间地十亩		家有人三口房九间地十亩	家有人二口房七间地七亩	家有人三口房地均无欠债五十元
永久通讯处			清苑城里唐家胡同十号			麻石池村黄云光收	博野县城内柳树巷三号
何时何地入伍	一九三三年在本县入伍	一九三三年在本县入伍	一九三七年在山西盂县入伍	一九三七年在本县入伍	一九三七年在本县入伍	一九三七年在本县入伍	一九三八年在本县入伍
何时何地作战死亡	一九三九年在上下腰涧阵亡	一九三九年六月十八日在上下细腰涧阵亡	一九三九年六月十八日在上下细腰涧阵亡	一九三九年六月十八日在上下细腰涧阵亡	一九三九年六月十八日在山西五台上下细腰涧阵亡	一九三九年六月十八日在山西五台上下细腰涧阵亡	一九三九年六月十八日在五台上下细腰涧阵亡
负伤部位	腹部	头部			头部	头部	头部
负伤类别	盲贯	贯通	炸伤	炸伤	贯通	贯通	贯通
死亡日期	一九三九年六月十八日	一九三九年六月十八日	一九三九年六月十八日	一九三九年六月十八日	一九三九年六月十八日	一九三九年六月十八日	一九三九年六月十八日
是否党员	党员	党员	党员	党员	党员	党员	党员
因何致死	机枪弹	机枪弹	地雷伤	地雷伤	机枪弹	步枪弹	机枪弹
葬埋地点及情形	战斗后用棺木葬埋	当即葬埋	全尸炸碎未收葬	全尸炸碎未收葬	当即葬埋	当即葬埋	当即葬埋
遗嘱物							
备 考							

阵亡调查表

队职别	七团二营八连班长	八团二营八连战士	同	七团二营八连战士	同	七团二营九连战士	同
姓　名	张明	张汝山	王青云	段泽明	庞得元	康凯明	于世芳
年　龄	28	23	27	17	24	28	24
籍　贯	河北省高阳县边口村	河北省高阳县白池村	河北省安新县板桥镇	河北省安国县五仁桥	河北省安新县五道口村	山西省祁县康家庄	山西省广灵县下白罗村
家庭经济状况	家有人五口房二间地七亩欠债三百元	家有人五口房三间地十亩欠债八十元	家有人五口房五间地三十亩欠债一百元	家有人五口房八间地十亩欠债三百元	家有人五口房七间地九亩欠债百元	家有人五口房八间地十亩欠债三百元	家有人三口房五间地七亩欠债九十元
永久通讯处	庞口村张廷英收	庞口邮局收转			五道口庞得山收	康家庄康太和收	下白罗村公所收转
何时何地入伍	一九三九年在本县入伍	一九三九年在本县入伍	一九三九年在本县入伍	一九三八年在本县入伍	一九三八年在本县入伍	一九三八年在本县入伍	一九三七年在本县入伍
何时何地作战死亡	一九三九年六月十八日在五台上下细腰涧阵亡	一九三九年六月在五台上下细腰涧阵亡	一九三九年六月在五台上下细腰涧阵亡	一九三九年在五台细腰涧阵亡	一九三九年在五台细腰涧阵亡	一九三九年在五台细腰涧阵亡	一九三九年在五台细腰涧阵亡
负伤部位	胸部	头部	头部	胸部	头部	胸部	腹部
负伤类别	贯通	盲贯	贯通	盲贯	盲贯	盲贯	盲贯
死亡日期	一九三九年六月十八日	一九三九年六月十八日	一九三九年六月十八日	一九三九年六月十八日	一九三九年六月十八日	一九三九年六月十八日	一九三九年六月十八日
是否党员	党员	党员	非党	非党	非党	非党	非党
因何致死	机枪弹	机枪弹	机枪弹	手榴弹	手榴弹	机枪弹	手榴弹
葬埋地点及情形	当即葬埋	当即葬埋	当即葬埋	当即葬埋	当即葬埋	当即葬埋	当即葬埋
遗嘱物							
备　考							

阵亡调查表

队职别	八团一营二连战士	同	同	八团二营五连战士	同	八团三营九连战士	同
姓 名	孙建胜	谢贵卿	王文兄	王官亭	贾得云	许官益	于绍益
年 龄	25	25	24	27	27	24	24
籍 贯	山西省浑源县白羊村	山西省灵丘县岔上村	山西省朔县石拐村	山西省五寨县三岔村	河北省蠡县河泽村	河北省平山县贾庄	河北省安国县五仁桥
家庭经济状况	家有人七口房五间地三亩欠债一百元	家有人五口房五间地九亩欠债二百元	家有人五口房五间地五亩欠债三百元	家有人四口房五间地十亩欠债三百元	家有人五口房八间地四十亩欠债五百元	家有人二口	家有人三口房三间地无欠债三百元
永久通讯处	白羊村孙有才收	岔上村公所收转	石拐村王文启收转	三岔村王玉亭收	河泽贾成顺收		
何时何地入伍	一九三八年在本县入伍	一九三八年在本县入伍	一九三八年在本县入伍	一九三八年在本县入伍	一九三八年在本县入伍	一九三七年在本县入伍	一九三八年在本县入伍
何时何地作战死亡	一九三九年在五台细腰涧阵亡	一九三九年在五台细腰涧阵亡	一九三九年在五台细腰涧阵亡	一九三九年在五台细腰涧阵亡	一九三九年在五台细腰涧阵亡	一九三九年在五台细腰涧阵亡	一九三九年在五台细腰涧阵亡
负伤部位	头部	腰部	头部	腰部	腹部	腹部	腹部
负伤类别	盲贯	贯通	盲贯	贯通	贯通	贯通	盲贯
死亡日期	一九三九年六月十八日	一九三九年六月十八日	一九三九年六月十八日	一九三九年六月十八日	一九三九年六月十八日	一九三九年六月十八日	一九三九年六月十八日
是否党员	非党	非党	非党	非党	非党	非党	非党
因何致死	机枪弹	机枪弹	机枪弹	步枪弹	机枪弹	机枪弹	机枪弹
葬埋地点及情形	当即葬埋	当即葬埋	当即葬埋	当即葬埋	当即葬埋	当即葬埋	当即葬埋
遗嘱物							
备 考							

阵亡调查表

队职别	八团三营九连战士	同	同	八团工兵连战士	八团三营十连战士	同	同
姓　名	赵万益	张季珍	王和章	冉有康	李纪奎	陈有先	徐明光
年　龄	28	24	24	25	25	28	24
籍　贯	山西省阳曲县白坡村	山西省神池县卧牛村	山西省平县河霸村	山西省五台县门头村	河北平山县曲家庄	河北省深泽县面道口村	山西省大同县卧虎湾
家庭经济状况	家有人三口房三间地五亩欠债百元	家有人三口房五间地五亩欠债三百元	家有人三口房五间地五亩欠债三百元	家有人三口房五间地八亩欠债百元	家有人四口房五间地十亩欠债百元	家有人四口房五间地七亩欠债百元	家有人五口房五间地七亩欠债三百元
永久通讯处	太原东街九十八号		河霸村康文华收转	门头村冉文先收	西会社村王五小收转	面道口陈有才收	卧虎湾小树店徐明肴收
何时何地入伍	一九三七年在侯马入伍	一九三七年在本县入伍	一九三七年在本县入伍	一九三八年在本县入伍	一九三七年在本县入伍	一九三八年在本县入伍	一九三八年在本县入伍
何时何地作战死亡	一九三九年在山西五台细腰涧阵亡	一九三九年在山西五台细腰涧阵亡	一九三九年在山西五台细腰涧阵亡	一九三九年在本县细腰涧阵亡	一九三九年在山西五台细腰涧阵亡	一九三九年在山西五台细腰涧阵亡	一九三九年在山西五台细腰涧阵亡
负伤部位	头部	腹部	头部		头部	腹部	腹部
负伤类别	贯通	盲贯	盲贯	炸伤	盲贯	盲贯	盲贯
死亡日期	一九三九年六月十八日	一九三九年六月十八日	一九三九年六月十八日	一九三九年六月十八日	一九三九年六月十八日	一九三九年六月十八日	一九三九年六月十八日
是否党员	非党	非党	非党	非党	非党	非党	非党
因何致死	机枪弹	机枪弹	手榴弹	地雷伤	机枪弹	手榴弹	手榴弹
葬埋地点及情形	当即葬埋	当即葬埋	当即葬埋	当即葬埋	当即葬埋	当即葬埋	当即葬埋
遗嘱物							
备　考				因埋地雷走火自伤			

阵亡调查表

队职别	七团二营营部分支书记	七团二营五连政指	七团三营十连连长	七团三营九连政指	七团三营十一连连长	七团三营十二连连长	七团三营十连班长
姓　名	张钦	王群星	刘承斌	匡嘉祥	邓康靖	尹宗雨	姚景秀
年　龄	27	23	29	29	27	29	24
籍　贯	江西省永新县节坝汙白渡村	江西省吉安县焦园村	湖南省浏阳县南水园村	贵州省毕节县铜沙凹村	四川省巴县明昆村	湖南省桑植县白水桥村	山西省闻喜县正官村
家庭经济状况	家有人五口房三间田五担山一圵欠债二百元	家有人五口房八间地七亩欠债九十元	家有人五口房八间地十七亩田二担欠债二百元	家有人七口房九间田七担欠债二百元	家有人七口房八间地五亩田三担	家有人八口房九间地十亩田五担欠债百元	家有人九口房二间地五十亩欠债百元
永久通讯处	白渡村张振民收	焦园村王群兵收	南水园村刘承耀收		明昆村巴县立十八小学校王清光收		闻喜县城内西街三合昌收转
何时何地入伍	一九三三年在本县入伍	一九三四年在本县入伍	一九三四年在本县入伍	一九三五年在本县入伍	一九三五年在本县入伍	一九三四年在本县入伍	一九三七年在本县入伍
何时何地作战死亡	一九三九年在灵丘六合地阵亡	一九三九年在灵丘六合地阵亡	一九三九年在灵丘作辛庄阵亡	一九三九年在灵丘黄台寺阵亡	一九三九年在灵丘龙王庙阵亡	一九三九年在灵丘大作村阵亡	一九三九年在灵丘作辛庄阵亡
负伤部位	头部	腹部	胸部		胸部	腹部	头部
负伤类别	贯通	贯通	盲贯	炸伤	盲贯	盲贯	盲贯
死亡日期	1939 年 6 月 22 日	1939 年 6 月 22 日	1939 年 6 月 22 日	1939 年 6 月 22 日	1939 年 6 月 22 日	1939 年 6 月 22 日	1939 年 6 月 22 日
是否党员	党员	党员	党员	党员	党员	党员	党员
因何致死	机枪弹	机枪弹	机枪弹	炮弹伤	机枪弹	机枪弹	机枪弹
葬埋地点及情形	战斗后用棺木葬埋	战斗后用棺木葬埋	战斗后用棺木葬埋	全尸炸碎无踪未能收葬	当即葬埋	当即葬埋	当即葬埋
遗嘱物							
备　考							

阵亡调查表

队职别	七团三营九连班长	七团三营十连班长	七团二营六连排长	八团二营六连班长	八团三营十连排长	八团二营五连排长	七团二营五连排长
姓　名	许荣先	常凯明	刘仲清	郭玉田	佐向云	柳迎春	王安石
年　龄	24	25	29	24	32	23	24
籍　贯	河北省高阳县岳家佐村	河北省高阳县崔家庄	湖南省大庸县龙庄口村	河北省平山县西劈雷村	河南省阳城县大仁村	云南省威信县柳园庄	贵州省毕节县水堤溪村
家庭经济状况	家有人八口房五间地十亩欠债一百元	家有人八口房五间地十亩欠债百元	家有人两口	家有人五口房七间地五亩欠债三百元	家有人五口房八间地四亩欠债三百元	家有人五口房八间地九亩	家有人五口房五间田九担
永久通讯处	岳家佐许光远收	崔家庄常凯元收			阳城县城内榆树巷七号	威信县城内柳园车马店收	
何时何地入伍	1938年6月在本县入伍	1938年在本县入伍	1935年在本县入伍	1937年在本县入伍	1937年在汉口入伍	1935年在本县入伍	1935年在本县入伍
何时何地作战死亡	1939年在灵丘作辛村阵亡	1939年在灵丘龙王庙阵亡	1939年在灵丘黄台寺阵亡	1939年在灵丘县六合地阵亡	1939年在灵丘黄台寺阵亡	1939年在灵丘黄台寺阵亡	1939年在灵丘作辛村阵亡
负伤部位	腹部	腹部	头部	腹部	腹部	头部	
负伤类别	盲贯	盲贯	贯通	贯通	贯通	盲贯	炸伤
死亡日期	1939年6月22日	1939年6月22日	1939年6月22日	1939年6月22日	1939年6月22日	1939年6月22日	1939年6月22日
是否党员	党员	党员	党员	党员	党员	党员	党员
因何致死	机枪弹	机枪弹	手榴弹	机枪弹	步枪弹	机枪弹	步枪弹
葬埋地点及情形	当即葬埋	当即葬埋	当即葬埋	当即葬埋	当即葬埋	当场葬埋	全尸炸没未能收葬
遗嘱物							
备　考							

阵亡调查表

队职别	七团二营营部通讯员	七团二营五连战士	同	七团二营五连战士	七团三营十连战士	同	同
姓名	介子清	谢景春	宋玉明	刘英贤	薛俊明	彭有清	肖耀南
年龄	23	24	24	25	22	24	24
籍贯	河北省博野县小仁庄	河北省蠡县新果庄	河北省饶阳县范水关村	河北省任丘县新店镇	山西省神池县云井镇	山西省繁峙县大佐村	河北省安国县武仁桥
家庭经济状况	家有人五口房八间地十亩欠债五百元	家有人七口房八间地十亩欠债三百元	家有人五口房五间地十亩欠债三百元	家有人七口房五间地十亩欠债二百元	家有人一口	家有人七口房五间地五亩欠债一百元	家有人七口房五间地五亩欠债三百元
永久通讯处	博野城内右庙巷松记花园收转	蠡县城内官糖巷九号	饶阳城内土塔巷八号	新店镇刘英明收		大佐村公所收转	武仁桥肖平元收
何时何地入伍	1938年在高阳入伍	1938年在高阳入伍	1938年在本县入伍	1938年在本县入伍	1937年在本县入伍	1937年在本县入伍	1938年在本县入伍
何时何地作战死亡	1939年在灵丘作辛村阵亡	1939年在灵丘大作村阵亡	1939年在灵丘黄台寺阵亡	1939年在灵丘六合地阵亡	1939年在灵丘龙王庙阵亡	1939年在灵丘龙王庙阵亡	1939年在灵丘大作村阵亡
负伤部位	腹部	头部	腹部	头部	胸部	胸部	腹部
负伤类别	盲贯	贯通	盲贯	贯通	贯通	贯通	盲贯
死亡日期	1939年6月22日	1939年6月22日	1939年6月22日	1939年6月22日	1939年6月22日	1939年6月22日	1939年6月22日
是否党员	非党	非党	非党	非党	非党	非党	非党
因何致死	机枪弹	手榴弹	手榴弹	机枪弹	机枪弹	机枪弹	步枪弹
葬埋地点及情形	当即葬埋	当即葬埋	当即葬埋	当即葬埋	当即葬埋	当场葬埋	当场葬埋
遗嘱物							
备考							

阵亡调查表

队职别	七团三营十连战士	七团三营九连战士	七团三营十一连战士	七团三营十连战士	七团三营十二连战士	同	八团二营六连战士
姓名	李俊发	何崇新	康文元	王克强	张静亭	吴远侯	常绍先
年龄	24	24	24	22	24	24	24
籍贯	河北省高阳县崔家庄	山西省广灵县下白罗村	河北省安平县小桥镇	河北省安国县武仁桥	河北省武强县怀仁村	河北省安国县武仁桥	河北省雄县野鸡岭村
家庭经济状况	家有人五口房五间地十亩欠债百元	家有人三口房五间地三亩欠债百元	家有人五口房八间地三亩欠债百元	家有人五口房五间地五亩欠债五十元	家有人五口房五间地五亩欠债百元	家有人五口房五间地五亩欠债百元	家有人五口房三间地八亩欠债八十元
永久通讯处	崔家庄李魁收	广灵下白罗村何康明收	安平小桥镇康如年收	安国县城内庙堂上首二号	武强县城内元宝巷三号	武仁桥吴荣先收	野鸡岭常焕亭收
何时何地入伍	1938年在本县入伍	1938年在本县入伍	1938年在本县入伍	1938年在本县入伍	1938年在本县入伍	1938年在本县入伍	1938年在本县入伍
何时何地作战死亡	1939年在灵丘黄台寺阵亡	1939年在灵丘六合地阵亡	1939年在灵丘六合地阵亡	1939年在灵丘县六合地阵亡	1939年在灵丘黄台寺阵亡	1939年在灵丘作辛村阵亡	1939年在灵丘作辛村阵亡
负伤部位	头部	腹部	头部	腹部	腹部	腹部	头部
负伤类别	贯通	盲贯	贯通	盲贯	盲贯	贯通	盲贯
死亡日期	1939年6月22日	1939年6月22日	1939年6月22日	1939年6月22日	1939年6月22日	1939年6月22日	1939年6月22日
是否党员	非党	非党	非党	非党	非党	非党	非党
因何致死	机枪弹	机枪弹	机枪弹	手榴弹	机枪弹	手榴弹	机枪弹
葬埋地点及情形	当即葬埋	当即葬埋	当即葬埋	当即葬埋	当即葬埋	当场葬埋	当场葬埋
遗嘱物							
备考							

阵亡调查表

队职别	七团二营五连战士	七团二营八连战士	同	七团二营八连战士	八团一营三连战士	同	八团一营一连连长
姓 名	苗广华	胡文轩	郭润田	王国章	乔国保	颜青山	韩光戴
年 龄	23	27	23	25	26	25	27
籍 贯	河北省平山县东劈雷村	河北省平山县牛皮塔村	山西省五台县豆村镇	河北省高阳县崔家庄	河北省平山县白岭村	江西省吉安县沙比市村	江西省永新县池溪村
家庭经济状况	家有人三口房五间地四亩欠债百元	家有人五口房八间地五亩欠债百元	家有人五口房五间地八亩欠债八十元	家有人一口房五间地二亩欠债八十元	家有人一口房五间地三亩欠债八十元	家有人五口房五间地三亩欠债百元	家有人八口房五间地三亩田五担欠债八十元
永久通讯处		平山小觉镇永和昌收转	五台城内老龙滩	高阳城内小西巷三号	平山城内巡记巷十二号		池溪村韩光明收
何时何地入伍	1937 年在本县入伍	1937 年在本县入伍	1937 年在盂县入伍	1938 年在本县入伍	1937 年在本县入伍	1938 年在本县入伍	1933 年在本县入伍
何时何地作战死亡	1939 年在灵丘作辛村阵亡	1939 年在大同小石庄阵亡	1939 年在凌云口阵亡	1939 年在凌云口阵亡	1939 年在大同猴子口阵亡	1939 年在大同猴子口阵亡	1939 年在浑源沙圪坨阵亡
负伤部位	头部		头部	头部	腹部	头部	头部
负伤类别	盲贯	炸伤	盲贯	盲贯	盲贯	贯通	贯通
死亡日期	1939 年 6 月 22 日	1939 年 8 月 3 日	1939 年 8 月 3 日	1939 年 8 月 3 日	1939 年 8 月 3 日	1939 年 8 月 3 日	1939 年 8 月 23 日
是否党员	非党	非党	非党	非党	非党	非党	党员
因何致死	机枪弹	炮弹伤	机枪弹	机枪弹	机枪弹	机枪弹	机枪弹
葬埋地点及情形	当即葬埋	因敌袭击未及收葬	当即葬埋	当即葬埋	当即葬埋	当即葬埋	战斗后用棺木葬埋
遗嘱物							
备 考							

阵亡调查表

队职别	八团一营一连政指	八团一营四连连长	七团三营十连政指	八团一营三连班长	八团一营四连班长	八团三营十连班长	八团一营一连班长
姓 名	高明远	蒋鼎山	姚炳秀	朱有山	姚孟山	陈得山	彭振海
年 龄	26	24	27	24	24	23	27
籍 贯	江西省吉水县沙城镇	四川省巴中县溪山口村	湖北省松滋县曾川口村	河北省平山县庄周村	贵州省毕节县沙云坨村	山西省宁武县周家口村	山西省浑源县许家村
家庭经济状况	家有人五口房五间地九亩欠债三十元	家有人三口房八间地五亩欠债百元	家有人四口房八间地七亩田四担欠债百元	家有人八口房五间地六亩欠债三百元		家有人三口房五间地五亩欠债三百元	家有人三口房五间地五亩欠债四百元
永久通讯处	沙城镇高明德收			庄周村朱有才收		周家口陈香娃收	许家村彭双居收
何时何地入伍	1933 年在本县入伍	1934 年在本县入伍	1935 年在本县入伍	1937 年在本县入伍	1934 年在本县入伍	1937 年在本县入伍	1937 年在本县入伍
何时何地作战死亡	1939 年在浑源沙圪坨阵亡	1939 年在浑源沙圪坨阵亡	1939 年在浑源沙圪坨阵亡	1939 年在浑源沙圪坨阵亡	1939 年在浑源沙圪坨阵亡	1939 年在浑源沙圪坨阵亡	1939 年在浑源沙圪坨阵亡
负伤部位	头部	腹部	腹部	头部	头部	腹部	头部
负伤类别	贯通	贯通	贯通	盲贯	盲贯	盲贯	盲贯
死亡日期	1939 年 8 月 23 日	1939 年 8 月 23 日	1939 年 8 月 23 日	1939 年 8 月 23 日	1939 年 8 月 23 日	1939 年 8 月 23 日	1939 年 8 月 23 日
是否党员	党员	党员	党员	非党	党员	党员	党员
因何致死	机枪弹	手榴弹	机枪弹	机枪弹	机枪弹	手榴弹	机枪弹
葬埋地点及情形	战斗后用棺木葬埋	战斗后用棺木葬埋	战斗后用棺木葬埋	当即葬埋	当即葬埋	当场葬埋	当场葬埋
遗嘱物							
备 考							

阵亡调查表

队职别	八团一营一连战士	同	同	八团一营三连战士	同	同	八团一营四连战士
姓 名	陈国堂	姚国清	王培茂	关培忠	许国前	段奋祺	杨耀真
年 龄	23	24	24	23	24	26	27
籍 贯	河北省雄县宁海村	河北省蠡县河池口村	河北省博野县长川塔村	山西省浑源县小寨口村	河北省平山县西劈雷村	山西省平陆县西广华村	陕西省富平县榆树店村
家庭经济状况	家有人五口房五间地五亩欠债三百元	家有人七口房五间地五亩欠债三百元	家有人五口房五间地八亩欠债二百元	家有人三口房五间地三亩欠债五十元	家有人三口房五间地三亩欠债百元	家有人三口房五间地三亩欠债三百元	家有人三口
永久通讯处	雄县城内财神庙巷五号				平山城内民市巷九号		
何时何地入伍	1938年在本县入伍	1938年在本县入伍	1938年在本县入伍	1937年在本县入伍	1937年在本县入伍	1937年在本县入伍	1936年在本县入伍
何时何地作战死亡	1939年在浑源沙圪垯阵亡	1939年在浑源沙圪垯阵亡	1939年在浑源沙圪垯阵亡	1939年在浑源沙圪垯阵亡	1939年在浑源沙圪垯阵亡	1939年在浑源沙圪垯阵亡	1939年在浑源沙圪垯阵亡
负伤部位	腹部	头部	腹部	头部	腹部	腹部	头部
负伤类别	盲贯	盲贯	盲贯	贯通	盲贯	盲贯	贯通
死亡日期	1939年8月23日	1939年8月23日	1939年8月23日	1939年8月23日	1939年8月23日	1939年8月23日	1939年8月23日
是否党员	非党	非党	非党	非党	非党	非党	非党
因何致死	机枪弹	机枪弹	机枪弹	机枪弹	机枪弹	机枪弹	机枪弹
葬埋地点及情形	当即葬埋	当即葬埋	当即葬埋	当即葬埋	当即葬埋	当场葬埋	当场葬埋
遗嘱物							
备 考							

阵亡调查表

队职别	八团一营四连战士	八团三营十连战士	同	八团三营九连班长	八团三营营部通讯班长	八团三营十连班长	八团三营九连战士
姓名	刘耀祖	马柿	赵志昌	张盛明	洪迈	谢生贵	贺广新
年龄	28	24	24	24	23	24	25
籍贯	河北省深泽县定原坪村	陕西省三原县铁流星村	河北省高阳县崔家庄	河北省平山县小觉镇	河北省昌平县小柳庄村	山西省平武县武家坡村	河北省香河县普善堡村
家庭经济状况	家有人五口房八间地五亩欠债二百元	家有人三口房七间地三亩	家有人三口房八间地三亩	家有人七口房五间地七亩欠债八十元	家有人三口房五间地七亩欠债百元	家有人三口房五间地七亩欠债九十元	家有人三口房五间地七亩欠债一百元
永久通讯处	定原坪刘严岗收		高阳城内家庙巷九号		昌平城内小北街和记洋行	平望城内东马道巷五号	香河县城北十里罗树村张甫收
何时何地入伍	1938 年在本县入伍	1936 年在本县入伍	1938 年在本县入伍	1937 年在本县入伍	1938 年在高阳入伍	1937 年在本县入伍	1937 年在山西临汾入伍
何时何地作战死亡	1939 年在浑源沙圪坨阵亡	1939 年在浑源沙圪坨阵亡	1939 年在山西浑源沙圪坨阵亡	1939 年在山西灵丘野窝窑阵亡	1939 年在山西灵丘野窝窑阵亡	1939 年 9 月在山西灵丘野窝窑阵亡	1939 年 9 月在山西灵丘野窝窑阵亡
负伤部位	腹部	胸部	胸部	头部	腹部	头部	
负伤类别	盲贯	贯通	盲贯	贯通	盲贯	贯通	炸伤
死亡日期	1939 年 8 月 23 日	1939 年 8 月 23 日	1939 年 8 月 23 日	1939 年 9 月 4 日	1939 年 9 月 4 日	1939 年 9 月 4 日	1939 年 9 月 4 日
是否党员	非党	非党	非党	党员	党员	党员	非党
因何致死	机枪弹	手榴弹	机枪弹	机枪弹	机枪弹	手榴弹	炮弹伤
葬埋地点及情形	当即葬埋	当即葬埋	当即葬埋	当即葬埋	当即葬埋	当场葬埋	全尸炸碎无有影踪故未收葬
遗嘱物							
备考							

阵亡调查表

队职别	八团三营九连战士	同	同	八团三营九连战士	八团三营十连战士	同	同
姓 名	刘道生	韩进铭	魏振保	林茂先	王茂谦	杨银金	吕茂元
年 龄	27	27	26	27	23	24	25
籍 贯	河北省安国县马家堡村	山东省泗水县龙山庄	河南省许昌县万全堡村	山西省曲阳县百文镇	河北省饶阳县武田镇	河北省武强县白家坪村	河北省武强县仁怀村
家庭经济状况	家有人五口房八间地十亩欠债百元	家有人五口房七间地十亩	家有人八口房七间地八亩欠债八十元	家有人七口房七间地八亩欠债百元	家有人七口房二间地三亩欠债三百元	家有人七口房八间地四亩欠债三百元	家有人二口房五间地五亩欠债三百元
永久通讯处	马家堡刘振兴收		万全堡魏国权收	太原南门外小浦园林文先收	饶阳城内南田市粮店收转		仁怀村吕迎谦收
何时何地入伍	1938年6月在本县入伍	1937年在陕西潼关入伍	1937年在山西侯马入伍	1937年9月在本县入伍	1938年9月在本县入伍	1938年9月在本县入伍	1938年9月在本县入伍
何时何地作战死亡	1939年在灵丘野窝窑阵亡	1939年在灵丘野窝窑阵亡	1939年在灵丘野窝窑阵亡	1939年在灵丘野窝窑阵亡	1939年在灵丘野窝窑阵亡	1939年在灵丘野窝窑阵亡	1939年9月在灵丘野窝窑阵亡
负伤部位	头部	腹部	胸部	头部	胸部	胸部	头部
负伤类别	贯通	贯通	盲贯	盲贯	贯通	贯通	盲贯
死亡日期	1939年9月4日	1939年9月4日	1939年9月4日	1939年9月4日	1939年9月4日	1939年9月4日	1939年9月4日
是否党员	非党	非党	非党	非党	非党	非党	非党
因何致死	机枪弹	机枪弹	手榴弹	机枪弹	机枪弹	机枪弹	机枪弹
葬埋地点及情形	当即葬埋	当即葬埋	当即葬埋	当即葬埋	当即葬埋	当即葬埋	当即葬埋
遗嘱物							
备 考							

阵亡登记表

项目	八团三营十连战士	同	八团三营十一连战士	同	八团三营十一连战士	同	七团一营一连班长	七团一营一连战士	同
队职别	八团三营十连战士	同	八团三营十一连战士	同	八团三营十一连战士	同	七团一营一连班长	七团一营一连战士	同
姓名	张荫培	高继昌	刘则正	梅全胜	焦喜喜	李澄赢	赵松祯	王国琴	谭庆岗
年龄	25	23	23	26	25	22	25	29	27
籍贯	河北省雄县宁济村	山东省海阳县周庄村	山西省河津县河畔镇村	山西省神池县班井镇村	绥远省萨拉齐县白洞沟村	河北省深泽县五凤口村	河北省抚宁县田瓦村	山西省崞县石家庄村	河北省昌平县卢家寨村
家庭经济状况	家有人三口	家有人三口地七亩五间房大债百元	家有人三口房五间地八亩大债百元	家有人七口房八间地五亩大债二百元	家有人七口房八间地五亩大债八百元	家有人七口房八间地五亩大债九百元	家有人七口房八间地四十亩欠债一百元	家有八口房地均无大债百元	家有人七口房五间地三亩
永久通讯处		周庄村高记毛厂	河畔镇刘道生收	班井镇金春油房收转	白洞沟焦五月收	深泽城内刘记理发馆收转		石家庄村公所收转	卢家寨谭昌臣收转
何时何地入伍	1938年在本县入伍	1938年在河北入伍	1937年在山西侯马入伍	1937年在山西侯马入伍	1937年在山西侯马入伍	1938年在本县入伍	1938年在本县入伍	1937年在本县入伍	1937年在山西盂县入伍
何时何地战役阵亡	1939年在灵丘野窝窖阵亡	1939年灵丘野窝窖阵亡	1939年灵丘野窝窖阵亡	1939年灵丘野窝窖阵亡	1939年灵丘野窝窖阵亡	1939年灵丘野窝窖阵亡	1939年在山西朔县榆林堡阵亡	1939年在山西朔县榆林阵亡	1939年在山西朔县榆林阵亡
负伤部位	腹部	头部	腹部	头部	胸部	胸部	胸部	头部	腹部
何种创伤	盲贯	盲贯	盲贯	盲贯	盲贯	贯通	盲贯	盲贯	贯通
死亡日期	1939年9月4日	1939年9月4日	1939年9月4日	1939年9月4日	1939年9月4日	1939年9月4日	1939年9月4日	1939年9月4日	1939年9月4日
是否党员	非党	非党	非党	党员	非党	非党	党员	党员	非党
何种武器致死	手榴弹	机枪弹	机枪弹	手榴弹	机枪弹	机枪弹	机枪弹	机枪弹	机枪弹
葬埋地点及情形遗嘱物	当即葬埋	当即葬埋	当即葬埋	当即葬埋	当即葬埋	当即葬埋	当即葬埋	当即葬埋	当即葬埋
备考									

阵亡登记表

队职别	七团一营一连战士	同	同	七团一营三连战士	七团一营三连战士	七团一营三连班长	七团一营三连战士	同	同
姓 名	李光隆	卢永山	耿维平	郭嘉祺	张忠信	李自忠	贺玉章	吴介清	关荣凯
年 龄	29	28	28	28	24	24	25	24	27
籍 贯	四川省眉山县小河沟村	河北省霸县周家庄村	山西省文城县柳泉堡村	山西省赵城县白家堡村	山西省忻县三交镇村	江西省新华县溪峰镇村	河北省高阳县崔家庄村	河北省高阳县城内	河北省任丘县定乡村
家庭经济状况	家有人三口房五间田三十租	家有人口七口房二间地无欠债五十元	家有人五口房五间地均无	家有人五口房五间地四十亩收	人五口房五间地四亩欠债百元	家有人五口房五间地三十亩田人祖	家有人九口房五间地五十亩欠债四百元	家有人三口房四间地无	家有瓦五口房八间地九十亩收
永久通讯处	眉山县城内白庙巷九号	霸县状元桥李世奎收转		白家堡郭怀灵收	三交镇张忠田收	新华县城内鼎场成商行收转	崔家庄贺广华收	高阳城内太巷九号	定乡村关荣生收
何时何地入伍	1934年在湖北入伍	1938年在本县入伍	1937年在本县西汾入伍	1937年在本县入伍	1937年在本县入伍	1933年在本县入伍	1938年在本县入伍	1938年在本县入伍	1938年在本县入伍
何时何地战役阵亡	1939年在山西朔县榆林阵亡	1939年在榆林阵亡	1939年在榆林阵亡	1939年在山西榆林阵亡	1939年在山西榆林阵亡	1939年在山西榆林阵亡	1939年在山西榆林阵亡	1939年在山西榆林阵亡	1939年在山西榆林阵亡
负伤部位	头部	腹部	头部	腹部	头部	腹部	腹部	头部	头部
何种创伤	盲贯	盲贯	盲贯	盲贯	贯通	贯通	贯通	盲贯	盲贯
死亡日期	1939年9月4日	1939年9月4日	1939年9月4日	1939年9月4日	1939年9月4日	1939年9月4日	1939年9月4日	1939年9月4日	1939年9月4日
是否党员	党员	非党	非党	非党	非党	党员	非党	非党	非党
何种武器致死	手榴弹	机枪弹	机枪弹	机枪弹	机关枪弹	机枪弹	机枪弹	机枪弹	机枪弹
葬埋地点及情形	当即葬理	当即葬理	当即葬理	当即葬理	当即葬理	当即葬理	当即葬理	当即葬理	当即葬理
遗嘱物									
备 考									

阵亡登记表

队职别	姓名	年龄	籍贯	家庭经济状况	永久通讯处	何时何地入伍	何时何地战役阵亡	负伤部位	何种创伤	死亡日期	是否党员	何种武器致死	葬埋地点及情形	遗嘱物	备考
七团一营四连班长	杨芝荣	29岁	山西省崞县石家庄村	家有人五口房五间地三十亩欠债三百元	石家庄杨彬收转	1937年在本县入伍	1939年在山西灵丘榆林阵亡	头部	盲贯	1939年9月4日	党员	手榴弹	当即葬埋		
七团一营四连战士	王仲贵	28岁	河北省蠡县和合村	家有人七口房五间地三十亩欠债百元	和合村王仲清收	1938年在本县入伍	1939年在山西灵丘榆林阵亡	头部	贯通	1939年9月4日	非党	机枪弹	当即葬埋		
同	王云陛	27岁	河北省高阳县白池村	家有人五口房五间地十九亩欠债二百元	高阳城内太庙巷七号	1938年在本县入伍	1939年在山西灵丘榆林阵亡	头部	盲贯	1939年9月4日	非党	机枪弹	当即葬埋		
同	周继山	23岁	河北省蠡县合边村	家有人五口房八间地十四亩欠债五十元		1938年在本县入伍	1939年在山西灵丘榆林阵亡	腹部	贯通	1939年9月4日	非党	手榴弹	当即葬埋		
七团一营四连战士	王承先	23岁	河北省定县万山堡村	家有人七口房五间地九十亩	万山堡王南平收	1938年在本县入伍	1939年在山西灵丘榆林阵亡	腹部	盲贯	1939年9月4日	非党	机枪弹	当即葬埋		
七团一营机关连班长	聂四科	27岁	山西省忻县砖磨镇村	家有人三口房五间地十九亩		1937年在本县入伍	1939年在山西灵丘榆林阵亡	头部	盲贯	1939年9月4日	党员	机枪弹	当即葬埋		
七团一营机关连战士	刘三保	24岁	山西省忻县聂家沟村	家有房五间地三十亩		1937年在本县入伍	1939年在山西灵丘榆林阵亡	腹部	贯通	1939年9月4日	非党	手榴弹	当即葬埋		
同	颜文清	27岁	河北省深泽县槽康庄	家有人七口房八间地十四亩欠债百元	深泽城内恒泰货庄收转	1937年在本县入伍	1939年在山西灵丘榆林阵亡	头部	盲贯	1939年9月4日	非党	机枪弹	当即葬埋		
同	薛万清	25岁	河北省安平县固山堡村	家有人五口房八间地三十亩		1938年在本县入伍	1939年在山西灵丘榆林阵亡	腹部	盲贯	1939年9月4日	非党	机枪弹	当即葬埋		

阵亡登记表

队职别	七团二营 八连战士	同	同	同	七团二营 九连战士	同	同	七团二营 九连通讯员	八团二营 五连战士
姓名	周大摩	刘顺喜	田国成	李许成	田四小	高万奎	焦万山	卜洪鉴	王文山
年龄	23岁	24岁	26岁	24岁	23岁	27岁	24岁	24岁	25岁
籍贯	河北省蠡县仁和庄村	山西省忻县杨虎村	河北省高阳县崔家庄村	河北省高阳县崔家庄村	山西省神池县卧牛庄村	河北省蠡县焦家寨村	河北省任丘县关家平村	山西省浑源县于家口村	河北省安国县武仁桥村
家庭经济状况	家有人四口房五间地二十亩	家有人八口地五十亩欠债四百元	家有人三口地二十亩欠债三十元	家有人七口地三亩欠债五十元	家有人五口房五间地十亩欠债百元	家有人五口地十亩 八间地十亩	家有人八口地九亩	家有人三口房八间地三亩欠债百元	家有人三口房二间地五十亩欠债百元
永久通讯处		杨虎村刘田收	崔家庄田德收		卧牛庄田普收		关家平焦全盛收	浑源王庄堡未恒太收转	武仁桥广恒太收转
何时何地入伍	1938年在本县入伍	1937年在本县入伍	1938年在本县入伍	1938年在本县入伍	1938年在本县入伍	1938年在本县入伍	1938年在本县入伍	1938年在本县入伍	1938年在本县入伍
何时何地战役阵亡	1939年在灵丘榆林阵亡	1939年在灵丘榆林阵亡	1939年在灵丘榆林阵亡	1939年在灵丘榆林阵亡	1939年在灵丘榆林阵亡	1939年在灵丘榆林阵亡	1939年在灵丘榆林阵亡	1939年在灵丘榆林阵亡	1939年10月在山西阴曲盆上镇阵亡
负伤部位	胸部	胸部	胸部	胸部	胸部	胸部	胸部	胸部	
何种创伤	贯通	盲贯	盲贯	贯通	盲贯	贯通	盲贯	盲贯	炸伤
死亡日期	1939年9月4日	1939年9月4日	1939年9月4日	1939年9月4日	1939年9月4日	1939年9月4日	1939年9月4日	1939年9月4日	1939年10月3日
是否党员	非党	非党	非党	非党	非党	非党	非党	非党	非党
何种武器致死	手榴弹	机枪弹	机枪弹	机枪弹	机枪弹	机枪弹	机枪弹	机枪弹	炮弹伤
葬埋地点及情形	当即葬埋	当即葬埋	当即葬埋	当即葬埋	当即葬埋	当即葬埋	当即葬埋	当即葬埋	全尸炸碎无踪故未收葬
遗嘱物									
备考									

阵亡登记表

队职别	八团二营五连战士	同	八团二营七连战士	七团一营四连司号员	七团二营六连排长	七团二营五连战士	七团特务连通讯员	七团二营十二连班长	七团三营十二连战士
姓名	王全有	毕洪年	孟全标	陈四小	张生财	杨守志	秦子珍	陈云	杨福
年龄	23岁	25岁	23岁	15岁	25岁	24岁	20岁	21岁	28岁
籍贯	山西省阔喜县田乡镇村	山西省大同县卧虎湾村	山西省夏县利海村	山西省神池县酸枣林村	云南省蒙定县白溪霸村	河北省阜平县沙回村	河北省静海县柳司屯村	山西省神池县班井镇村	山西省繁峙县大营镇村
家庭经济状况	家有人五口房三间地五亩欠债二百元	家有人五口房三间地二十亩欠债百元	家有人口三口房五间地三十亩欠债三百元	家有人五口房三间地八亩欠债一百元	家有人五口房二间田五斗大欠债百元	家有人三口房五间地四亩欠债百元	家有人五口房三间地三亩欠债百元	家有人四口房五间地五亩欠债百元	家有人二口房五间地十亩欠债二百元
永久通讯处	田乡镇王老五收		利海村孟忠忠收转		白溪霸张甫仁收	五王口张振兴收	柳司屯秦有先收		大营杨满昌收
何时何地入伍	1937年在本县入伍	1937年在本县入伍	1937年在本县入伍	1937年在本县入伍	1935年在本县入伍	1938年在本县入伍	1938年在本县入伍	1937年在本县入伍	1938年在本县入伍
何时何地战役阵亡	1939年10月在阳曲岔上镇阵亡	1939年10月在阳曲岔上镇阵亡	1939年在峰县芦家板寨阵亡	1940年1月在山西积口阵亡	1940年1月在山西积口阵亡	1940年1月在山西积口阵亡	1940年在山西积口镇阵亡	1940年在山西离石谢家岭阵亡	1940年在山西离石谢家岭阵亡
负伤部位	头部	胸部		腹部	头部	头部	头部	头部	腹部
何种创伤	盲贯	贯通	炸伤	盲贯	贯通	贯通	贯通	盲贯	炸伤
死亡日期	1939年10月3日	1939年10月3日	1939年9月7日	1940年1月15日	1940年1月15日	1940年1月15日	1940年1月15日	1940年1月20日	1940年1月20日
是否党员	非党	非党	非党	党员	党员	非党	非党	党员	非党
何种武器致死	手榴弹	机枪弹	炮弹伤	机枪弹	机枪弹	机枪弹	机枪弹	机枪弹	炮弹伤
葬理地点及情形	当即葬埋	当即葬埋	全户炸碎无踪故未收葬	当即葬埋	当即葬埋	当即葬埋	当即葬埋	当即葬埋	当即葬埋
遗嘱物									
备考									

阵亡登记表

队职别	八团三营机关连副排长	八团一营机关连战士
姓　名	王守国	王双九
年　龄	31 岁	34 岁
籍　贯	山西省翼城县郭寺园村	河北省行唐县格大头村
家庭经济状况	家有人三口房五间地四十亩	家有人五口房地均无欠债四十元
永久通讯处	原籍	格大头村王柿收
何时何地入伍	1937 年在侯马入伍	1938 年在本县入伍
何时何地战役阵亡	1940 年在陕西米脂冯家沟岔阵亡	1940 年在陕西吴堡宋家川阵亡
负伤部位	头部	腹部
何种创伤	贯通	盲贯
死亡日期	1940 年 3 月 8 日	1940 年 4 月 22 日
是否党员	党员	非党
何种武器致死	步枪弹	机枪弹
葬埋地点及情形	当即葬于绥德双湖峪义地	当即葬埋
遗嘱物		
备　考		

20. 八路军第120师抗战两年以来战斗伤亡统计表
（1939 年）

负伤

伤亡职别数目部别 战斗次数	军事干部					政治干部				战卫	合党计员	党占百分比
	旅级	团级	营级	连级	排级 班	团级	营级	连级	排级	分卫生员 士兵计计计	其它合计	
第一周年 1937年9月至1938年6月 320次		1 1 2 4 3	2	9 37 10	47 112 17	129 340 527	1	2 3 27	13	3 43	46 2156	2160 2733 2015 4	73.72%
第二周年 1938年6月至1939年10月 659次		1 1 2 2 1 6 1 1	3	32 84 13	2 2 101 103 36	6 231 537 903	1 1	5 16 23 65 6 45 1 1	1 1 3 4	1 1 131	55 55 214 3478 3	3408 4590 2066 3	45.14%
总计 979次		2 2 4 25 9 1 1	5	41 121 23	2 2 148 205 53	6 360 877 1450	1 1 1 5 1 2	5 18 26 92 6 58 1 1	1 1 3 5	1 1 174	55 55 260 5684 3 4	3640 7733 4081 3 4	59.4%

附记：A. 此表是根据各部报告制成的，有些部队因有些原因离师政太远及无电台原师政太远，故伤亡党员数中有的报了伤亡概数，但又未报党员，故伤亡党员数中有的单位即个别支队是按其部队按情形而配备的伤亡党员（即伤亡党员）现补入一部，另对该周年的伤亡其它项目是杂务人员未分开。B. 37年9月至38年6月的伤亡统计曾做过报告，当时数目不全（即伤亡党员）现补入一部，另对该周年的伤亡其它项目是杂务人员未分开。C. 与斯军战斗伤亡及伤亡党员在表内。

一二〇师政治部组织部
1939.12

续表

	军事干部																													政治干部																						卫生				战员	合计						
	旅级		团级			营级				连级						排级									班	分计	团级			营级					连级											排级			分计	卫生员	战员	其它	计	分计	党员	计	党占党员百分比	伤亡合计	党占总党员百分比	伤亡总计	党占伤亡总员百分比
	旅参谋长	旅参谋长计	团参谋长	团副参谋长	计	电台队长	供给主任	营副营长	计	副连长	连长	实股长	军医	军副官	计	排长	副排长	供给员	司号长	管理员	看护长	事务长	文书	计	班长	旅副政主任	团政委	团副政主任	计	民运科长	锄奸股长	特派员	总支书记	计	政指导员	副政指导员	支部书记	组织干事	除奸干事	宣传干事	青年干事	教育干事	民运干事	计	文化教员	民运工作员	计					计								
	1	2	1	1		1		3		5	38	5		1	44	73	10			1				83	210	342	1	2		1	1			1	23	11									2 4	1	35			41	909	3		912	1205	726	60.07%	5606	—	4028	2741	68.07%
	1	2	1	1		7 1	1	7		12	38	16	1	1	56	133	18	1		1	1	1	1	154	306	531	2	2		1 1	1	1		5	13 33	17								51	1	16	17	83	1305	2		1507	2121	1056	49.78%	6719	—	3122	46.46%
	1	2	1 1			8 4		4		17	76	21	1	1	100	206	28	1	1	1	1	1	1	237	516	873	3	4		2 1	1	1		5	17 56	28								86	1	17	17	124	2414	3		2419	3416	1782	52.92%	10347	—	5063	57.26%

抗战第一周年战斗伤亡统计表

部别	军事干部 旅级 旅参谋长	团级 团参谋长	团副	营级 营主任/副营长/教官/电台长/供给主任 参谋长	连级 连长	副连长	计	排级 排长	副排长/司号长/管理员/看护长/事务长/文书	计	班 班长	计	政治干部 团级 旅政委/团政治主任	计	营级 总支书记/组织干事/民运干事/特派员/教官/助理员/科长	计	连级 支部书记/组织干事/特派员/宣传干事/教育干事/青年干事/派遣工作员/运输队长	计	排级 政治指导员/副指导员/文化教员/民运工作员	计	战卫 分队长	卫生员	计	其他	计	合计	党员 合计	党占百分比
三五八旅	1	1 1 1		2	4	14	3	17	42	6	48	126	1 1 1				1	9	4	2	15	16	7	11	4	705	927	61	71.08%
三八五旅	1	1 1 3 2			5	23	7	30	63	10	73	200	1	2 16			1	2	9	1	26	28		1339		676 192	1339		77.08%
骑兵营																						10		10			10	6	60%
宋支队						2	1		2	1	3	4				7		1		1		1		44		44	52	28	53.84%
警备六团							5		5		5	8				13						35		35		48	26		54.16%
毛陈支队											2	2				2							14		14	16	9	56.25%
杨戴支队																	1	1						1		3	3	2	66.60%
师直																			1							1	1	100%
总计	1 1	1 2 4 3		2	9	37	10	47	112	17	129	340	2 3	27 13	1	527			3	43		46	12	156	4	2060	2733	2015	73.72%

分类	旅级 旅参谋长	团级 团参谋长	营级 副营长	营级 供给主任	连级 副连长计	连级 军医	连级计	排级 副排长	排级 供给员	排级 文书	排级计	班长	军事干部分计	政治干部 团级计	政治干部 营级计	政治干部 支部书记	政治干部 政指计	政治干部 副教导员计	政治干部 民运工作员·文化教员计	战士分计	卫生员计	其它计	战卫分计	合计	党占党员百分比	伤亡总计	伤亡党员	党占伤亡总百分比
			2	1	3	16	1	1	18	3	29	81	131		1	8	4	10	18	22	345	3	348	501	56.80%	1428	902	63.16%
					1	20	4		24	5	45	105	175	1		3		11	15	17	495		495	687	60.94%	2336	1700	72.78%
											1		5	1							8		8	13	53.84%	23	13	56.52%
						1		1	1	2	6		18	2				2	2	2	33		33	53	49.06%	105	54	51.42%
		1							1		1		8								16		16	24	62.50%	72	41	56.94%
													3								8		8	11	54.54%	27	15	55.55%
						1					1		2								4		4	6	50%	9	5	55.50%
																										1	1	100%
计			3	1	5	38	5	1	44	10	83	210	342	1	1	11	4	23	35	41	909	3	912	1205	56.06%	4028	2741	68.07%

抗战第二周年战斗伤亡统计表

负伤

部别	军事干部 旅级	团级	营级	连级	排级	班	政治干部 旅级	团级	营级	连级	排级	战士	卫生员	合计	党员合计	党占负伤百分比
晋三五八旅		1	1	9 2		1 22 29	62			1 1 4		10 326	336	398	176	44.20%
冀三五八旅		1 4 1	6 19 1	21 37 3		4 45 132	205		1	7 16 4 13	9	46 687 2	699 2	940	461	49.84%
三五九旅	1 1 1	8 2 1	3 30 5	55 60 9	1	1 70 156	274		1 1	10 15 19	38	51 98 1252	1252	1634	645	39.40%
独一旅		4 3	7 14 5	20 36 6	1	46 117	190	1	1 1	3 16	36	4 37 472	473	699	319	45.60%
李支队			3 2 1	12 28		12 28	42		2 1	2 3	7	9 206	216	267	124	46.40%
警六团		2	1	3 5 3		8 11	25		1	1 5	4	5 218	218	248	126	50.80%
师直				2 2		2 5	9			1 2		41	41	50	29	58%
教团						1	2							4	2	50.00%
独一支				3 7 5		12 18	33			2	1	1 89	89	124	63	50.08%
独二支			2	3 1	1	1 7	11		1	3	2	2 34	34	45	20	44.40%
独三支				2 1		9 25	37		1		4	4 93	93	134	74	55.20%
独四支						2	2					5	5	7	3	44%
独五支							1					5	5	6	2	33%
独六支				1	1	2 4	4		1	1		13	13	18	7	38.80%
刘姜支队					1 1	2 4	6					1 27	27	34	15	44.10%
总计	1 2 1	21 6 1	32 84 13	101 183 36	1 2 6	231 537	903	4 1 1	5 23 65 6	55	215 34 78 3	3481 4598	4598	2066	45.14%

六百五十九次战斗

续表

阵亡																																																																			伤亡总计	伤亡党员	党占伤亡总百分比
军事干部																																	政治干部																														战卫			合计	党员	党占百分比			
旅级			团级			营级								连级						排级													团级				营级							连级													排级				分计									
旅长	旅参谋长	计	团长	团参谋长	计	营长	副营长	供给主任	电台队长	军教股长	参谋		计	连长	副连长	军实股长	军医	副官	计	排长	副排长	供给员	司号长	管理员	看护长	事务长	文书	计	班长		分计	旅副政委	团政委	团政主任	计	总支书记	团政股长	锄奸科长	民运科长	特派员	教导员	计	政指	副政指	支部书记	组织干事	特派干事	除奸干事	宣传干事	教育干事	青年干事	宣传队长	副教导员		计	文化教员	民运工作员		计	分计	战士	卫生员	分计	合计	党员	党占百分比	伤亡总计	伤亡党员	党占伤亡总百分比
														6					6	20	5							25	35		66		1		1					2	1	3	7		4										11					15	231		231	312	163	52.50%	710	339	47.70%
1		1				1							1	7	1				8	21	1							22	62		94									1	2	3	10	1	1										12	1			1	16	273	2	275	385	186	48.30%	1325	647	48.80%
						1							1	12	5		1		18	33	2						1	36	100		155										1	1	7		4										11		13		13	25	491		491	671	275	41%	2295	920	59.90%
	14	1		1	1	2	1				1		4	5	6				11	17		1						18	43		78		1		1	1				1		2	2		1										3		1		1	7	185		185	270	189	70%	969	508	52.40
						1							1	2					2	14	1							15	9		27										1	1	3		1										4					5	125		125	157	78	49.74%	424	202	47.40%
											1		1	2		1			3	9	1							10	14		28									1		1	1		1										2		2		2	5	60		60	93	42	45.16%	341	168	49.26%
										1			1							2								2	3		6												1												1					1	20		20	27	12	44.40	77	41	53.21%
																1				1	1								1			2																																2	2	100%	6	4	66.60%
						1					1		2	1	3				4	9	1							10	5		21															1										1					1	30		30	52	39	75%	176	102	57.95%
														1					1	1								1	11		13																																12		12	25	11	44%	70	31	44.28%
						1							1	2					2	3	6					1		10	16		29							1	1			2	2		2										4					6	44		44	79	40	50%	213	114	53.20%
																													1		1													1										1					1	2		2	4	1	25%	11	4	36.36%
																						1							1	2		3													1										1					1	12		12	16	7	43.75%	22	9	40.90%
																																																														6		6	6	2	33.30%	24	9	37.50%
																				3								3	5		8																														14		14	22	9	40.90%	56	24	42.85%
1	1	2		1	1	7	1			1	3		12	38	16	1	1		56	133	18	1				1	1	154	306		531		2		2	1		1	1	5	5	13	33	1	17										51	1	16		17	83	1505	2	1507	2121	1056	49.78%	6719	2122	46.41%

120D 组织部

21. 八路军第120师独立第1旅排级以上干部阵亡调查表 (1939年)

陆军第一百二十师独立第一旅卫生处

队别	五路十三支队二大队三分队	同	同	五路一旅二团一营一连
职别	小队长	分队长	小队长	排长
姓名	李万常	王广来	韩锡屏	赵德山
年龄	24	27	40	30
籍贯	河北文安县苏桥镇	冀霸县台山	同	冀霸县田家口
通讯处	本村交本人	同	同	同
何时何地入伍	1937年12月在苏桥入伍	1937年10月在本村入伍	同	1937年11月在本县入伍
何时何地入党				
何时何地作战阵亡	1938年2月7日在善来营	1938年2月15日在苏桥	同	1938年4月9日在高家坟
备考				

队别	五路独立第一团	同	同	五路一旅特务一营一连
职别	中队长	分队长	同	排长
姓名	王焕友	刘永奇	刘永全	孙玉琪
年龄	47	32	29	34
籍贯	冀永清县信安	冀永清县第四村	冀霸县沙里村	冀霸县
通讯处	本村交本人	同	同	霸县中口村
何时何地入伍	1938 年在史各庄入伍	1938 年 2 月在信安入伍	1938 年 2 月在信安入伍	1937 年 11 月在本村入伍
何时何地入党				
何时何地作战阵亡	1938 年 7 月 1 日在信安	同	同	1938 年 4 月 7 日在霸县高家坟
备考				

队别	五路一团三营	同	五路二团一营	五路二团二营
职别	副营长	军需	营长	副营长
姓名	刘庆文	梁乾堂	刘德才	王广林
年龄	32	46	41	42
籍贯	冀霸县刘庄	冀霸县黄庄子	冀霸县范家口	冀霸县撒袋营
通讯处	本村交本人	同	同	同
何时何地入伍	1937 年 12 月入伍	1938 年 1 月入伍	1937 年 11 月入伍	1938 年 3 月入伍
何时何地入党				
何时何地作战阵亡	1938 年 1 月 11 日在贵庄子	1938 年 2 月在黄庄子	1938 年 4 月在高家坟	同
备考				

队别	五路一旅三团一营二连	同	五路一旅二团一营一连	四支队一大队一营四连
职别	排长	排长	排长	排长
姓名	张文瑶	李寿荣	刘绍州	杨剑尘
年龄	30	32	33	31
籍贯	冀坝县田家口	河北文安	冀雄县夏村	冀霸县楼庄
通讯处	本村交本人	静海赵家柳	本村交本人	同
何时何地入伍	1938 年 2 月入伍	1937 年 10 月入伍	1938 年 3 月入伍	1938 年 5 月在苏桥入伍
何时何地入党				
何时何地作战阵亡	1938 年 3 月 16 日在田家口	1938 年 9 月 20 日二十二号桥	1938 年 11 月 16 日在李家堡	1939 年 1 月 26 日在清苑县小王刀
备考				

队别	四支队一大队二营六连	二大队一营一连	独立第一旅第三团二营七连	独立一旅三团二营六连
职别	排长	排长	同	连长
姓名	李潜云	李敬	薛少清	陈发田
年龄	37	28	31	29
籍贯	河北大名	河北清苑县	冀文安县胜芳	同
通讯处	本村交本人	同	同	同
何时何地入伍	1938 年 2 月入伍	1938 年 5 月入伍	1938 年 2 月在胜芳入伍	同
何时何地入党				党员
何时何地作战阵亡	1939 年 1 月 26 日在清苑李庄	1939 年 3 月 9 日在龙湾村	1939 年 3 月 9 日在吕汗度口	1939 年 4 月 24 日南留路
备考				

队别	三团特务连	三团团部	一团一营	一团三营十连
职别	指导员	政治委员	副营长	连长
姓名	郑济同	朱吉昆	李寿成	孙德山
年龄	24	28	33	28
籍贯	辽宁锦县	鄂省江陵县	湖北荆门县	冀文安县中口村
通讯处				本村交本人
何时何地入伍		1930 年在本地入伍		1938 年 4 月在苏桥入伍
何时何地入党				
何时何地作战阵亡	1939 年 4 月 6 日在于村	1939 年 4 月 24 日在南留路	1939 年 3 月 29 日小朱村侯安	同
备考				

队别	独立一旅一团二营八连	一团二营五连	一团一营二连	一团二营
职别	排长	支书	政治	副营长
姓名	牟金亭	周成有	李光甲	张自雄
年龄	26	21	26	36
籍贯	河北天津	山西交城	河北霸县	鄂汉川县
通讯处	天津合村			本村本人收
何时何地入伍	1938 年 4 月在文安县入伍	同	同	1931 年 4 月在百家嘴
何时何地入党				党员
何时何地作战阵亡	1939 年 3 月 29 日在小朱村侯安	同	同	1939 年 4 月 20 日在回家庄
备考				

队别	一团一营一连	一团一营三连	一团一营一连	一团一营四连
职别	排长	文书	副排长	排长
姓名	李永发	孙殿云	崔树棋	王秀田
年龄	29	29	27	39
籍贯	冀霸县东关	河北景县孙镇	冀文安县崔家庄	冀霸县王庄狄村
通讯处	本村交本人	同上	同上	同上
何时何地入伍	1938 年 4 月 20 日本县入伍	1938 年 2 月在苏桥入伍	1938 年 6 月 10 日本村入伍	同
何时何地入党	党员	同	同	
何时何地作战阵亡	1939 年 4 月 20 日在回家庄	同	1939 年 6 月 20 日武强庄窠头	同
备考				

队别	独立一旅一团一营四连	一团二营四连	二团二营六连	二团二营四连
职别	排长	文书	副连长	排长
姓名	曹德禄	庞春浦	何清云	李作林
年龄	34	20	29	50
籍贯	冀霸县小辛庄	冀雄县小狄下头	四川云吉县滩泊	河北雄县大荫村
通讯处	本村交本人	同	同	同
何时何地入伍	1937年6月靳家铺头入伍	1939年2月在黄垒入伍	1934年本村入伍	1939年10月赵北口入伍
何时何地入党	党员			
何时何地作战阵亡	1939年7月19日深县大冯营	1939年4月28日在河间西靠力	1939年4月25日在南留路	同
备考				

队别	二团一营三连	二团部	二团供给处	二团二营五连
职别	排长	教育参谋	粮秣员	副连长
姓名	李清山	张荣	王少成	李福贵
年龄	25	21	32	21
籍贯	河南唐县宋家湾	江西永丰县龙岗村	贵州	江西宁都县
通讯处	同	同		
何时何地入伍	1939 年 11 月入伍	1931 年 4 月东古九寸岭入伍		1933 年 12 月本地入伍
何时何地入党	党员	同	党员	同
何时何地作战阵亡	1939 年 4 月 29 日在孙村	1939 年 9 月 11 日机沟	同	同
备考				

队别	二团二营六连	同	二团二营八连	二团三营九连
职别	副连长	排长	同	副连长
姓名	郑登昌	胡登云	舒云清	田泽贵
年龄	26	25	21	28
籍贯	江西瑞金县大冯伶下村	云南省罗次县南门外	湖北来风县丁关塞	湖南龙山县
通讯处	同	本村交本人	同	
何时何地入伍	1933年入伍	1936年在本地入伍	1938年8月入伍	1934年5月入伍
何时何地入党	党员	党员	同	同
何时何地作战阵亡	1939年9月29在大庄	同	1939年9月29日在罗菔山	1939年9月29日慈于村
备考				

队别	二团三营十一连	同	二团三营十二连	独立一旅部
职别	连长	排长	指导员	参谋长
姓名	冯增柏	纪书和	陈志银	郭征
年龄	22	29	20	24
籍贯	湖北江陵县老新口芬家桥	冀任丘县勇村和	陕西淳化县淳家原庄	江西泰和县会亭区楼居村
通讯处	本村交本人	同	同	同
何时何地入伍	1932 年 11 月于循口入伍	1938 年 1 月本村入伍	1936 年 7 月本村入伍	1930 年 7 月本村入伍
何时何地入党	党员	同	同	同
何时何地作战阵亡	1939 年 9 月 28 日后寿冯沟	同	1939 年 9 月 11 日于司家庄	1939 年 9 月 28 日冯沟里
备考				

队别	独一旅二团二营七连	二团一营一连	七一五团一营	七一五团二营七连
职别	副指导员	副排长	分支书	排长
姓名	王卓英	张鹤鸣	王良斋	田金武
年龄	24	29	26	27
籍贯	冀霸县胜芳	冀永清县西务村	湖南桃源县	湖南慈利县西菜乡
通讯处	同	同		同
何时何地入伍	1938 年 3 月入伍	1938 年 6 月本村入伍	1939 年入伍	1935 年入伍
何时何地入党	党员	党员		党员
何时何地作战阵亡	1938 年 11 月 22 日南北谈庄	1940 年 7 月 19 日在小坞营	1939 年 7 月 19 日在小坞营	1939 年在灵高县野窝窑子
备考				

队别	七一五团部	同	七一五团通讯连	七一五团一营
职别	一参谋	司号长	电话排长	营长
姓名	崔光海	李华章	刘井生	增庆云
年龄	25	24	同	32
籍贯	湖北石首县交子渊	湖北房县城内东街	江西千县时村	蜀龙翻县
通讯处	本村交本人	同	同	
何时何地入伍	1930 年本村入伍	1931 年本地入伍	同	同
何时何地入党	党员	党员	同	同
何时何地作战阵亡	1939 年 10 月 24 日灵丘县下关	同	同	1939 年在山西灵丘县站上村
备考				

队别	三五八旅七一五团二营七连	同	二营营部	同
职别	政指	支书	参谋	教导员
姓名	佘光德	王星让	樊汉清	陈正才
年龄	22	23	30	32
籍贯	湖北沔阳	四川建州	湖北沔阳	湖南茶陵
通讯处				
何时何地入伍				
何时何地入党	党员	同	同	同
何时何地作战阵亡	1937 年 10 月 24 日在小泉梁	同	1937 年 10 月 6 日在宁武	1937 年 10 月 21 日潮霸峪
备考				

队别	二营六连	一营三连	同	三营十一连
职别	排长	同	同	连长
姓名	方善春	李光荣	梁明才	杨迎祥
年龄	32	30	23	31
籍贯	河南光山	湖南华容	湖北石首	湖北沔阳县
通讯处				
何时何地入伍				
何时何地入党	党员	同	同	同
何时何地作战阵亡	1937 年 10 月 6 日宁武	1937 年 10 月 8 日在原平	1937 年 10 月 2 日在牛家庄	1937 年 11 月 8 日在卫村
备考				

队别	三五八旅七一五团三营十连	同	七一五团炮兵连	七一五团一营二连
职别	连长	排长	连长	排长
姓名	罗春廷	何庆云	刘少前	黄昌友
年龄	25	23	27	34
籍贯	四川青川县	湖北潜江	湖北沔阳	湖北恩施
通讯处				
何时何地入伍				
何时何地入党	党员	同	同	同
何时何地作战阵亡	1937 年 11 月 8 日在卫村	同	1938 年 3 月 12 日五塞	1938 年 2 月 19 日于黄岭
备考				

队别	七一五团一营二连	一营三连	同	同
职别	排长	连长	支书	排长
姓名	陈子龙	杨立早	王章早	曾国才
年龄	29	23	24	36
籍贯	湖北天门	湖北监利县	湖北安福县	河南洛阳
通讯处				
何时何地入伍				
何时何地入党	党员	同	同	同
何时何地作战阵亡	1938 年 2 月 18 日于黄岑	同	同	同
备考				

队别	三五八旅七一五团二营	二营五连	三营十连	二营七连
职别	副营长	连长	同	排长
姓名	潘有毕	黄元宣	晏廷海	宋永宣
年龄	30	25	29	26
籍贯	湖北监利县	湖北汉川县	湖南容县	湖南慈利
通讯处				
何时何地入伍				
何时何地入党	党员	同	同	同
何时何地作战阵亡	1938 年 3 月 17 日在虎北	同	同	同
备考				

队别	三营十二连	七一五团一营部
职别	排长	教导员
姓名	许子井	刘肇煊
年龄	28	23
籍贯	湖南慈利	江西泰和
通讯处		
何时何地入伍		
何时何地入党	党员	同
何时何地作战阵亡	1938 年 3 月 30 日于后乐山	1938 年 2 月 18 日于黄岑村
备考		

队别	七一五团五连	七一五团八连	七一五团十一连	七一五团三营
职别	支书	排长	同	特派员
姓名	陈起和	张华光	李子高	翟甫然
年龄	28	23	35	25
籍贯	贵州绞平县西区陈家水村	黔盘县五填村	河南长葛县	河南沁阳县林村
通讯处	本村交本人	同	同	同
何时何地入伍	1933 年 9 月在六合入伍	1933 年在本地入伍	1937 年本地入伍	1936 年金汤县入伍
何时何地入党	党员	同	同	同
何时何地作战阵亡	1939 年 10 月 24 日在灵丘县上峰	同	1939 年 11 月 2 日在关庄沟	1939 年 11 月 2 日山西浑源县南石府
备考				

队别	三五八旅七一五团一营一连	同	二连	一连
职别	连长	政指	排长	排长
姓名	罗显祯	刘子汉	刘玉才	吴海金
年龄	25	23	21	29
籍贯	湖北汉川县	陕西延川县	湖南澧县	陕西长安县
通讯处	汉川县河南区连马口	延川县刘家区村公所	澧县寺马桥	长安县郭绍锁
何时何地入伍	1930 年在河南区入伍	1935 年在本县入伍	1935 年 8 月在本县入伍	1935 年在本县入伍
何时何地入党	党员	党员	党员	党员
何时何地作战阵亡	1938 年 9 月 4 日在平绥路	同	同	同
备考				

队别	二营五连	一营一连	同	同
职别	排长	连长	排长	政指
姓名	陈长有	李海全	侯万宝	王德胜
年龄	27	29	31	26
籍贯	贵州北亟县	湖北省汉川县	陕西长安县	四川江明县
通讯处	贵州北亟县	汉川县内元庆收	长安县郭头村	江明县王山口村
何时何地入伍	1935 年在本地入伍	1931 年在本地入伍	1934 年在本地入伍	1935 年在本地入伍
何时何地入党	党员	党员	同	同
何时何地作战阵亡	1938 年 6 月 9 日在乌兰花	1938 年 9 月满汉山	同	同
备考				

队别	同	同	同	一营二连
职别	支书	排长	排副	排长
姓名	王光典	赵成忠	唐宝忠	秦耀南
年龄	25	31	29	27
籍贯	湖南龙山县	湖南长沙县	贵州北济县	山东曹县
通讯处	城内	长沙县砂石	北济城内	曹县大朱村
何时何地入伍	1935 年 本 地入伍	1935 年在本地入伍	1934 年在本地入伍	1935 年在陕西入伍
何时何地入党	同	同	党员	
何时何地作战阵亡	同	同	同	同
备考				

队别	一营三连	一营四连	三营九连	十连
职别	政指	排长	连长	支书
姓名	孙光绪	牛振通	高显铭	张玉峰
年龄	40	34	29	26
籍贯	湖北省石首县徐家硌	河南省章德府大冯庄	湖北汉川县南头	湖南石门县
通讯处	徐家硌	章德府	汉川县南头	交石门县内
何时何地入伍	1931 年入伍	1935 年在山西入伍	1931 年在本地入伍	1935 年入伍
何时何地入党	党员	同	同	同
何时何地作战阵亡	同	同	同	同
备考				

队别	三营九连	同	同	同
职别	政指	排长	同左	政指
姓名	藩福堂	卜好然	司城学	杨占国
年龄	26	26	30	33
籍贯	陕西省延川县高庙店	湖南省大庸县	湖南省澧县石马桥	甘肃渭源县
通讯处	延川县高庙店	大庸县城内		渭源县
何时何地入伍	1936年入伍	1930年入伍		1935年入伍
何时何地入党	党员	同	同	同
何时何地作战阵亡	1938年在满汉山	同	同	同
备考				

队别	三营十一连	二营七连	八连	六连
职别	一排长	政指	连长	一排长
姓名	谢长守	党同茂	陈高升	李二成
年龄	25	26	30	22
籍贯	陕西耀县木牛村	贵州北济县城内	湖北石首县调关	湖北咸丰县
通讯处	耀县木牛村	北济县城内祥和号转	石首县城内永胜栈转	
何时何地入伍	1936 年本地入伍	1934 年本地入伍	1931 年本地入伍	1935 年入伍
何时何地入党	党员	同	同	同
何时何地作战阵亡	1938 年 9 月 20 日满汉山	1938 年 9 月 28 日在陶林县	1938 年 11 月 4 日在马家店	1938 年毕克齐
备考				

队别	二营五连	同	同	六连
职别	政指	支书	一排长	三排长
姓名	戴云祥	张福寿	李维成	王仁
年龄	27	28	22	26
籍贯	湖北宣恩县	湖南澧县	湖北咸丰县	甘省徽县
通讯处	李家河	吕家塔	城东门	
何时何地入伍	1936 年 12 月入伍	1936 年 12 月入伍	1937 年 10 月入伍	1936 年 12 月入伍
何时何地入党	党员	同	同	同
何时何地作战阵亡	1939 年 2 月 12 日邢家庄	同	同	同
备考				

队别	二营五连	一营二连	二营五连	同
职别	文书	排长	指导员	支书
姓名	王程远	钟海泉	关子寿	张海秋
年龄	19	26	28	24
籍贯	任丘	山东张城县郭村	贵州毕节四区村	四川彭德贾家沟
通讯处	本县城内	交张城郭村钟老七	交四区村关文敏收	交本人收
何时何地入伍	1937年入伍	1936年入伍	1936年入伍	1936年入伍
何时何地入党		党员	同	同
何时何地作战阵亡	1939年3月10日大城	1939年3月25日北张村	1939年3月30日在南北魏	同
备考				

队别	团部政治处	通讯连	二营七连	五连
职别	总支书	指导员	连长	一排长
姓名	曾衍芳	戴祥云	向荣华	马思礼
年龄	31	27	25	28
籍贯	江西泰和县	湖北宣恩县	四川南川县	四川省巴州
通讯处	泰和县古和村	宣恩县李家河	南川县石林河北五区向金	巴州城内三元成
何时何地入伍	1930 年入伍	1933 年入伍	1937 年入伍	1932 年入伍
何时何地入党	党员	同	同	同
何时何地作战阵亡	1939 年 4 月 24 日在南留路	1939 年 4 月 24 日张石曹	同	1939 年 4 月 23 日在南留路
备考				

队别	二营五连	同	同	七连
职别	排副	支书	文书	支书
姓名	赵成仁	孙六合	李文斌	汤万发
年龄	22	20	19	28
籍贯	河北任丘	河南荣县	河北完县	陕西景昌县西关
通讯处	八方村	本县城内	本县本人	交本人收
何时何地入伍	1939 年 1 月入伍	1939 年入伍	1939 年 1 月入伍	1936 年入伍
何时何地入党		党员		党员
何时何地作战阵亡	齐会	同	同	1939 年 4 月 23 日齐会
备考				

队别	二营七连	同	三营九连	十连
职别	副排长	文书	支书	排副
姓名	田玉泉	万之恒	刘增禄	刘建勋
年龄	39	27	30	25
籍贯	山西洪洞城内	冀省文安东关	河北献县张庄	山西五寨古城角
通讯处	交田文甲	交万立秋	本县张庄交本人收	古城角家中收
何时何地入伍	1937 年入伍	1938 年入伍	1939 年 2 月入伍	1937 年入伍
何时何地入党	党员	同	同	同
何时何地作战阵亡	1939 年 4 月 23 日济会	同	南留路	同
备考				

队别	三营十一连	十二连	二营	五连
职别	文化教员	指导员	营长	连长
姓名	崔国振	王林	刘光权	苗金
年龄	19	27	28	24
籍贯	河北安平郎仁村	绥远凉城陶林村	湖北荆门	绥远清河县
通讯处	本村交村公所	本村本人收	本县本人	本县韭菜沟
何时何地入伍	1938 年入伍	1938 年入伍	1932 年 2 月入伍	1938 年入伍
何时何地入党	同	同	同	同
何时何地作战阵亡	南留路	同	1938 年 5 月 13 日孙刘庄	找子营
备考				

队别	五连	七连	三营九连	十连
职别	支书	一排长	支书	同
姓名	田树达	王平安	孙占同	李续清
年龄	25	24	53	25
籍贯	山西兴县	贵州盘县水糖子	陕西富平行事	山西兴县古城
通讯处	本县本村田正玉	水糖子交王平义	中雁孙大雪	古城交本人
何时何地入伍	1938 年入伍	1935 年入伍	1937 年入伍	1938 年入伍
何时何地入党	同	同	同	同
何时何地作战阵亡	1939 年 5 月 13 日找子营	同	孙刘庄	同
备考				

队别	三营十连		十连	旅供给处
职别	一排副		排长	粮秣员
姓名	孙英奎		孙九余	刘巨川
年龄	18		25	26
籍贯	冀省安平赵町村		川隆汉五区双庙	陕西潼关
通讯处	本村本人			
何时何地入伍	1937 年入伍			1937 年入伍
何时何地入党	党员		党员	
何时何地作战阵亡	1939 年 5 月 13 日找子营		1939 年 12 月关中苒	1940 年 3 月 30 日石盘飞机炸亡
备考				

排级以上各种干部阵亡统计表

职别	数目	职别	数目
政治委员	1	副排长	5
参谋长	1	司号长	1
一参谋	1	电话排长	1
教育参谋	1	文化教员	1
参谋	1	分支书	1
特派员	1		
总支书	1		
营长	3		
副营长	5		
教导员	2		
军需	1		
连长	15		
副连长	4		
指导员	14		
副指导员	1		
小队长	2		
分队长	3		
排长	49		
中队长	1		
支书	14		
文书	5		
粮秣员	2		
总计			137

22. 八路军第120师陈庄战斗干部伤亡登记
(1939年)

阵亡		阵亡	
独一旅		独二旅	
		四团特务连长	彭兴富
五团十连长	张顺清	四团一连长	艾富顺
		六团二连政指	郭幸亮
政部民干	黄口旂	六团参谋长	秦实巷
五团十二连政指	周俊岭	六团参谋	戴洪读
二团一营三连支书	薛根琴	六团特务连政指	张启汗
二团五连连长	石荣贵	四团民运股长	王殿荣
一团参谋	李士林	九团政处青干	田德胜
		九团二营支书	刘珉
五团二营副官	辛进宣	九团二营医生	刘二贵
		四团政教股长	赵润夫
		旅供特派员	赵口第

阵亡	
八旅	
八团副团长	左清臣
八团总支书	黄湘
政治部统干	薛化齐
直政处青干	贾治平
八团二营军需	李向良
八团二营特干	邓耀宗
通讯连连副	王韩宝
八团参谋	任占果
六团四连连长	丁日茂

大青山

政治部民干	王定州

四支队一连长	李忠义
支书	刘洪加
连长	李□备
连长	陈元兴
政指	邢汗百
马医官	张开明
记者	孙占胜

骑支	阵亡
二团四连政指	赵嘉漠
二团四连政指	王俊楼
政部敌军科长	王仪卿
特务连连长	向生昌
支书	邓然清
二团民干	许清吉
游击队队长	雷子和
……	阚新学
三团	邬光明
二团团长	王贤光

三团民干	吴济

教导团

队长	林长云
政教	邓力犁
负伤	
四队长	高东生
政指	李玉成

二旅

教导营副政指	顾泽州
九团连副	乔竹之
九团二营五连副	董永胜

负伤

独一旅

二团一营教导员	王代志
五团五连长	杨文祥
参谋长	鲁赤成
七连副	辛进宣
五团三营支书	庞文秀
二团参谋	李士林

41.5

（临南吃台）

K支负伤

连长	陈先机
连长	汪贤才
政指	牟连林
支书	杨锋山

独二旅

四团政处教股长	赵润夫
四团政处支书	郝兴元
卫生队长	陈纯炳
二营长	莲金海
教导员	崔明山
七连长	戴备林

负伤

八旅

卫三所政指	于友民
六团十二连长	王辉友
八团五连政指	张记南
八团政处统干	赵勋勤
六团一营长	游好杨
副营长	谢家泉
特派员	杜忠文
教干	石琳
六团三营教导员	漆成德
七团一营长	龚兴叶

八旅

七团一营二连长	唐洪泽
一连政指	王占元
支书	石银堡
六团特务连副	邹金堂
一营二连政指	郭子德
六团医生	邓士俊
四团一营营副	陈文科
九团二营副官	薛文春

三营特派员	邓明银		
		四团二营教干	郝发然
十一连副	陈天亮		
十连支书	马占奎	四团二营七连长	向国栋
九连副	冉瑞才	旅参谋	赵长起
二营教干	郝发然	四团连长	覃忠林
一连长	唐子明	九团特连支书	杨章玉

23. 八路军第120师第716团抗战第二周年阵亡登记表 (1939年)

第二周年阵亡登记表（38年5月至39年6月止）

一二〇师七一六团

部别	一营二连	二营五连	同	七连	同	同	同	同	同	同
阶级										
职别	战士	副班长	战士	副班长	战士	同	同	同	同	司号员
姓名	郭占山	高善修	崔振云	毛作周	刘虎娃	朱元	李喜	李林茂	宋德胜	刘义英
年龄	18	27	21	28	25	32	33	27	31	17
籍贯	山西右玉县宋庄	山西市前方波林村	河北安平张店	山西潭县城内	山西朔县伐吉沟	山西朔县懒汉井	山西朔县其星泽	山西交城成村	山西交城成村	陕西吴堡县薛家湾
受伤日期	1939年3月1日	同	同	同	同	同	同	同	同	同
受伤部位										
伤名										
阵亡地点	河间黑马张家庄	同	同	同	同	同	同	同	同	同
备考										

部别	二营七连	同	同	八连	同	同	同	机枪连	同	同
阶级										
职别	战士	同	同	二排长	五班长	副班长	司号员	政指	二排长	二班长
姓名	王占林	刘文生	李正明	何秀云	赵应华	李占福	赵文清	李云清	舒应全	张义文
年龄	27	36	33	20	25	25	13	33	23	26
籍贯	陕西渭南西立镇	河北南宫县城内	河北安平大王庄	四川南充县	陕北永张石赵家沟	山西宁武县头马营	四川交洞县南坡八通	湖南石门县铁炉湾	湖南溆浦右林家潭	云南祥云县
受伤日期	1939年3月1日	同	同	同	同	同	同	同	同	同
受伤部位										
伤名										
阵亡地点	河间县黑马张家店	同	同	同	同	同	同	同	同	同
备考										

部别	六三机连	同	同	九连	同	同	同	十连	同	同
阶级										
职别	六班长	三班长	战士	班长	副班长	战士	同	同	同	班长
姓名	高鹏飞	张福臻	赵福明	刘彦明	唐万顺	林堂	张永海	汪林	郝三银	郭桂三
年龄	28	40	20	29	33	18	21	28	20	19
籍贯	山西浑源县高咀村	河北饶阳南置汗	山西苛岚二区俚生沟	山西江兴县东冯林	陕西蒲城大於寨	山西左云县吴集丘村	山西五寨王家岔	山西左云许家村	山西怀仁郝家寨	山西汾阳县三泉镇
受伤日期	1939年3月1日	同	同	同	同	同	同	同	同	同
受伤部位										
伤名										
阵亡地点	河间黑马张家庄	同	同	同	同	同	同	同	同	同
备考										

部别	特务连	同	同	同	一营二连	同	同		机枪连	十连
阶级										
职别	副班长	战士	二排副	战士	七班长	战士	七班副	通讯员	新战士	炊事员
姓名	郑永珍	张浦焕	庄子山	张孝志	张永永	薛永贵	高大兴	范振江		王有生
年龄	30	26	25	30	29	28	28	19		18
籍贯	山西静乐县三区安子沟	同	河南洛阳县乔庄	山西大同二区张家庄	山西宁武县二区李家平	山西汾阳县二区牧家庄	陕西浦城县	河北行唐县西瓦住		山西介休三区义安村
受伤日期	1939年3月23日	同	同	同	同	同	同	同		同
受伤部位	头部	肚部	同	头部	同	身部	肚部			
伤名										
阵亡地点	在石马庄	同	同	同	同	同	同	同		同
备考									失联络补充来的同时作战未登姓名	

部别	第九连	同	同	同	同	同	九连	同	同	同
阶级										
职别	排长	战士	同	同	同	通讯员	班长	战士	同	同
姓名	郑金奎	张庆云	刘忠臣	杨克松	宋成群	李有若	马绍臣	朱文华	朱和成	李建国
年龄	29	20	32	17	29	21	26	22	22	19
籍贯	陕西北潼关二区荷叶沟	河北任丘县八区泉头村	任丘县六区乡城堡	山西怀仁县一区北辛庄	河北饶阳南四区杨各庄	甘肃成县染庄	贵州大方县北一区三家	山西苛岚县二区西堡	河北饶阳县二区光胜寨	河北安平县杨各庄
受伤日期	1939年3月23日	同	同	同	同	同	同	同	同	同
受伤部位		头部	同	脑部	同	同	同	同		
伤名										
阵亡地点	在石马村	同	同	同	同	同	同	同	同	同
备考										

部别	九连	同	同	同	同	同
阶级						
职别	战士	同	同	排长	战士	三班长
姓名	杨春茂	张义生	孙风章	王云章	赵东惠	史吕云
年龄	31	20	19	21	30	32
籍贯	山西右玉六区北汗井	河北满城县徐村	河北献县皇城	河北饶阳县城内	陕西田洲	山西崞县
受伤日期	1939年3月23日	同	同	同	同	同
受伤部位						
伤名						
阵亡地点	石马庄	同	同	同	同	同
备考						

部别	一营营部	侦察排	二连	三连	同	同	一营营部	二连	同	同
阶级										
职别	班副	战士	战士	班长	同	战士	通讯员	排长	文书	司号员
姓名	孟照新	薛占仁	吕成久	刘根	彭所	张志英	赵炳月	任其常	张以进	王富贵
年龄	22	26	29	29	23	21	16	29	20	17
籍贯	河北枣强县锁江口村	山西大同县	山西汾阳县有家庄	陕西富平县桥全保	陕西浦城县唐城	山西岚县王肖村	山西怀仁县闫庆固庄	陕西富平县	山西榆次	陕西咸阳县
受伤日期	1939年4月23日	同	同	同	同	同	同	同	同	同
受伤部位	胸部			头部	同	同	头部	同	腰部	
伤名										
阵亡地点	河间齐会村	同	同	同	同	同	在南留路村	在齐会村	同	同
备考										

部别	一营二连	同	同	同	三连	同	同	同	同	同
阶级										
职别	副排长	战士	同	同	排长	文书	班长	同	战士	同
姓名	蔡鼎	靳德才	胡林才	张财进	武进仕	张耀东	雷满云	李连升	范二小	任绍科
年龄	26	20	21	22	22	21	20	20	19	23
籍贯	山西汾阳县	河北任丘县	同	河北肃宁县	山西岢岚县	山西忻县	山西崞县	山西榆次	山西岢岚	河北肃宁县
受伤日期	1939年4月23日	同	同	同	同	同	同	同	同	同
受伤部位	头部	胸部	腿部			胸部	同	头部	同	同
伤名										
阵亡地点	河间齐会村	同	同	同	同	同	同	同	同	同
备考										

部别	一营三连	二营机连	二营五连	八连	同	同	同	同	同	同
阶级										
职别	战士	通讯班长	战士	同	同	同	同	同	同	同
姓名	邱视田	李寿相	马义山	杨月同	李世旺	崔茂林	赵占山	雷应龙	李得国	赵富天
年龄	20	19	19	23	35	27	22	20	20	20
籍贯	河北文安县	山西汾阳县三泉镇	河北行唐县北城村	山西太原县西里海	河北高阳县家务	河北高阳县边度口	山西文水县韩五村	河北涿县	河北安平县	同
受伤日期	1939年4月23日	同	同	4月24日	同	同	同	同	同	同
受伤部位	头部		头部							
伤名										
阵亡地点	河间齐会村	河间南留路村	同	河间张曹村	河间南留路村	同	同	同	同	同
备考										

部别	二营七连	同	同	同	同	同	同	八连	同	同
阶级										
职别	副排长	支书	班长	同	战士	同	同	二排长	战士	同
姓名	任建基	张殿奎	章有才	胡有才	李天庭	李子建	王礼东	邹顺清	宋文忠	孙保福
年龄	22	20	21	25	19	18	19	25	24	19
籍贯	山西太原县	山西宁武县	山西朔县	河北河间	河北大城	河北安平	河北饶阳	湖北樊城县城内	河北安平县	同
受伤日期	1939年4月23日	同	同	同	同	同	同	4月24日	同	同
受伤部位	腿部	头部		头部						
伤名										
阵亡地点	河间齐会村	同	同	同	同	同	同	于南留路村	同	同
备考										

部别	二营八连	同	同	同	同	同	同	同	同	同
阶级										
职别	战士	同	同	同	同	同	支书	战士	同	同
姓名	任德华	郭玉田	赵云祥	韦为平	景成双	王三小	李孝德	刘玉齐	彭小文	郭树林
年龄	20	19	20	24	20	30	25	40	42	26
籍贯	河北大城	河北安国县	河北蠡县	同	同	山西朔县陈庄	四川巴洲磨盘山	河北安平县□□村	河北大城县六区南关村	山西崞县永兴村
受伤日期	1939年4月23日	同	同	同	同	同	4月24日	同	同	同
受伤部位			肺部	腿部	头部					
伤名										
阵亡地点	河间齐会村	同	同	同	同	南留路村	于河间南留路	于张曹村	河间南留路	同
备考										

部别	三营机连	同	同	同	同	同	九连	同	同	同
阶级										
职别	班长	战士	副排长	同	班长	战士	副排长	战士	同	同
姓名	马士良	王福有	田玄珍	任立业	王建国	华才	张文才	王云祥	周标	吴进才
年龄	26	32	22	23	24	21	20	22	20	26
籍贯	山西汾阳县一区石塔村	河北密云古北口	陕西咸阳	山西阳曲	同	河北大城县	山西朔县	河北蠡县	河北博野县	河北行唐县
受伤日期	1939年4月24日	同	同	同	同	同	同	同	同	同
受伤部位			腿部	同	同	头部	同	头部	同	
伤名										
阵亡地点	于河间齐会村	同	同	同	同	同	同	同	同	同
备考										

部别	三营九连	同	同	第十连	同	同	同	同	同
阶级									
职别	战士	同	同	副排长	战士	同	同	同	同
姓名	任礼	唐天庭	武天柱	高文明	崔应春	林才	白奎武	胡才永	郭文光	贺天受
年龄	19	19	26	20	21	23	23	19	19	19
籍贯	河北行唐县	河北定县	河北蠡县	山西大同	河北饶阳	河北安平	河北蠡县	河北安平	河北饶阳	河北大城
受伤日期	1939年4月23日	同	同	同	同	同	同	同	同	同
受伤部位	头部	腹部	同	头部			肺部	头部	肺部	头部
伤名										
阵亡地点	河间齐会村	同	同	同	同	同	同	同	同	同
备考										

部别	三营机连	九连	同	十连	同	同	三营十二连	同	同	同
阶级										
职别	战士	同	同	班长	战士	炊食员	排长	战士	同	同
姓名	李振江	丁尽忠	赵生才	贺忠堂	谢万章	张志和	周德盛	王桂胜	孙明山	王味清
年龄	28	31	35	27	21	32	36	20	31	20
籍贯	河北行唐县四区回家庄	河北深县六区丁家屯	河北大城五区七里村	陕西蒲城高阳镇刘家园	河北文安县平一区北皇城街	河北交河县七区眉宋庄	湖北左城邹家营	河北肃宁一区东子前村	河北肃宁一区边寨村	河北肃宁四区付家庄
受伤日期	1939年4月24日	同	同	同	同	同	同	同	同	同
受伤部位		头部	同							
伤名										
阵亡地点	河间齐会村	同	同	同	同	同	同	同	同	同
备考										

部别	二营机连	同	同	五连	同	同	同	同	同	同
阶级										
职别	连长	战士	同	同	三排长	战士	同	同	同	同
姓名	刘东海	孟二	王占元	张守成	于太洲	高才云	郝永清	李元孝	尹柱勋	马树明
年龄	26	31	33	35	25	18	41	19	27	52
籍贯	陕西潼关县城内	山西朔县五区田井村	河间县八区孟村	河北高阳边村	河南洛阳县小通村	山西交城县程村	河北井陉县深沟村	山西朔县李家村	河北饶阳县小得村	河北安平县二区毛庄
受伤日期	1939年4月28日	同	同	同	同	同	同	同	同	同
受伤部位			头部		头部	项部		头部	同	胸部
伤名										
阵亡地点	于任村战	同	同	同	同	同	同	同	同	同
备考										

部别	二营五连	七连	同	同	同	同	同	同	同	同
阶级										
职别	战士	班长	同	同	战士	同	同	同	同	同
姓名	白保生	严顺生	武冶和	张来喜	王益	康巨虎	宋永春	史喜如	李旺春	陈玉科
年龄	20	26	28	22	20	18	32	35	25	27
籍贯	河北高阳县洒水镇	陕西潼关山平县	山西汾阳四区新村	山西榆次县十里沟	山西朔县井村	山西阳曲县四区李家社	河北河间县书城	河北高阳县贾家五	河北饶阳县刘家庄	河北大城县五区新家岭
受伤日期	1939年4月28日	同	同	同	同	同	同	同	同	同
受伤部位	头部									
伤名										
阵亡地点	于任村战	同	同	同	同	同	同	同	同	同
备考										

部别	二营七连	同	八连	同
阶级				
职别	战士	同	同	排长
姓名	李树杞	任曰臣	王发生	邹顺清
年龄	23	24	18	25
籍贯	河北大城县王庄	山西汾阳县三区义丰镇	河北任丘孙家坞	湖北樊城城内
受伤日期	1939 年 4 月 28 日	同	同	同
受伤部位				
伤名				
阵亡地点	于任村战	同	同	于河间张曹村
备考				

部别	一营机连	三连	二连	同	同	同	同	同	同	同
阶级										
职别	五班长	战士	一排长	班长	三班长	战士	同	同	同	同
姓名	胡少昌	朱忠齐	方风山	甄长和	贾吉禩	袁保	靳达芝	赖舍奎	李生贵	曹生
年龄	25	40	30	21	36	21	37	42	23	24
籍贯	甘肃岷县五区芦堡子	河北高阳县西水村	河南洛阳县南关	山西汾阳县牧元村	河南新乡县	山西怀仁县	河北安平县射探村	陕西宣居县烈巧村	山西左云县王民庄	山西朔县吴兴寨
受伤日期	1939年5月18日	同	同	同	同	同	同	同	同	同
受伤部位	头部	同								
伤名										
阵亡地点	在何家庄战	在常留村	于任务村	同	同	同	同	同	同	同
备考										

部别	二连	二连	二连	同	同	同	同	同	四连	同
阶级										
职别	战士	同	同	同	同	同	同	一班副	战士	同
姓名	徐凤山	裴臭儿	刘贵喜	王连合	刘海云	魏牛	郝存义	王存义	苏进才	宋林明
年龄	27	35	30	29	43	25	22	20	34	24
籍贯	河北肃宁县白村	山西忻县裴家村	山西忻县魏家疃	河北安平县张敖村	河北肃宁县菌头	陕西潼关陈路村	山西岢岚县武家庄	山西大同县肖村	陕西佳县苏村	河北定县西新村
受伤日期	1939年5月18日	同	同	同	同	同	同	同	同	同
受伤部位	头部	同								
伤名										
阵亡地点	于任务战	同	同	同	同	同		在何家庄	同	在留村战	同
备考										

部别	三营九连	十连	同	三营十连	十一连	同	同	同	二营九连	同
阶级										
职别	班长	战士	战士	战士	战士	战士	战士	战士	班长	战士
姓名	王天皇	唐士孝	鲁子明	于有魁	王继别	孙子亮	张文	王建勋	张继祖	王庆明
年龄	29	19	20	24	16	18	21	16	16	20
籍贯	湖北沔阳	山西五寨	山东鲁县	甘肃徽县	山西寿阳	山西汾阳	山西朔县	山西宁武	山西沁源	山西临汾
受伤日期	7月7日	7月7日	7月6日	7月6日	7月6日	7月6日	7月6日	7月6日	7月7日	7月7日
受伤部位	头部	腹部	同	胸部	头部	颈部	腹部	同	胸部	腹部
伤名	贯通	炸伤	贯通	同	同	炸伤	贯通	同	炸伤	贯通
阵亡地点	于斗沟	同	同	同	同	同	同	同	麻布袋沟	同
备考										

部别	二营七连	同	同	五连	一营营部	一连	同	同	同	同
阶级										
职别	战士	战士	战士	副排长	通讯员	排长	班长	班长	班长	班长
姓名	别应发	张子和	白永宁	邹其佐	刘文先	陈文光	周子敬	刘金山	张杰	马荣
年龄	22	26	18	23	20	22	33	24	20	42
籍贯	山西朔县	山西怀仁	山西崞县	湖北石首谭家湾	四川巴州青安渡	福建上杭县白五乡村	河南卫辉	陕西延安	四川成都	山西大同
受伤日期	7月7日	7月7日	7月7日	38年8月4日	8月4日	8月4日	8月4日	8月4日	8月4日	8月4日
受伤部位	头部	腹部	胸部	腰部	头部	同	腰部	胸部	头部	胸部
伤名	炸伤	贯通	炸伤	同	贯通	炸伤	同	贯通	同	同
阵亡地点	新广武	同	同	朔县泥河	同	同	同	同	同	同
备考										

部别	一连	同	同	同	三连	同	同	同	同	同
阶级										
职别	战士	战士	战士	支书	连长	排长	战士	战士	战士	战士
姓名	任伯胜	张汝德	李在江	向青山	蒋富清	刘化龙	张占标	樊材书	吴金廷	郝八小
年龄	21	17	18	31	24	20	25	17	34	23
籍贯	山西孝义	山西汾阳	陕西府谷	湖南澧县宝塔湾村	湖南益阳文铺村	湖南大庸十三乡村	山西岚县	山西寿阳	陕西蒲城	山西岚县
受伤日期	8月4日	8月4日	8月4日	8月4日	8月4日	8月4日	8月4日	8月4日	8月4日	8月4日
受伤部位	头部	同	胸部	同	头部	胸部	腰部	腰部	头部	同
伤名	炸伤	贯通	同	同	炸伤	贯通	炸伤	同	贯通	同
阵亡地点	泥河	同	同	同	同	同	同	同	同	同
备考										

部别	三连	同	同	同	同	一营四连	同	同	同	同
阶级										
职别	战士	战士	战士	战士	战士	政指	排长	排长	战士	战士
姓名	李二小	白有生	王振凤	刘得胜	张喜才	龙以德	荣永甲	崔振君	王朝德	武景云
年龄	24	38	23	45	38	26	25	26	25	25
籍贯	山西岚县	山西岚县	山西兴县	山西岚县	甘肃成县	江西吉安永阳区价边村	湖南澧县甘河村	河南获县红青村	河南邓县	山西岚县
受伤日期	8月4日	8月4日	8月4日	8月4日	8月4日	8月4日	8月4日	8月4日	8月4日	8月4日
受伤部位	腰部	头部	腹部	胸部	同	头部	胸部	腹部	同	头部
伤名	炸伤	贯通	同	同	炸伤	贯通	同	炸伤	同	贯通
阵亡地点	泥河	同	同	同	同	同	同	同	同	同
备考										

部别	四连	同	同	同	同	同	同	一营一连	同	同
阶级										
职别	战士	战士	战士	战士	战士	战士	战士	战士	战士	战士
姓名	冀希高	李西片	徐云中	席青龙	赵忙仲	王二小	张汶侯	张秀	王仁贵	任应龙
年龄	33	24	34		20	30	23	24	20	19
籍贯	山西五寨	河南巩县	湖北汉阳		山西兴县	山西岢岚	山西岢岚	山西河曲	山西保德	山西五寨
受伤日期	8月4日	8月4日	8月4日	8月4日	8月4日	8月4日	8月4日	8月4日	8月4日	8月4日
受伤部位	头部	颈部	胸部	头部	腰部	同	头部	头部	头部	小腹
伤名	炸伤	炸伤	贯通	炸伤	炸伤	同	贯通	炸伤	炸伤	贯通
阵亡地点	同	同	同	该员前在政治处任通讯员，7月20日由团部介绍来未填登记表	泥河	同	同	同	同	同
备考										

部别	一连	同	同	三连	同	同	同	同	同	五连
阶级										
职别	战士	战士	战士	战士	战士	战士	战士	战士	战士	战士
姓名	孙二狗	张金忠	李藩芝	王三苟	常子斌	张云清	张三娃	王英棠	龚以德	任宏业
年龄	21	19	21	29	26	20	20	17	29	26
籍贯	山西兴县	山西代县	山西平鲁	山西岚县	山西大同	陕西潼关	山西五寨	山西大同	河南章德	山西汾阳
受伤日期	8月4日	8月4日	8月4日	8月4日	8月4日	8月4日	8月4日	8月4日	8月4日	8月4日
受伤部位	头部	同	腹部	头部	腰部	胸腹部	腹部	腹部	头部	腹部
伤名	炸伤	同	贯通	同	炸伤	贯通	同	同	同	同
阵亡地点	泥河	同	同	同	同	同	同	同	同	同
备考										

部别	五连	二营营部	二营营部	二营机枪连	机枪连	五连	同	同	同	同
阶级										
职别	战士	通讯员	通讯班长	通讯员	战士	班长	战士	战士	班长	战士
姓名	李娃	米成富	武士贞	俞智白	蔡有富	杨海青	王国富	仲业花	罗少花	王芝青
年龄	20	18	17	21	31	23	24	28	27	27
籍贯	山西神池	四川平武花谷园	山西汾阳	安徽旌德溪南村	山西岚县	湖南大庸	湖北孝感东王村	山西灵丘	四川罗特	山西寿阳
受伤日期	8月4日	8月4日	8月4日	8月4日	8月4日	8月4日	8月4日	8月4日	8月4日	8月4日
受伤部位	腹部	头部	同	腹部	头部	腰部	头部	小腹	胸腹部	头部
伤名	同	炸伤	同	贯通	同	炸伤	同	贯通	同	同
阵亡地点	同	同	同	同	同	同	同	同	同	同
备考										

部别	五连	同	同	同	七连	五连	同	同	同	同
阶级										
职别	战士	班长	通讯员	班长	政指	战士	战士	战士	战士	战士
姓名	华士小	寇光会	李德奎	张有檀	白汉初	李德才	任效忠	刘言南	田子庆	金如明
年龄	22	20	18	21	28	26	17	20	22	20
籍贯	山西五寨	四川广元县康家铺	山西离石	山西阳曲	河南真县	山西崞县	山西朔县	山西大同	山西怀仁	山西汾阳
受伤日期	8月4日	8月4日	8月4日	8月4日	8月4日	8月4日	8月4日	8月4日	8月4日	8月4日
受伤部位	头部	胸部	腹部	腰部	头腹部	胸部	头部	腹部	胸部	腹部
伤名	炸伤	贯通	同	炸伤	炸伤	贯通	同	同	同	同
阵亡地点	泥河	同	牛沟	同	泥河	同	同	代岳南	泥河	同
备考										

部别	五连	同	六连	同	同	同	同	同	同	同
阶级										
职别	战士	战士	战士	战士	战士	战士	战士	战士	战士	班长
姓名	钱应标	武应龙	张和	王庆和	王耀堂	章文礼	李信	郭三娃	罗焕	张凤歧
年龄	19	20	20	19	20	20	19	21	24	31
籍贯	山西保德	山西河曲	山西太原	山西榆次	山西祁县	山西河曲	山西保德	山西神池	山西方山	山西黎城
受伤日期	8月4日	8月4日	8月4日	8月4日	8月4日	8月4日	8月4日	8月4日	8月4日	8月4日
受伤部位	腹部	左右股部	腹部	腹部	腰部	头部	腹部	腹部	头部	胸部
伤名	贯通	骨折	贯通	同	炸伤	贯通	同	同	炸伤	贯通
阵亡地点	泥河	同	同	同	同	同	同	同	同	同
备考										

部别	七连	同	七连	同	同	同	同	同	同	同
阶级										
职别	班长	通讯员	通讯员	战士	战士	战士	战士	战士	战士	战士
姓名	赵振东	张存	覃正春	刘福	刘润喜	曾茂花	余润荣	田以德	张云鹤	范文才
年龄	24	21	17	23	21	20	20	20	21	20
籍贯	山西宁武	陕西绥德	湖南石门	山西浑源	山西岢岚	山西岢岚	山西岢岚	山西汾阳	山西五寨	山西保德
受伤日期	8月4日	8月4日	8月4日	8月4日	8月4日	8月4日	8月4日	8月4日	8月4日	8月4日
受伤部位	头部	同	同	同	同	同	同	同	头部	同
伤名	贯通	同	同	同	同	同	同	同	同	同
阵亡地点	泥河	同	同	同	同	同	同	同	同	同
备考										

部别	七连	同	八连	四连	八连	同	同	同	同	同
阶级										
职别	战士	战士	战士	战士	战士	战士	战士	战士	战士	战士
姓名	樊以武	任以良	宋休文	张学强	唐以信	吴德书	张文新	王迷财	靳以饭	郭炳训
年龄	19	20	24	20	20	20	21	20	20	20
籍贯	山西河曲	山西朔县	山西怀仁	山西大同	山西朔县	山西保德	山西河曲	山西大同	山西保德	山西保德
受伤日期	8月4日	8月4日	8月4日	8月4日	8月4日	8月4日	8月4日	8月4日	8月4日	8月4日
受伤部位	头部	头部	腹部	腹部	同	头部	同	头部	腹部	腹部
伤名	贯通	同	同	同	同	同	同	炸伤	同	同
阵亡地点	同	同	同	同	同	同	同	同	同	同
备考										

部别	八连	三营 716	九连	十连	同	同	同	同	十一连	同
阶级										
职别	战士	通讯员	战士	班长	班长	班长	战士	战士	连长	战士
姓名	常德富	李清西	贾福元	晏爹喜	姚得胜	宋正伦	刘少卿	刘子功	曾银龙	吴升魁
年龄	19	18	25	27	33	23	22	22	25	38
籍贯	山西 保德	湖南 澧县	山西 崞县	四川 通江	山东 荣城	贵州 黔西	山西 岢岚	贵州 大完	湖北汉 川曾 家湾	山西 岢岚
受伤日期	8月 4日	8月 5日	8月 4日	8月 3日	8月 3日	8月 3日	8月 3日	8月 3日	8月 4日	8月 4日
受伤部位	腹部	胸部	头部	腹部	头部	同	腹部	胸部	头胸部	胸股部
伤名	炸伤	贯通	炸伤	炸伤	同	同	同	贯通	炸伤	同
阵亡地点	泥河	马邑 车站	榆林 车站	同	同	同	同	同	同	榆林
备考										

部别	十一连	同	同	十二连	同	同	同	一营二连	同	同
阶级										
职别	战士	战士	战士	班长	战士	战士	支书	班长	班长	班长
姓名	张保国	李春富	刘根清	毛金喜	刘新有	刘得才	田有富	白文炳	姚进长	王二小
年龄	24	33	16	24	31	28	22	16	19	17
籍贯	山西岢岚	山西霍县	山西右玉	河南禹县	山西离石	山西兴县	陕西彬县	山西汾阳	山西榆次	山西岢岚
受伤日期	8月4日	8月4日	8月4日	8月4日	8月4日	8月8日	8月8日	1939年1月27日	1月27日	1月27日
受伤部位	背部	小腹	头部	腹部	胸腹头部	腹部	头部	头部	胸部	腹部
伤名	炸伤	贯通	炸伤	贯通	炸伤	贯通	同	同	同	同
阵亡地点	榆林	同	同	同	同	同	同	代海滩	同	同
备考										

部别	六连	八连	七连	同	同	同	同	同	716通讯队	一连
阶级										
职别	炊事员	战士	战士	战士	战士	战士	战士	战士	特务长	连长
姓名	张有保	白二娃	林子生	梁永才	王士钟	王小三	华明	张子温	李春富	贺发林
年龄	26	19	17	26	18	26	14	19	24	29
籍贯	山西五寨	山西太原	山西榆次	山西五寨	山西榆次	山西岢岚	山西太原	山西岢岚	湖北天门杨家庄	湖北江陵沙新村
受伤日期	1938年9月27日	9月27日	9月27日	9月27日	9月27日	9月27日	9月27日	9月27日	1938年11月3日	11月3日
受伤部位	头部	同	腹部	头部	腹部	头部	同	同	胸部	头部
伤名	炸伤	同	贯通	同	同	同	同	同	炸伤	同
阵亡地点	庙前沟	同	同	同	同	同	同	同	五台西天河	同
备考										

部别	一连	同	同	同	同	同	同	同	同	同
阶级										
职别	政指	排长	班长	班长	班长	班长	班长	班长	通讯员	战士
姓名	吴选清	赵子元	马二喜	王起德	张尔仁	李喜红	梁庆有	范振恒	周有才	胡应肖
年龄	28	34	27	27	24	23	18	17	16	26
籍贯	湖南临澧河口村	湖北朝阳城内	山西太原	山西清源	山西汾阳	山西临县	山西汾阳	山西汾阳	山西大同	山西汾阳
受伤日期	11月3日	11月3日	11月3日	11月3日	11月3日	11月3日	11月3日	11月3日	11月3日	11月3日
受伤部位	腹部	头部	胸部	胸股部	头部	小腹	腰部	腹部	头部	腹部
伤名	贯通	同	炸伤	炸伤	贯通	同	贯通	炸伤	贯通	炸伤
阵亡地点	西天河	同	同	同	同	同	同	同	同	同
备考										

部别	一连	同	同	三连	同	九连	同	十连	同	六连
阶级										
职别	战士	战士	战士	战士	战士	政指	班长	战士	战士	战士
姓名	周德功	黄三有	李阳春	刘明德	王怀山	夏道喜	王天星	唐士孝	鲁子明	李多奎
年龄	19	27	33	40	22	27	28	18	23	21
籍贯	山西右玉	山西大同	山西右玉	四川广元韩家边	陕西紫阳	湖北监利	湖北沔阳	山西五寨	山东曹县	山西怀仁里角坪
受伤日期	11月27日	11月27日	11月27日	11月27日	11月27日	11月3日	11月3日	11月3日	11月3日	11月3日
受伤部位	背部	头部	胸腹部	头部	胸部	腹部	同	头部	腹部	
伤名	炸伤	贯通	贯通	炸伤	贯通	同	同	炸伤	贯通	
阵亡地点	西天河	同	同	同	同	陡嘴村	同	同	同	
备考										该员于作战时失掉联络生死不明

部别	七连	十一连	同	一营机枪连	二连	三连	同	同	同	同
阶级										
职别	战士	战士	战士	战士	战士	战士	战士	战士	排长	班长
姓名	薛永金	郭正清	王巨祥	史详	张估金	刘发林	倪二狗	李春生	李良知	邢现珠
年龄	27	21	32	21	36	20	18	19	26	20
籍贯	山西汾阳向阳镇	山西怀仁城内	山西怀仁	山西右玉	绥远吃老前	河北行唐	山西大同	山西文水	湖北长阳	山西崞县
受伤日期	11月3日	11月3日	11月3日	1939年2月2日	2月2日	2月2日	2月2日	2月2日	2月2日	2月2日
受伤部位				胸部	头部	同	胸部	腹部	头胸部	腰腹部
伤名				贯通	同	同	同	同	同	炸伤
阵亡地点				河间堡店	同	同	同	同	同	同
备考	该员于转移阵地时失去联络生死不明	该员失掉联络，带去步枪一支，带去子弹百五十发	该员于西天河作战失掉联络，带去步枪一支子弹百五十发							

部别	三连	同	同	同	同	四连	五连	同	同	同
阶级										
职别	班长	班长	战士	战士	战士	战士	班长	战士	战士	战士
姓名	杨洪兴	马吉	李佩	刘庆和	张三保	任连生	李生道	解起浪	郭云桂	闫润才
年龄	37	24	25	19	20	19	20	30	25	38
籍贯	四川青州二区	山西汾阳	山西太原	河南卫县	山西大同	山西汾阳	山西河曲	山西平鲁	山西崞县	山西朔县
受伤日期	2月2日	2月2日	2月2日	2月2日	2月2日	2月2日	2月2日	2月2日	2月2日	2月2日
受伤部位	头部	腹部	同	小腹	胸部	背部	头部	胸部	小腹	腰部
伤名	贯通	同	同	同	同	炸伤	贯通	贯通	同	炸伤
阵亡地点	中堡店	同	同	同	同	同	同	同	同	同
备考										

部别	五连	同	同	同	九连	同	同	同	同	同
阶级										
职别	战士	战士	战士	战士	通讯员	通讯员	战士	战士	战士	战士
姓名	麻全义	靳书维	李清凤	张二厚	史占才	王克清	陈良	苗正田	张明孩	郭得善
年龄	27	20	17	35	20	17	19	21	20	24
籍贯	山西文水	山西汾阳	山西朔县	山西右玉	陕西宜君	甘省成县	山西左云	山西岢岚	山西右玉	山西山阴
受伤日期	2月2日	2月2日	2月2日	2月2日	2月2日	2月2日	2月2日	2月2日	2月2日	2月2日
受伤部位	背部	头部	胸部	腰部	头部	同	同	同	同	同
伤名	炸伤	贯通	同	同	同	同	同	同	同	同
阵亡地点	解中堡	同	同	同	大曹村	同	同	同	同	同
备考										

部别	九连	同	同	同	同	抗战部	同	同	同	同
阶级										
职别	战士	战士	班长	战士	战士	教育干事	排长	班长	战士	战士
姓名	何秀青	李发	刘明德	傅乃大	刘五仔	雷锡学	李树青	郭友余	闫正贵	李存
年龄	20	25	35	24	19	25	22	21	33	21
籍贯	山西岢岚	山西右玉	河南统绪	山西河曲	山西岢岚	河南孟津	贵州黔西	山西五寨	山西山阴	山西右玉
受伤日期	2月2日	2月2日	2月2日	2月2日	2月2日	2月2日	2月2日	2月2日	2月2日	2月2日
受伤部位	头部	同	头部	同	同	同	胸部	头部	胸部	同
伤名	贯通	同	同	同	同	同	同	同	同	同
阵亡地点	同	同	同	同	同	同	同	同	同	同
备考					党员					

部别	九连	同	同	十二连	同	同	同	同	同	同
阶级										
职别	战士	战士	战士	连长	政指	副连长	班长	班长	战士	战士
姓名	马泗	吴成才	龚子英	侯民和	杨昌洪	黄业江	李枝荣	朱厚仁	张拾存	康德才
年龄	21	21	46	28	34	21	22	23	18	23
籍贯	山西怀仁	山西岢岚	江西汾丰	山西宁武二区豆家庄	湖北潜江县中岭上	四川石柱灰山卫公会	山西宁武	山西宁武	山西宁武	陕西富平
受伤日期	2月2日	2月2日	2月2日	2月2日	2月2日	2月2日	2月2日	2月2日	2月2日	2月4日
受伤部位	头部	同	胸部	头部	同	同	同	同	同	胸部
伤名	贯通	同	同	同	同	同	同	同	同	同
阵亡地点	大曹村	同	同	同	同	同	同	同	同	同
备考					党员					

部别	二连	同	三连	四连	二连	七连	四连	三连	同	八连
阶级										
职别	战士	战士	班长	排长	战士	文化教员	连长	排长	排长	班长
姓名	沈有禄	闫鼎	曹芳正	覃士岐	张作金	刘效轩	贺永香	郭云清	尹子杰	常德武
年龄	25	25	32	21	36	22	28	31	26	20
籍贯	山西怀仁	江苏徐州	陕西延安	湖南石门	绥远吃老前	山西忻州	湖南澧县	湖北房县	陕西富平	山西汾阳
受伤日期	2月4日	2月4日	2月4日	2月4日	2月4日	2月4日	2月4日	2月4日	2月4日	2月4日
受伤部位	头部	同	颈部	头部	同	同	胸部	头部	腹部	头部
伤名	贯通	同	同	同	同	同	同	同	同	同
阵亡地点	大曹村	同	同	同	同	同	同	同	同	同
备考										

部别	七连	六连	五连	同	二连	同	同	同	同	三连
阶级										
职别	班长	文书	战士	战士	战士	战士	战士	战士	战士	战士
姓名	王三腮	王才礼	李生才	田德庆	王礼棠	苟礼庸	张二儿	田有才	孙林	白得标
年龄	26	24	24	24	22	29	26	28	19	26
籍贯	山西偏关	山西榆次	山西岢岚	山西汾阳	山西大同	甘肃钦县	山西神池	山西朔县	山西怀仁	山西大同
受伤日期	2月4日	2月4日	2月4日	2月4日	2月4日	2月4日	2月4日	2月4日	2月4日	2月4日
受伤部位	头部	腹部	头部	腹部	头部	腹部	头部	同	同	同
伤名	贯通	同	同	同	同	同	炸伤	同	同	贯通
阵亡地点	同	同	同	同	同	同	同	同	同	同
备考										

部别	三连	七连	同	同	八连	同	同	同	九连	同
阶级										
职别	战士	战士	战士	战士	排长	班长	战士	战士	班长	战士
姓名	武财	孙常贵	王禄	李怀仁	张吉棠	夏耀清	宫三才	白喜怀	张永南	闫三胖
年龄	23	20	32	33	28	26	20	31	21	16
籍贯	绥远丰镇	山西平遥	山西朔县	山西朔县	山西崞县	湖南溆浦	山西宁武	山西崞县	陕西富平	山西岢岚
受伤日期	2月4日	2月4日	2月4日	2月4日	2月4日	2月4日	2月4日	2月4日	2月18日	2月18日
受伤部位	头部	同	腹部	胸部	头部	腹部	同	头部	头部	同
伤名	贯通	炸伤	贯通	同	同	同	同	同	炸伤	贯通
阵亡地点	大曹村	同	同	同	同	同	同	同	河间县	同
备考										

部别	九连
阶级	
职别	战士
姓名	郭武
年龄	23
籍贯	河北行唐
受伤日期	2 月 18 日
受伤部位	胸部
伤名	贯通
阵亡地点	河间县
备考	

24. 八路军第 120 师第 716 团阵亡登记表
（1939 年）

阵亡登记表（包括大曹村战斗伤亡登记）

部别	政治处
职别	特派干事
姓名	王士其
年龄	22
籍贯	山西汾阳三区平陆村
何时入伍曾任何工作	1937 年在本村入伍任过班长
何时何地与敌作战	1939 年 9 月 28 日在陈庄附近
因何致死	中弹致死
是否党员	党员
备考	

阵亡登记表

部别	一营机连
职别	三班班长
姓名	高思安
年龄	27
籍贯	山西省太原县辛村
何时入伍曾任何工作	1938 年 10 月在娄烦入伍任过战士
何时何地与敌作战	1939 年 9 月 28 日上午十二时在灵寿县东思家庄村东与敌作战
因何致死	因射击敌人被敌致死
是否党员	党员
备考	

阵亡登记表

部别	抗游二连		
职别	战士	战士	战士
姓名	靳文祥	王东安	李畔
年龄	30	31	24
籍贯	河北省博野县	河北省安平县	河北蠡县
何时入伍曾任何工作	1939 年 5 月入伍	1939 年 8 月入伍	1939 年 5 月入伍
何时何地与敌作战	1939 年 9 月 29 日在彭口阵亡	同左	同左
因何致死	冲锋致死	同左	同左
是否党员	群众	群众	党员
备考			

阵亡登记表

部别	抗游三连	同	
职别	连长	四班长	五班长
姓名	商大寿	薛大海	巩相彭
年龄	28	27	29
籍贯	湖南桃源县商家坪	湖北随州县年水沟	山西平遥县老抗村
何时入伍曾任何工作	1934 年入伍 任班队长	1937 年入伍 任班长	1938 年入伍 任副班长
何时何地与敌作战	1939 年 9 月 29 日在彭口作战	同	同
因何致死	冲锋致死	同	同
是否党员	党员	党员	党员
备考			

阵亡登记表

七班长	付	战士	同
郭进斗	马天春	温治明	乔有才
25	22	28	30
山西寿阳县郭家沟	山西大同桥郝堡	河北蠡县东卫村	河北博野县东卫村
1938年入伍任副班长	1938年2月入伍	1939年8月入伍	1939年6月入伍
1939年9月29日在彭口作战	同	同	同
冲锋致死	同	同	同
党员	党员	群众	群众

阵亡登记表

部别	抗游三连	
职别	战士	同
姓名	王纪忠	刘荣华
年龄	19	21
籍贯	河北新城县高庄村	河北蠡县南沙口
何时入伍曾任何工作	1939年6月入伍任战士	1939年5月入伍
何时何地与敌作战	1939年9月29日在灵寿彭口	同
因何致死	冲锋致死	同
是否党员	党员	群众
备考		

阵亡登记表

部别	亚六四连	四连	同
职别	二排长	副班长	战士
姓名	郭云初	宋建英	靳元斗
年龄	19	25	22
籍贯	湖南省大庸县	河北博野县	河北无极县
何时入伍曾任何工作	1933 年入伍 任过通讯班长	1939 年入伍任过战士	1939 年入伍任战士
何时何地与敌作战	1939 年 9 月 28 日在灵寿彭口村作战	1939 年 9 月 28 日在灵寿彭口村作战	同
因何致死	伤重致死	同	同
是否党员	党员	党员	同
备考			

阵亡登记表

部别	七一六团二营七连
职别	战士
姓名	杨树林
年龄	26
籍贯	河北高阳三区边村
何时入伍曾任何工作	1939 年 5 月战士工作
何时何地与敌作战	1939 年 9 月 29 日在南台头村高山地
因何致死	重弹死
是否党员	非
备考	

阵亡登记表

部别	抗击八连	同	同
职别	四班长	四班战士	五班战士
姓名	李鹏林	许树芬	刘天元
年龄	25	30	20
籍贯	山西省平遥县四区刘家庄	河北省蠡县七区大团顶村	山西省阳曲县二区西黄水村
何时入伍曾任何工作	1938 年 6 月入伍 任班长	1939 年 6 月入伍 任战士	1938 年 2 月入伍 任战士
何时何地与敌作战	9 月 29 日晚十时在破门口	同	同
因何致死	冲锋被敌机枪射死	同	同
是否党员	党员		党员
备考			

阵亡登记表

抗战部	
通讯班长	通讯员
李志明	甄义山
23	25
贵州黔西县东门	河北博野县二区东乡王各庄
黔西县东门	博野王各庄
黔西城东杨义路李士德收信	博野县转王各庄甄老尊收信
1939 年 9 月 28 日于台头村附近山上之战斗	同左
因子弹从头脑部打穿	因将胸腹部打穿
是党员	不是党员

阵亡登记表

部别	九连		
职别	副班长	通讯员	战士
姓名	刘潭清	张三斗	王有治
年龄	33	20	33
籍贯及住址	河北安平县一区河曹村	山西岢岚县三区花林坡	河北河间县九区王家庄
通讯处	同上	同上	同上
何时何地与敌作战	9月29日在白沙河附近	9月29日在白沙河附近	9月29日在白沙河附近
因何致死	头部贯穿	头腹部刺伤	头部贯穿
是否党员	党员	党员	群众
备考			

阵亡登记表

			副班长
战士			副班长
杨金海	李长胜	吴海山	张满宏
33	44	28	26
河北安平县二区呈杆村	河北省蠡县二区兑坎庄	山西文水县四区石侯村	山西五寨县二区黄土坡
同上	同上	同上	同上
9月29日在白沙河附近	9月29日在白沙河附近	9月29日在白沙河附近	9月29日在白沙河附近
头部贯穿	腰部贯穿	胸部贯穿	腹部贯穿
群	群	党员	党员

阵亡登记表

部别	九连		
职别	战士		
姓名	雷振友	王金贵	刘世忠
年龄	36	18	38
籍贯及住址	河北大城县五区郭底村	河北清苑县三区袁家桥	河北大城县六区小清洲
通讯处	同上	同上	同上
何时何地与敌作战	9月29日在白沙河附近	9月29日在白沙河附近	9月29日在白沙河附近
因何致死	腹部贯穿	头部贯穿	头部贯穿
是否党员	党	群	群
备考			

阵亡登记表

部别	抗战部十连		
职别	战士	同	同
姓名	崔明月	樊书群	孟俊杰
年龄	24	16	28
籍贯	河北安平县	河北宁晋县东区	河北省安平县
住址	付各庄	王家庄	张家寨
通讯处	付各庄妻何崔氏	王家庄樊根兴	张家寨孟广兴
何时何地与敌作战	1939年9月29日台头村附近山上	同	同
因何致死	被敌枪弹射死	枪弹射死	敌枪弹射死
是否党员	不是	不是	不是
备考			

阵亡登记表

战士
吕德义
32
河北、任丘、四区、
张家庄
张家庄张贵岩
1939年9月29日台头村附近山上
敌弹射死
不是

阵亡登记表

部别	十二连		
职别	班长	同	战士
姓名	韩建熊	李风明	高岳山
年龄	32	34	25
籍贯	山西芮城	山西怀仁	河北任丘四区
何时入伍曾任何工作	1938年入伍任班长	1937年入伍任班长	1939年入伍任战士
何时何地与敌作战	1938年9月29日鲁板（班）山	同	同
因何致死	被敌机枪射死	同	被敌步枪射死
是否党员	不是	党员	不是
备考			

阵亡登记表

十二连			
战士	同	同	同
霍秋声	谷玉如	张德化	张吉口
25	39	28	37
河北任丘三区	河北蠡县四区	河北任丘七区	河北博野二区
39年入伍任战士	同	同	同
在鲁板（班）山	同	同	同
被敌步枪射死	同	同	同
不是	同	同	同

阵亡登记表

部别	十二连		
职别	战士	战士	战士
姓名	梁云全	李四新	耿俊金
年龄	18	21	26
籍贯	河北任丘七区	昌平二区	昌平二区
何时入伍曾任何工作	39年入伍任战士	同	同
何时何地与敌作战	39年9月29日在鲁板（班）山	同	同
因何致死	被敌炮弹射死	被敌步枪射死	同
是否党员	不是	同	同
备考			

伤员登记表

部队番号	六一部	六一部	同
职别	副官	营长	通讯员
姓名	戴子林	张云	赵树蕃
年龄	25	23	17
籍贯及住址	湖南省淑浦县河上坡	安徽省六安县	山西省汾阳县
通讯处	同上	络家巷	牧庄村
何时何地负伤	1939年2月4日大曹村负伤	1939年2月4日在大曹村负伤	1939年2月2日在中堡店负伤
创伤何部	左大腿内侧	腰中负伤	两腿负伤
伤之轻重	轻	重伤	重伤
备考	随队休息		

伤员登记表

六一部二连			
三排长	二排副	七班长	六班副
齐义忠	廖柏清	于洪彬	冯祥德
25	30	36	21
湖北省江陵县	湖南省澧县	山东省	山西省交城县
聂家镇口	廖家湾	关桃西关城	毛上村
1939年2月4日在大曹村	1939年2月4日在大曹村	同左	同左
腿上	腿部	腿膀两处	腿部
重伤	轻伤	重伤	重伤

伤员登记表

部队番号	六一部二连		
职别	战士	战士	战士
姓名	张富云	高喜	冯德
年龄	20	19	24
籍贯及住址	山西省阳曲县	山西省右玉县	山西省左云县
通讯处	东和村	后上堡	没有
何时何地负伤	1939年2月4日在大曹村	1939年2月4日在大曹村	1939年2月4日在大曹村
创伤何部	腰中	膀上	脸上
伤之轻重	重伤	轻伤	轻伤
备考			此人是子弹箱子撞破的不算

伤员登记表

六一部二连			
战士	战士	八班长	九班长
袁修业	曹守忠	刘万德	王兴高
18	19	20	24
山西省怀仁县	山西省应县	河南省安阳县	山西省汾阳县
刘晏庄	南沙城	吴接村	北编城
1939年2月4日在大曹村	1939年2月4日在大曹村	同左	同左
膀上	腿部	头部	手部
轻伤	轻伤	轻伤	轻伤
		现时在连上医治	现在连上医治

伤员登记表

部队番号	六一部三连		
职别	班长	战士	战士
姓名	刘善福	李万中	赵二
年龄	23	25	30
籍贯及住址	四川达县杨垣湾	山西大同县	山西大同县
通讯处	四川达县杨垣湾刘德兴	大同口泉镇李万才	大同罢王村赵大尧
何时何地负伤	1939 年 2 月 4 日于大曹村负伤	同左	同左
创伤何部	腰头部负伤	肚部负伤	头上部负伤
伤之轻重	重伤	重伤	轻伤
备考			

伤员登记表

六一部四连		
政指	班长	战士
肖惜勤	郭德元	孙正
23	30	30
湖南省茶陵县	山西省文水县	山西省右玉县
贝江村膘皮区	胡家堡	范家桶
同	同	同
腿上	同	膊上
同	同	同

伤员登记表

部队番号	七一六团二营七连		
职别	连长	班长	班长
姓名	张义德	韩文俊	陈少花
年龄	23	17	22
籍贯及住址	湖北襄阳县樊城街	山西保德县柳树沟	贵州大方县东京村
通讯处	樊城街	柳树沟	东京村
何时何地负伤	1939年2月4日大曹村	同	同
创伤何部	膀背受伤	腰部受伤	头部受伤
伤之轻重	重伤	重伤	重伤
备考			

伤员登记表

七一六团二营七连			
副班长	副班长	副班长	战士
任福斋	武治和	郑乃小	郭非富
23	28	19	21
山西汾阳县三区元头村	山西汾阳四区新村	山西寿阳县郭家庄	山西汾阳四区向阳镇
元头村	新村	郭家庄	向阳镇
1939年2月4日大曹村	1939年2月4日大曹村	1939年2月4日大曹村	1939年2月4日大曹村
腰部受伤	腿部受伤	腰部受伤	腿部受伤
重伤	轻伤	轻伤	重伤

阵亡登记表

队别		一机连	同	
职别		排长	战士	
姓名		胡少南	姚德贵	
年龄		28	20	
籍贯	省	湖南	山西	
	县	漳河县	阳曲县	
	村	上龙前村	银地村	
家庭通讯处及收信人姓名		上龙前村交胡忠发收	银地村交	
何时入伍		1935 入伍	1940 年 7 月入伍	
何时入党		1937 入党	群众	
过去曾任过什么工作		任过班长排长	战士	
斗争简史			运动时负伤	
阵亡地点		静乐县砚湾附近	岭上附近	
阵亡日月		1940 年 8 月 21 日	1940 年 9 月 21 日	
备考				

阵亡登记表

队别		抗击八连	同	同
职别		四班长	四班战士	五班战士
姓名		李鹏林	许树芬	刘天元
年龄		25	30	20
籍贯	省	山西省	河北省	山西省
	县	平遥县	蠡县	阳曲县
	区、乡	四区	七区	二区
	村	刘家庄	大团顶村	西黄水村
家庭通讯处及收信人姓名		本村村长	许老顺收	本村村长
家庭经济地位		人自己房地无	人四口房四间地四亩欠债 400 元	人自己房无地二十亩
入伍年月		1938 年 6 月入伍	1939 年 6 月入伍	1938 年 2 月入伍
任过什么工作				
亡故经过		在破门口战斗被敌人机枪射死	同	同
亡故地点		破门口村东途中	同	同
亡故月日		1939 年 9 月 29 日晚	同	同
是否党员		党员		党员
备考				

阵亡登记表

队别		七连
职别		战士
姓名		杨树林
年龄		26
籍贯	省	冀
	县	高阳县
	区、乡	三区
	村	边官村
家庭通讯处及收信人姓名		边官村杨来增
家庭经济地位		有父母二人
入伍年月		1939 年 5 月来
任过什么工作		战士
亡故经过		在冲锋时亡
亡故地点		在台头对面山地
亡故月日		9 月 29 日
是否党员		非
备考		

阵亡登记表

队别		五连二排六班	五连二排六班
职别		班长	战士
姓名		陈庆瑞	王君元
年龄		36 岁	21 岁
籍贯	省	河北	河北
	县	饶阳	任丘
	区、乡	四区	八区
	村	小堤	灵城村
家庭通讯处及收信人姓名		通讯处本村交收村公所	通讯处本村交收王印荣
家庭经济地位		贫农	贫农
入伍年月		1939 年 1 月入伍	1939 年 8 月入伍
任过什么工作		任过战士班长	任战士
亡故经过		在阵地阵亡没有找到尸首	在阵地负伤抬下以后阵亡
亡故地点		于北齐同	于北齐同
亡故月日		1939 年 9 月 24 日	1939 年 9 月 24 日
是否党员		是党员	不是
备考			

1939 年八路军一二〇师政治部组织部翻印

阵亡登记表

队别		十二连		
职别		战士	同	同
姓名		张德化	寇秋声	张吉生
年龄		28	25	37
籍贯	省	河北	同	同
	县	任丘	同	博野
	区、乡	七区	三区	二区
	村	面各村	寇村	大巨村
家庭通讯处及收信人姓名		本村公所交张发三收	本村公所交村长收	本村公所交母潘氏收
家庭经济地位		人七口房五间	同	人七口房十三间地八亩
入伍年月		39 年 8 月入伍	同	9 月 23 日入伍
任过什么工作		任战士	同	同
亡故经过		敌步枪射死	同	同
亡故地点		在鲁班山	同	同
亡故月日		9 月 29 日	同	同
是否党员		不是	同	同
备考				

阵亡登记表

队别	十三连		
职别	战士	同	
姓名	王俊周	谷月如	
年龄	30	39	
籍贯 省	河北	同	
籍贯 县	任丘	蠡县	
籍贯 区乡	二区	四区	
籍贯 村		崔家庄	
家庭通讯处及收信人姓名	二区2村所交王俊成收	本村公所交王仁收	
家庭经济地位	人五口，地五亩	人二口房一间	
入伍年月	1939年8月入伍	1939年6月入伍	
任过什么工作	任战士	同	
亡故经过	敌步枪射死	同	
亡故地点	在鲁班山	同	
亡故月日	9月30日	同	
是否党员	不是	同	
备考	失联络		

阵亡登记表

队别	十二连		
职别	班长	同	战士
姓名	韩建熊	李凤明	高耀山
年龄	32	34	25
籍贯 省	山西	同	河北
籍贯 县	芮城	怀仁	任丘
籍贯 区、乡	一区	二区	三区
籍贯 村	四至村	窑家村	宅成村
家庭通讯处及收信人姓名	西至村公所韩万昌收	本村村公所交村长收	本村村公所交王发春收
家庭经济地位	人十七口房十三间地无	人十五口地30亩房五间	人七口房无地二亩
入伍年月	1938年4月入伍	1937年7月入伍	1939年9月入伍
任过什么工作	任过班长	同	任战士
亡故经过	被敌机枪射死	同	同
亡故地点	在鲁班山	同	同
亡故月日	1939年9月29日	同	同
是否党员	不是	党员	不是
备考			

阵亡登记表

队别	十二连		
职别	战士	同	同
姓名	耿俊金	李四兴	梁云全
年龄	26	28	18
籍贯 省	河北	同	同
籍贯 县	安平	安平	任丘
籍贯 区、乡	二区	二区	七区
籍贯 村	义门村	牛巨村	吴村
家庭通讯处及收信人姓名	义门村公所交村长收	本村公所交村长收	同
家庭经济地位	人二口房二间地无	人九口房五间地五亩	人五口，房五间地三亩
入伍年月	1939 年 8 月 4 日	同	同
任过什么工作	战士	同	同
亡故经过	被敌步枪射死	同	同
亡故地点	鲁班山	同	同
亡故月日	1939 年 9 月 29 日	同	同
是否党员	不是	同	同
备考			

阵亡登记表

队别			
职别	战士		
姓名	吕德义		
年龄	32		
籍贯 省	河北		
籍贯 县	任丘		
籍贯 区、乡	四区		
籍贯 村	张家庄		
家庭通讯处及收信人姓名	张家庄张贵岩		
家庭经济地位	工人		
入伍年月	1939 年 8 月 18 日		
任过什么工作	战士		
亡故经过	敌枪弹射死		
亡故地点	台头村山上		
亡故月日	1939 年 9 月 29 日		
是否党员	不是		
备考			

阵亡登记表

队别	九连	抗战部	
职别	战士	通讯班长	通讯员
姓名	刘世忠	李志明	甄义山
年龄	38	23	25
籍贯 省	河北	贵州	河北
籍贯 县	大城	黔西	博野
籍贯 区、乡	六区		二区东乡
籍贯 村	小清洲	东门	王各庄
家庭通讯处及收信人姓名	大城六区小清洲刘玉书收	黔西城东杨义路李士德收	本县转王各庄甄老荤收
家庭经济地位	田二亩二间房四口人	人五口房一间	人三口地二亩
入伍年月	1939 年 3 月	1935 年 1 月	1939 年 8 月 19 日
任过什么工作	没有	战士通讯员通讯班长	没有
亡故经过	9 月 29 日白家河抗日阵亡	1939 年 9 月 28 日于台头村附近山上抗日阵亡	同左
亡故地点	白家河附近	台头村附近山上	台头村附近山上
亡故月日	9 月 29 日	9 月 28 日	9 月 28 日
是否党员	党员	正式党员	群
备考			

阵亡登记表

队别	九连		
职别	副班长	副班长	通讯员
姓名	刘潭清	张满宏	张三斗
年龄	33	26	20
籍贯 省	河北	山西	山西
籍贯 县	安平	五寨	岢岚
籍贯 区、乡	一区	二区	三区
籍贯 村	河漕村	黄土坡	花林坡

家庭通讯处及收信人姓名	安平一区河漕村妻安氏收	五寨二区黄土坡张顶盟收	岢岚三区花林坡张来全收
家庭经济地位	没田没房五口人	没田没房四口人	六亩田房一间六口人
入伍年月	1939 年 2 月	1937 年 10 月	1938 年 7 月
任过什么工作	没有	小组长	没有
亡故经过	9 月 29 日白家河抗日阵亡	9 月 29 日白家河抗日阵亡	9 月 29 日白家河抗日阵亡
亡故地点	白家河附近	白家河附近	白家河附近
亡故月日	9 月 29 日	9 月 29 日	9 月 29 日
是否党员	党	党	党
备考			

阵亡登记表

队别		九连		
职别		战士	战士	战士
姓名		杨金海	李长胜	王有治
年龄		33	44	33
籍贯	省	河北	河北	河北
	县	安平	蠡县	河间
	区、乡	二区	二区	九区
	村	呈杆村	兑坎庄	王家庄
家庭通讯处及收信人姓名		安平二区呈杆村杨进良收	蠡县二区兑坎庄李老凤收	河北河间九区王家庄交本人
家庭经济地位		十六亩田七间房十口人	七亩田没房六口人	没田房人
入伍年月		1939 年 8 月	1939 年 8 月	1939 年 3 月
任过什么工作		没有	没有	没有
亡故经过		9 月 29 日白家河抗日阵亡	9 月 29 日白家河抗日阵亡	9 月 29 日白家河抗日阵亡
亡故地点		白家河附近	白家河附近	白家河附近
亡故月日		9 月 29 日	9 月 29 日	9 月 29 日
是否党员		群	群	群
备考				

八路军一二〇师政治部组织部翻印

干部阵亡登记表

队别		十二连	十二连	十二连	十二连	三营部
职别		连长	副连长	指导员	班长	教干
姓名		侯明和	黄业江	杨昌洪	李枝荣	雷锡学
年龄		28	21	34	22	25
籍贯	省	山西	四川	湖北	山西	河南
	县	宁武	石柱	潜江	宁武	孟津
	区、乡	二区	·		二区	
	村	豆家庄	及山村	中岑上	东马坊	洛阳信义汽车站收转
家庭通讯处及收信人姓名		豆家庄	及山村	中岑上	东马坊	
何时入伍		1937	1932	1931	1937	1936
何时入党		党	党	党	党	党
过去曾任过什么工作		排长	班排连长	支书排长	战士	
斗争简史		民族革命	土地革命	土地革命	民族革命	土地革命
亡故日月		1939 年 2 月 2 日	1939 年 3 月 2 日	1939 年 2 月 2 日	1939 年 2 月 2 日	1939 年 2 月 2 日
亡故地点		曹家庄	曹家庄	曹家庄	曹家庄	曹家庄
亡故经过						
备考						

干部阵亡登记表

队别		二连	三连	四连	七连	八连	
职别		班长	班长	排长	文书	排长	班长
姓名		康德才	曹芳正	覃士政	刘效教	张吉堂	夏耀有
年龄		23	32	21	22	21	26
籍贯	省	陕西	陕西	湖南	山西	山西	湖南
	县	富平	延安	石门	忻县	崞县	溆浦县
	区、乡						
	村	底店镇	凤凰嘴	打石区	高城村	袁家庄	沁水
家庭通讯处及收信人姓名		底店镇	凤凰嘴	打石区	高城村	袁家庄	沁水
何时入伍		1937	1936	1935	1938	1937	1935
何时入党		党	党	党	党	党	党
过去曾任过什么工作		战士	战士	班排长	文书	战士	战士
斗争简史		民族革命		土地革命	民族革命	民族革命	土地革命
亡故日月		1939年2月4日	1939年2月4日	1939年2月4日	1939年2月4日	1939年2月4日	1939年2月4日
亡故地点		大曹村	大曹村	大曹村	大曹村	大曹村	大曹村
亡故经过							
备考							

干部阵亡登记表

队别		三营机连	九连	九连	七连	
职别		班长	班长	班长	班长	
姓名		张义文	刘彦明	唐万顺	毛作周	
年龄		26	29	33	28	
籍贯	省	云南	山西	陕西	山西	
	县	祥云	江兴	蒲城	绛县	
	区、乡					
	村		东冯村	大红寨	城内	
家庭通讯处及收信人姓名			东冯村刘彦俊收	大红寨唐石英	城内毛作文	
何时入伍		1935	1937	1937	1938	
何时入党		党	党	党		
过去曾任过什么工作		战士	战士班长	战士	战士	
斗争简史		土地革命	民族革命	民族革命	民族革命	
亡故日月		1939年3月1日	1939年3月1日	1939年3月1日	1939年3月1日	
亡故地点		黑马张庄	黑马张庄	黑马张庄	黑马张庄	
亡故经过						
备考						

石马 干部阵亡登记表

队别		特务连	二连	九连	十连	十连
职别		副排长	班长	班长	排长	班长
姓名		庄子山	张永永	马绍成	郑金奎	王荣章
年龄		25	29	26	24	21
籍贯	省	河南	山西	贵州	陕西	河北
	县	洛阳	宁武	大定	北潼关	饶阳
	区、乡		二区	一区	二区	一区
	村	乔庄	李家坪	三家	荷叶沟	城内
家庭通讯处及收信人姓名		乔庄	李家坪张无收	三家宋小泥	荷叶沟	城内
何时入伍		1937	1937	1936	1936	1937
何时入党		党	党	党	党	
过去曾任过什么工作		班长	战士	战士	班长	战士
斗争简史		民族革命	民族革命	民族革命	土地革命	民族革命
亡故日月		1939 年 3 月 22 日	1939 年 3 月 22 日	1939 年 3 月 22 日	1939 年 3 月 22 日	1939 年 3 月 22 日
亡故地点		石马	石马	石马	石马	石马
亡故经过						
备考						

齐会 干部阵亡登记表

队别		八连	八连	二连	二营机连	十二连	十连
职别		支书	排长	班长	班长	排长	班长
姓名		李学德	邹顺清	吕成允	李寿柏		曾起祥
年龄		25	25	29	19		18
籍贯	省	四川	湖北	山西	山西		山西
	县	巴州	樊城	汾阳	汾阳		五寨
	区、乡				三泉		
	村	黄盘山	城内	有家庄			老牛坡
家庭通讯处及收信人姓名		黄盘山	城内				老牛坡
何时入伍		1933	1933	1937	1937		1938
何时入党		党	党	党	党		党
过去曾任过什么工作		班长	班长	战士	通讯员		
斗争简史		土地革命	土地革命	民族革命	民族革命		
亡故日月		1939 年 4 月 26 日	1939 年 4 月 26 日	1939 年 4 月 23 日	1939 年 4 月 23 日		1939 年 4 月 23 日
亡故地点		张曹	张曹	齐会	张曹		齐会
亡故经过							
备考							

干部阵亡登记表

队别		七连	七连	五连	八连	十连
职别		副排长	班长	班长	政指	支书
姓名		张志力	田吉坪	李全元	张玉卿	刘家荣
年龄		27	19	24	25	24
籍贯	省	山西	河北	山西	河南	山西
	县	大同	安平	交城	固始	洪洞
	区、乡		香官			
	村			李家村	商家林	赵庄
家庭通讯处及收信人姓名			香官	李家村	商家林	赵庄
何时入伍		1937	1939年2月	1938	1932	1937
何时入党		党	党	党	党	党
过去曾任过什么工作		班长	班长	战士班长	支书排长	班长
斗争简史		民族革命	民族革命	民族革命	土地革命	土地革命
亡故日月						
亡故地点		东长堤	东长堤	东长堤	青塔	青塔
亡故经过						
备考						

干部阵亡登记表

队别		十连	九连	九连	十连	十连	十二连
职别		排长	排长	副排长	班长	班长	班长
姓名		郑仁俊	张宏义	李正吉	曾玉龙	董发	田玉林
年龄		28	21	23	32	23	25
籍贯	省	陕西	四川	山西	河北	山西	陕西
	县	南郑	巴中	汾阳	灵寿	保德	清涧
	区、乡						
	村	陈家堡		三泉	青炭	城内	城内
家庭通讯处及收信人姓名		陈家堡	巴中	三泉	青炭	城内	城内西关
何时入伍		1936	1933	1937	1938	1933	1936
何时入党		党	党	党	党	党	党
过去曾任过什么工作		班长	班长	班长	战士	战士	战士
斗争简史							
亡故日月							
亡故地点		青塔	青塔	青塔	青塔	青塔	青塔
亡故经过							
备考							

干部阵亡登记表

队别	政治处	一营机连	三连	三连	三连	□□
职别	特干	班长	连长	班长	班长	□□
姓名	王士其	高思安	商大寻	薛大海	巩相口	□□□
年龄	22	27	28	27	29	□□
籍贯 省	山西	山西	湖南	湖北	山西	山西
县	汾阳	太原	桃源	江陵	平遥	寿阳
区、乡	三区					
村	平陆村	辛村	商家坪	年水沟	光宽村	郭家沟
家庭通讯处及收信人姓名	平陆村	辛村	商家坪	年水沟	光宽村	郭家沟
何时入伍	1937	1938	1934	1937	1938	1938
何时入党	党	党	党	党	党	党
过去曾任过什么工作	班长警卫员	战士	班排队连长	班长	战士副班长	战士
斗争简史	民族革命	民族革命	土地革命	民族革命	民族革命	民族革命
亡故日月	1939 年 9 月 28 日	1939 年 9 月 28 日	1939 年 9 月 28 日	1939 年 9 月 28 日	1939 年 9 月 28 日	1939 年 9 月 29 日
亡故地点	陈庄	陈庄	陈庄	陈庄	陈庄	陈庄
亡故经过						
备考						

干部阵亡登记表

队别	十二连	九连	十连
职别	班长	班长	班长
姓名	杨枝荣	聂桂先	连三春
年龄	21	20	29
籍贯 省	河北	山西	陕西
县	河间	宁武	神木
区、乡			
村	二十里铺	段庄	
家庭通讯处及收信人姓名	二十里铺	段庄	神木
何时入伍	1939	1933	1936
何时入党	党	党	党
过去曾任过什么工作	战士	战士	战士
斗争简史			
亡故日月			
亡故地点	青塔	青塔	青塔
亡故经过			
备考			

干部阵亡登记表

队别		二营机连	七连	七连	五连
职别		连长	班长	班长	班长
姓名		刘东海	严顺生	武治和	于太洲
年龄		26	26	28	25
籍贯	省	陕西	陕西	山西	河南
	县	潼关	潼关	汾阳	洛阳
	区、乡			四区	
	村	城内	石加石村	新村	小通村
家庭通讯处及收信人姓名		城内刘德昌收	石加石村	新村	小通村
何时入伍		1935	1937	1937	1936
何时入党		党	党	党	党
过去曾任过什么工作		班排长	战士副班长	战士	战士
斗争简史		土地革命	民族革命	民族革命	民族革命
亡故日月		1939 年 4 月 28 日	1939 年 4 月 28 日	1939 年 4 月 28 日	1939 年 4 月 28 日
亡故地点		任村	任村	任村	任村
亡故经过					
备考					

干部阵亡登记表

队别		一营机连	二连	二连	二连	五连	七连
职别		班长	排长	班长	班长	支书	排长
姓名		胡少昌	方风山	甄长和	贾吉标	李清林	肖全生
年龄		25	30	21	36	22	21
籍贯	省	甘肃	河南	山西	河南	山西	陕西蒲城县
	县	岷县	洛阳	汾阳	新乡	汾阳	蒲城县
	区、乡	五区	一区				
	村	芦堡子	南关	牧庄村	抗泉眼车站	向阳镇	
家庭通讯处及收信人姓名		圪塔铺转芦堡子交胡阳村	南关	牧庄村	抗泉眼车站	向阳镇	
何时入伍		1935	1935	1937	1937	1937	1937
何时入党		党	党	党	党	党	党
过去曾任过什么工作		战士	战士班长	战士	战士	战士班长	班长
斗争简史		土地革命	土地革命	民族革命		民族革命	民族革命
亡故日月		1939 年 5 月 18 日	1939 年 5 月 18 日	1939 年 5 月 18 日	1939 年 5 月 18 日		
亡故地点		何家庄	何家庄	何家庄	何家庄	东长堤	东长堤
亡故经过							
备考							

干部阵亡登记表

队别		十一连	一连	一连
职别		连长	连长	三班长
姓名		覃玉阶	汪书清	王培壮
年龄		25	27	27
籍贯	省	湖北	湖北	陕西
	县	鹤峰	天门	长兴
	区、乡			
	村	西街	作南坊	王家偏
家庭通讯处及收信人姓名		西街	作南坊	王家偏
何时入伍		1930	1932	1937
何时入党		党员	党	党
过去曾任过什么工作		班排连长通讯主住	副官连长	战士
斗争简史		参加五次反"围剿"、土地革命、长征	同左	民族革命抗日斗争
亡故日月		1938 年 5 月 20 日	1938 年 5 月 22 日	1938 年 5 月 22 日
亡故地点		张家店	马鞍山	马鞍山
亡故经过				
备考				

干部阵亡登记表

队别		一连	三连	七连	十一连	十一连	九连
职别		班长	支书	政指	支书	班长	班长
姓名		彭国章	陈守忠	詹炎卿	董发寿	宋国俊	李能奎
年龄		25	20	24	33	28	25
籍贯	省	陕西	贵州	河南	四川	河北	四川
	县	潼关	沿河	固始	南江	高阳	通江
	区、乡						四区
	村	五显庙	小井村	三河	平良城	南辛桥	翟口子
家庭通讯处及收信人姓名		五显庙	小井村	三河村	平良城	南辛桥	翟口子
何时入伍		1936 年	1934 年	1932 年	1933 年	1937 年	1933 年
何时入党		党	党	党	党	党	党
过去曾任过什么工作		战士	战士班长	文书油印员	班长	战士	战士
斗争简史		土地革命	土地革命	土地革命 长征	土地革命 长征	民族革命	土地革命
亡故日月		1938 年 5 月 22 日	1938 年 5 月 22 日	1938 年 5 月 22 日	1938 年 5 月 23 日	1938 年 5 月 23 日	1938 年 5 月 23 日
亡故地点		马鞍山	马鞍山	马鞍山	陶卜窳	陶卜窳	陶卜窳
亡故经过							
备考							

干部阵亡登记表

队别		十连	十连	十一连	十二连	五连	五连
职别		班长	班长	连长	班长	七班长	十二班长
姓名		姚德胜	宋正伦	曾银龙	毛金喜	罗少花	寇光会
年龄		33	33	25	24	30	20
籍贯	省	山东	贵州	湖北	河南	四川	四川
	县	永城	黔西	汉川	禹洲	罗特	广元
	区、乡		一区				
	村	王老虎市	宋家沟	曾家湾	王村	郎家村	康家铺
家庭通讯处及收信人姓名		王老虎市交兄德泉收	黔西罗庆坊收	曾家湾	王村	罗特家郎家村	康家铺
何时入伍		1937年	1935年	1932年	1936年	1934年	1933年
何时入党		党	党	党	党	党	党
过去曾任过什么工作		战士	战士	班排长	班长	班长	班长
斗争简史		民族革命	土地革命	土地革命	土地革命	土地革命	土地革命
亡故日月		1938年8月4日	1938年8月4日	1938年8月4日	1938年8月4日	1938年8月4日	1938年8月4日
亡故地点		榆林	榆林	榆林	榆林	泥河	泥河
亡故经过							
备考							

干部阵亡登记表

队别		一连	九连	九连	通讯队	一连
职别		班长	支指	班长	特务长	班长
姓名		王德起	夏道喜	王天星	李春富	张尔仕
年龄		24	27	28	42	24
籍贯	省	山西	湖北	湖北	湖北	山西
	县	五寨	监利	沔阳	天门	汾阳
	区、乡		王家口沙湖			
	村	城内	夏家老店	石燕村	杨家昌	三泉镇
家庭通讯处及收信人姓名		城内	夏家老店	石燕村	杨家昌	三泉镇
何时入伍		1937年	1932年	1931年	1931年	1938年
何时入党		党	党	党	党	党
过去曾任过什么工作		战士	支书排长	战士班长	班长	战士
斗争简史		民族革命	土地革命	土地革命	土地革命	民族革命
亡故日月		1938年11月3日	1938年11月3日	1938年11月3日	1938年11月3日	1938年11月3日
亡故地点		滑石片	滑石片	滑石片	滑石片	
亡故经过						
备考						

干部阵亡登记表

队别	三连	三连	三连	五连	九连	十连
职别	排长	班长	班长	班长	班长	排长
姓名	李良云	邢现珠	杨洪兴	杜生道	刘明德	李树青
年龄	26	20	37	20	35	22
籍贯 省	湖南	山西	四川	山西	河南	贵州
籍贯 县	常德	祁县	群洲	河曲	统绪	黔西
籍贯 区、乡	六区		二区	一区		
籍贯 村		深山村	桃沟	城内	刘春岗	
家庭通讯处及收信人姓名	六区李秀成	深山村	桃沟	城内	刘春岗	大定杨古松
何时入伍	1934 年	1938 年	1935 年	1937 年	1936 年	1936 年
何时入党	党	党	党	党	党	党
斗争简史	土地革命	民族革命	土地革命	民族革命	民族革命	土地革命
过去曾任过什么工作	班排长	战士	战士	战士	班长战士	战士班长
亡故日月	1939 年 2 月 2 日	1939 年 2 月 2 日	1939 年 2 月 2 日	1939 年 2 月 2 日	1939 年 2 月 2 日	1939 年 2 月 2 日
亡故地点	曹家庄	曹家庄	曹家庄	曹家庄	曹家庄	曹家庄
亡故经过						
备考						

干部阵亡登记表

队别	六连	六连	四连	二连	一连
职别	班长	班长	班长	班长	班长
姓名	周绍群	田文涛	花得敬	蒋玉山	王金生
年龄	19	24	23	26	27
籍贯 省	云南	陕西	湖南	甘肃	河南
籍贯 县	祥云	富平	慈利	徽县	卫辉
籍贯 区、乡					
籍贯 村					
家庭通讯处及收信人姓名	祥云	富平	慈利	徽县	卫辉

何时入伍	1935 年	1936 年	1935 年	1936 年	1937 年
何时入党	党	党	党	党	党
过去曾任过什么工作					
斗争简史					
亡故日月	1938 年 3 月	1938 年 3 月	1938 年 3 月	1938 年 3 月	1938 年 3 月
亡故地点			虎北	凤凰	宁武
亡故经过	凤凰山	凤凰山	凤凰山	凤凰山	
备考					

干部阵亡登记表（榆林泥河）

队别	团部	一连	一连	一连
职别	通讯参谋	排长	班长	班长
姓名	周启富	陈文光	周子敬	刘金山
年龄	23	22	33	24
籍贯 省	湖北	福建	河南	陕西
籍贯 县	石首	上杭	卫辉	延安
籍贯 区、乡				
籍贯 村	谭家湾	白玉乡	城内	李家□
家庭通讯处及收信人姓名	谭家湾	白玉乡	城内	李家□
何时入伍	1931 年	1931 年	1937 年	1937 年
何时入党	党	党	党	党
过去曾任过什么工作	宣传员文书	特通员排长	副班长战士	战士通讯员
斗争简史	土地革命长征	土地革命长征	民族革命	民族革命
亡故日月	1938 年 8 月 4 日	1938 年 8 月 4 日	1938 年 8 月 4 日	1938 年 8 月 4 日
亡故地点	泥河	泥河	泥河	泥河
亡故经过				
备考				

干部阵亡登记表

队别	一连	三连	三连	三连	四连	四连
职别	支书	连长	排长	政指	政指	排长
姓名	向青山	蒋富清	刘化龙	杨孟芝	龙以德	云永甲
年龄	31	24	20	25	26	25
籍贯 省	湖南	湖南	湖南		江西	湖南
籍贯 县	澧县	初陶	大庸		吉安	澧县
籍贯 区、乡					永阳区	
籍贯 村	宝塔湾	文铺村	十三乡		谭边村	甘河
家庭通讯处及收信人姓名	宝塔湾	文铺村	十三乡		谭边村	甘河
何时入伍	1935 年	1935 年	1934 年		1932 年	1935 年
何时入党	党员	党员	党		党	党
过去曾任过什么工作	排长支书	班排连长	班排长		班排长	班排长
斗争简史	土地革命	土地革命长征	土地革命长征		土地革命长征	土地革命长征
亡故日月	1938 年 8 月 4 日	1938 年 8 月 4 日	1938 年 8 月 4 日		1938 年 8 月 4 日	1938 年 8 月 4 日
亡故地点	泥河	泥河	泥河		泥河	泥河
亡故经过						
备考						

阵亡登记表

队别	十连		十连
职别	战士	战士	班长
姓名	江林	郝三银	郭佳三
年龄	28	20	19
籍贯住址	山西右玉许家村	山西怀仁一区郝家寨人	山西汾阳三泉镇
家庭通讯处	本村家父江朋林	本村家父郝谊收	同上
家庭关系人	父母大三二兄	父母兄三个	
何时何地怎样入伍参加过什么革命斗争及任过何种工作	1938 年，在小兴庄自动入伍，没有参加过什么斗争与工作	1938，小兴庄自动入伍没有参加什么没有任过什么	
何时何地与敌作战因何致死	1939 年 3 月 1 日，在异中区黑马庄作战脑受损	1939 年 3 月 1 日在异中区黑马庄作战伤肺部而死	1939 年 3 月 1 日在异中区黑马庄作战颈部伤致死
备考			

阵亡登记表

队别	九连		
职别	班长	副班长	战士
姓名	刘彦明	唐万顺	林堂
年龄	29	33	18
籍贯住址	山西兴县东冯村	陕西蒲城县大红寨	山西左云县吴集平村
家庭通讯处	山西兴县三区东冯村	陕西蒲城县大红寨	山西左云县五区吴集平村
家庭关系人	刘彦陵	唐石英	林彦斌
何时何地怎样入伍参加过什么革命斗争及任过何种工作	1937 年岚县入伍收容班长	1937 年蒲城入伍扩大战士	1938 年娄烦入伍游击队战士
何时何地与敌作战因何致死	1939 年 3 月 1 日黑马张庄作战头部贯穿	1939 年 3 月 1 日黑马张庄作战脑部贯穿	1939 年 3 月 1 日黑马张庄作战头部贯穿
备考			

阵亡登记表

战士
张永海
21
山西五寨县王家岔
山西五寨县二区王家岔
张存根
1938 年五寨入伍游击队战士
1939 年 3 月 1 日黑马张庄作战头部贯穿

阵亡登记表

队别	六三机关连		
职别	政指	二排长	二班长
姓名	李云清	舒应全	张义文
年龄	33	23	26
籍贯住址	湖南石门县铁炉湾址	湖南溆浦县太林家潭址	云南祥云县
永久通讯处	湖南石门县铁炉湾址	同上	通讯处祥云前署街
家庭关系人	父母妻弟	父母兄弟妻妹	祖母父母嫂侄弟
何时何地怎样入任参加过什么革命斗争及任过何种工作	1935 年在杨家台自愿入伍二三四五六次围剿斗争任过班排长工作	1935 年 7 月在本县自愿入伍任过班长通讯员工作	1935 年 3 月在本县自愿入伍
何时何地与敌作战因何致死	1939 年 3 月 1 日在河间西南黑马庄与敌作战阵亡	同上	同上
备考			

阵亡登记表

六班副	三班副	三班战士
高鹏飞	张福臻	赵福明
28	40	20
山西浑源县	河北饶阳南吕汉村	山西岢岚二区窦生沟
本县北三十里高咀村	同上	同上
父母弟二子三	父母妻	母
1937 年在普明镇收容来的参加十几次战斗	1939 年入伍自愿来的	1938 年 7 月在大黑庄入伍自愿来年参加四五次战斗
同	同	同

陈庄战斗排以上军政干部阵亡记录

队别		七一六团一营三连
职别		连长
姓名		商大寿
年龄		28
籍贯		湖南省桃源县
住址		商家坪村居住
本人出身		手工
家庭状况	人口多少？	人三口
	房屋多少？	房子无
	地多少？	田地无
	欠外或放债多少？	欠外债铜元一百伍十串
何时入伍怎样来的？		1934年在本地自愿入伍
何时入党？		1935年在龙山县入党介绍李吉元
负伤几次？		负伤三次
曾任何种工作	党内	任副支书
	党外	班排队长
文化程度		识字一百
家庭通信处		桃源县商家坪村商大寿家收
阵亡地点及时间		1939年9月28日在灵寿彭口阵亡
未入伍前参加过一些什么斗争？		革命前没有参加什么斗争
在国内战争中有些什么功绩详举事实说明		论功绩说来国内战争是没有
在抗日战争中有些什么功绩详举事实说明		在抗日战争中个人勇敢例如此次在彭口战斗自己率领一排人站在最前面被敌掷弹筒杀伤后光荣牺牲了
个性		强硬
思想		思想正确
意识		意识很好
该员进步		可观
备考		

陈庄战斗排以上军政干部阵亡记录

队别		七一六团团政治处
职别		特派干事
姓名		王士祺
年龄		19
籍贯		山西省汾阳县三区
住址		平陆村
本人出身		务农
家庭状况	人口多少?	人四口
	房屋多少?	房子四间
	地多少?	地三十七亩
	欠外或放债多少?	欠外债洋八十余元
何时入伍怎样来的?		1937年9月在汾阳自愿入伍
何时入党?		1937年12月在河口镇入党
负伤几次?		没有
曾任何种工作	党内	
	党外	任正副班长特派干事
文化程度		识字一千余
家庭通信处		汾阳平陆村永升庆收
阵亡地点及时间		在鲁班山 1939年9月28日
未入伍前参加过一些什么斗争		没有
在国内战争中有些什么功绩详举事实说明		没有
在抗日战争中有些什么功绩详举事实说明		
个性		温和
思想		很好
意志		坚决
该员进步		可观
备考		

陈庄战争排以上军政干部阵亡记录

队别		七一六团一营四连
职别		排长
姓名		郭云初
年龄		19
籍贯		湖南省大庸县
住址		胡家岗
本人出身		务农
家庭状况	人口多少？	本人一口
	房屋多少？	没有
	地多少？	没有
	欠外或放债多少？	没有
何时入伍怎样来的？		1933 年 1 月在本地自愿入伍
何时入党？		1937 年 5 月在陕西省入党
负伤几次？		负伤五次
曾任何种工作	党内	支委
	党外	班排长
文化程度		识字三百余个
家庭通信处		胡家岗本人收
阵亡地点及时间		在陈庄 1939 年 9 月 28 日
未入伍前参加过一些什么斗争？		没有
在国内战争中有些什么功绩详举事实说明		没有
在抗日战争中有些什么功绩详举事实说明		在抗日战争中功绩是有领导冲锋掌握部队坚守阵地其他难以说明因他任排长不久
个性		烈强
思想		坚决
意志		很好
该员进步		是有
备考		

阵亡登记表

部队番号	十二分队	同	同
职别	连长	指导员	副连长
姓名	侯民和	杨昌洪	黄业江
年龄	28	34	21
籍贯及住址	山西宁武县二区豆家庄	湖北潜江中岭上	四川石柱县后山村
通讯处	宁武二区区公所	中岭上村会	石柱县政府
何时何地作战	1939 年 2 月 2 日在河北省河间县曹庄	同	同
因何致死	头部被敌步枪射死	同	同
备考			

阵亡登记表

部队番号	同	同	同
职别	班长	战士	同
姓名	李枝荣	朱厚仁	张拴存
年龄	22	23	18
籍贯及住址	山西宁武二区东马房	山西宁武二区梅家庄	山西宁武二区圪口村
通讯处	二区圪口村公所	同	同
何时何地作战	同	同	同
因何致死	被敌炮弹射于头部	被敌机枪子弹射于头部	同
备考			

阵亡登记表

部队番号	六三十连①		
职别	一排长	九班副	战士
姓名	李树青	郭友余	闫正桂
年龄	22	21	33
籍贯及住址	贵州黔西县野坝	山西五寨二区张子村	山西左云三区上泉村
通讯处	大定县杨林公	张子村郭友爱	左云上泉村闫克弘
何时何地作战	1939 年 2 月 2 日在河间	1939 年 2 月 2 日在河间	1939 年 2 月 2 日在河间
因何致死	指挥冲锋致死	勇敢冲锋	服从冲杀
备考			

---

① 原文如此。

阵亡登记表

部队番号				
职别	战士			
姓名	李存	马泗	吴成才	龚子英
年龄	21	21	21	46
籍贯及住址	山西左云东庄村	山西怀仁峨毛口	山西岢岚李叶坪	江西汾丰申家屋
通讯处	东庄父李自云收	峨毛口马又	通讯不知	口山县万源收
何时何地作战	1939年2月2日在河间	1939年2月2日在河间	1939年2月2日在河间	1939年2月2日在河间
因何致死	被机枪射死	坚决冲锋	拼命杀敌	被敌射死
备考				

阵亡登记表

部队番号	六三九连		
职别	战士	班长	战士
姓名	李发	刘明得	富乃大
年龄	28	35	24
籍贯及住址	山西左云县下柳沟	河南统绪县刘春岗	山西河曲县三道沟
通讯处	山西左云县五区下柳沟	河南统绪县刘春岗	山西河曲县曲上榆树湾
何时何地作战	1939年2月2日曹村作战	1939年2月2日曹村作战	1939年2月2日曹村作战
因何致死	头部贯穿	脑部贯穿	头部贯穿
备考			

阵亡登记表

部队番号	
职别	战士
姓名	刘五仔
年龄	19
籍贯及住址	山西岢岚县石家会
通讯处	山西岢岚县二区石家会
何时何地作战	1939年2月2日曹村作战
因何致死	头部贯穿
备考	

阵亡登记表

部队番号	六三九连		
职别	通讯员	通讯	战士
姓名	史占才	王克清	陈良
年龄	20	17	19
籍贯及住址	陕西宜君县苦全镇	甘肃成县屋郎坪	山西左云县柴村
通讯处	陕西宜君县东乡苦全镇	甘肃成县屋郎坪	山西左云县五区柴村
何时何地作战	1939 年 2 月 2 日曹村作战	1939 年 2 月 2 日曹村作战	1939 年 2 月 2 日曹村作战
因何致死	脑部贯穿	脑头两部贯穿	头部贯穿
备考			

阵亡登记表

战士	战士	战士	战士
苗正田	张明孩	郭得善	何秀青
21	20	24	20
山西岢岚县水峪罐	山西左云县五区油房沟	山西山阴县白店沟	山西岢岚县宋家沟
山西岢岚县二区水峪罐	山西左云县五区油房沟	山西山阴县一区白店沟	山西岢岚一区宋家沟
1939 年 2 月 2 日曹村作战	1939 年 2 月 2 日曹村作战	1939 年 2 月 2 日曹村作战	1939 年 2 月 2 日曹村作战
头部贯穿	脑部贯穿	脑部贯穿	头部贯穿

阵亡登记表

队别	五连	同	同
职别	三班长	战士	战士
姓名	杜生道	解起浪	郝云桂
年龄	20 岁	30 岁	25 岁
籍贯	山西河曲县城内	山西平陆县候王村	山西崞县王家坡村
家庭经济状况	人四口住人家的房租人家的地	人八口地五十亩房十五间	人七口其余没有
家庭通讯处及收信人姓名			
何时何地入伍	1937 年在岢岚入伍	1937 年在吴城入伍	1937 年在当地入伍
何时何地作战	2 月 2 日在曹家庄作战	同	同
因何致死	枪打死	枪打死	枪打死
是否党员	党	党	非
备考			

同	同	同	同
战士	战士	战士	战士
闫润才	麻全义	靳书维	李清风
38 岁	27 岁	20 岁	17 岁
山西朔县闫家窑	山西文水县麻家堡	山西汾阳县郭家庄	山西朔县抬道沟
人九口地五十亩房四间	无	人三口地五亩房二间	人三口地五亩其余没有
1938 年在当地入伍	1938 年在下曲入伍	1937 年在当地入伍	1938 年在当地入伍
同	同	同	同
枪打死	枪打死	枪打死	枪打死
党	党	党	党

阵亡登记表

部队番号	六一四分队①
职别	战士
姓名	任连生
年龄	19
籍贯及住址	山西省汾阳县聂生村
通讯处	聂生村
何时何地作战	2月2日在中蒲店作战
因何致死	在敌人包围中轻机枪射死
备考	

阵亡登记表

部队番号	六一、三部②	同	同
职别	一排长	二班长	三班长
姓名	李良之	邢现珠	杨洪兴
年龄	26	20	37
籍贯及住址	湖南省长阳县	山西崞县	四川青川县第二区
通讯处	长阳县第六区李秀成	崞县深山村本名	青川县第二区桃沟本名
何时何地作战	1939年2月2日于河北河间县解中堡阵亡	同左	同左
因何致死	阵亡	阵亡	阵亡
备考			

阵亡登记表

六一、三部	同	同	同
三班副	战斗员	战斗员	战斗员
马吉	李佩	刘庆和	朱三保
24	25	19	20
山西汾阳县	山西太原南屯	河南卫县	山西大同
汾阳县郭家村马生	太原南屯村李顺和	卫县陈庄村刘先学	大同口泉镇张连公
1939年2月2日于河北河间解中堡阵亡	同左	同左	同左
阵亡	阵亡	阵亡	阵亡

---

①② 原文如此。

阵亡登记表

部队番号	六一、三部	同	同
职别	战斗员	战斗员	四班副
姓名	刘庆林	倪二狗	李春生
年龄	20	18	19
籍贯及住址	河北省行唐县	山西大同	山西文水县
通讯处	行唐县家庄村刘福海	大同口泉镇本名	文水马西村李曾元
何时何地作战	1939 年 2 月 2 日于河北河间县解中堡阵亡	同左	同左
因何致死	阵亡	阵亡	阵亡
备考			

阵亡登记表

部队番号	六一机连	二连
职别	战士	战士
姓名	史祥	张佔金
年龄	21	36
籍贯及住处	山西省左云县城内	绥远县
通讯处	城内史祥家中	吃老前张佔金家中
何时何地作战	1939 年 2 月 2 日河间县中蒲店作战	1939 年 2 月 2 日河间县中蒲店作战
因何致死	被敌正胸致正	被敌打在头部致死
备考		

阵亡登记表

部队番号	亚六、六二、八连①		
职别	一排长	一班长	战士
姓名	张吉堂	夏耀清	宫三才
年龄	21	26	20
籍贯及住址	山西崞县袁家庄	湖南溆浦县沁水	山西宁武宫家庄
通讯处	本村公所	本村	本村
何时何地作战	1939 年 2 月 4 日大曹村作战	同	同
因何致死	被敌致死	同	同
备考			

---

① 原文如此。

阵亡登记表

战士	
白喜杯	
32	
山西崞县永兴村	
本村	
同	
同	

阵亡登记表

部队番号	七一六团二营七连		
职别	文化教员	战士	战士
姓名	刘效轩	宋长贵	王禄
年龄	22	20	32
籍贯及住址	山西忻州忻口高城村	山西平遥县四区靳庄村	山西朔县无极星寨
通讯处	高城村	本村交宋三赖子	本村交王润
何时何地作战	1939年2月4日大曹村	1939年2月4日大曹村	1939年2月4日大曹村
因何致死	炮弹打死	中弹而死	炮弹打死
备考			

阵亡登记表

二营七连	
战士	
李书仁	
33	
山西朔县五星寨	
本村交李万枯	
1939年2月4日大曹村	
中弹而死	

阵亡登记表

部队番号	六一二连		
职别	班长	战士	战士
姓名	康德财	沈有禄	闫鼎
年龄	23 岁	25 岁	25
籍贯及住址	陕西省富平县	山西省怀仁县	河南省徐洲县
通讯处	底店镇	王家堡	高山村
何时何地作战	1939 年 2 月 4 日在大曹村作战阵亡	1939 年 2 月 4 日在大曹村作战阵亡	1939 年 2 月 4 日在大曹村作战阵亡
因何致死	被敌致死	同左	同左
备考			

阵亡登记表

六一三连	六一四连	六一二连
班长	排长	战士
曹芳正	覃士政	张伶金
32	21	36 岁
陕西延安县	湖南省石门县	绥远省
凤凰咀	厕石区	吃老前
1939 年 2 月 4 日在大曹村作战阵亡	1939 年 2 月 4 日在大曹村	1939 年 2 月 2 日在中堡店作战阵亡
心口致死	受伤腹部致死	被敌致死

烈士纪念册

队别	六连	同
职别	战士	副班长
姓名	孙风池	尤成为
年岁	20	23
籍贯	河北深县二区东牛村	河北行唐县五区艾家窑村
何时何地	1940 年 2 月入伍	1939 年 4 月入伍
何役阵亡病故	在砚湾冲锋时被敌机枪致命	在砚湾冲锋被敌机枪致命
是否党员	1940 年 7 月入党正式党员	1939 年 9 月入党正式党员
备考		

烈士纪念册

队别	六连	同
职别	战士	班长
姓名	王常胜	张广义
年龄	30	25
籍贯	山西临县四区王家坪	河北献县六区牛眼村
何时何地	1940 年 3 月入伍	1939 年 8 月入伍
何役阵亡病故	在砚湾冲锋时被敌机枪致命	同
是否党员	非	1939 年 11 月入党正式党员
备考		

说明：1. 此表自抗战以来阵亡病故之干部一律填上。

2. 填此表时由各团政治机关寻找屡次战斗阵亡和病故的干部名册照抄不同之处采访部队老同志。

连排干部烈士纪念册

队别	西一部机连①	三连
职别	排长	班长
姓名	胡绍南	李德盛
年岁	28	24
籍贯	湖南漳河县	山西大同县
何时何地	1935 年 7 月入伍 1940 年 8 月 21 日亡	1938 年 9 月入伍
何役阵亡病故	1940 年 8 月 21 日在砚湾亡故	同
是否党员	正式党员	同
备考		

连排干部烈士纪念册

队别	三连	四连
职别	战士	排长
姓名	薛忠信	贾前禄
年岁	29	24
籍贯	山西省岚县	山西省崞县
是否党员	群众	正式党员
何时何地	1940 年 3 月入伍	1938 年入伍
何役阵亡病故	1940 年 8 月 21 日在砚湾亡故	同
备考		

---

① 原文如此。

伤员登记表

部队番号	亚六、六二、八连		
职别	二班长	三班长	战士
姓名	辛俊岐	刘海潮	郭增瑞
年龄	20	24	25
籍贯及住址	山西崞县三区上院村	山西崞县崖底村	山西宁武县头马营村
通讯处	本村村公所	本村	本村
何时何地负伤	1939 年 3 月 4 日大曹村作战	同	同
创伤何部	腰膀	腰腿五处	大腿根
伤之轻重	重	重	重
备考			

伤员登记表

同		同	
于文普		杨月同	
34		23	
山西太原县子方村		山西太原县西里海	
本村		本村	
同		同	
头部		头部	
重		轻	

伤员登记表

部队番号	七一六团二营七连		
职别	战士	战士	战士
姓名	王立银	梁永福	成海林
年龄	28	33	20
籍贯及住址	山西汾阳县五区唐新庄	山西平遥五区杜村	山西文水县三区成村
通讯处	唐新庄	杜村	成村
何时何地负伤	1939 年 2 月 4 日大曹村	1939 年 2 月 4 日大曹村	1939 年 2 月 4 日大曹村
创伤何部	腿部受伤	肚子受伤	腰部受伤
伤之轻重	重伤	轻伤	重伤
备考			

伤员登记表

七一六团二营七连		五连	同
战士	战士	二班副	战士
杨应龙	刘虎娃	王成功	尹才
22	25	26	31
山西沁源县三区大尺村	山西朔县代吉沟	山西汾阳河南村	山西朔县高米台村
大尺村	代吉沟		
1939 年 2 月 4 日大曹村	1939 年 2 月 4 日大曹村	2 月 4 日在大曹村作战	2 月 4 日在大曹村作战
腿部受伤	足部受伤	腿上	头上
重伤	轻伤	重花	重花
	在队休养		